세계경제 25시

글로벌 경제 대이동

Global economy mega - shift

글로벌 경제 대이동

Global economy mega - shift

황인태 지음

미래BiZ

실질적 국가경쟁력 향상을 위하여

세계화, 국제화, 글로벌경제, 세계 경제전쟁이라는 용어가 의미하듯 경제를 둘러싼 생존경쟁은 한 국가의 범주를 벗어나 전 세계를 무대로 치열하게 전개되고 있는 21세기에 있어서 우리 기업들의 설 땅이 점점 비좁아지고 있는 것이 현실이다.

이에 따라서 우리 기업들도 이젠 세계를 상대로 상품을 생산하고, 고객을 관리하고, 제품을 판매하지 않으면 안된다는 사실을 직시하고 있다.

이 책은 경제전쟁 시대에 사는 일반인에게 '세계 경제를 보는 눈'을 한층 더 넓혀 주고, 세계 경제의 흐름을 가늠해 주기 위해 쓰여졌다. 나아가 21세기의 경쟁력 있는 경영이념과 기업문화를 제시함으로써 우리를 둘러싸고 있는 현실 및 앞으로의 좌표 설정에 도움이 되고자 하는 의도가 담겨져 있다.

특히 아시아의 중심부로 아시아·태평양 경제권의 핵에 위치한 한국 경제의 현실과제와 더불어 주변 강대국들의 경제적 변화와 발전을 많이 다루었으며, 우리 경제에 막대한 영향을 미치는 미국, 일본과 함께 1990년대 이후 세계경제권의 핵으로 부상하고 있는 중화경제권을 밀도있게 다루었다.

그리고 세계 무역전쟁에서 살아남기 위한 이들 국가들의 생존전략을 살펴봄으로써 우리의 현실과 입지를 냉정하게 고찰하고자 하였다.

이러한 국제 경제의 흐름과 변화에 우리 경제는 어디쯤 와 있는지 한국 경제의 현주소와 나아갈 방향에 대한 처방도 정리하였다.

나아가 21세기를 준비하기 위한 한국 기업들의 고민과 과제는 무엇이며, 끊임없이 변신해야 할 기업의 노력은 어떻게 이뤄져야 하는 가와 관련하여 새로운 전략, 새로운 기업문화를 제시하였다.

제1부에서는 하루가 다르게 급변하고 있는 세계 경제의 흐름과 세계 무역시장의 판도와 세계적인 기업들의 경영이념과 기업문화를 엮어 지구촌 경제의 흐름을 한눈에 파악할 수 있도록 하였다. 또한 21세기 세계 경제의 중심적 요소인 자본 · 기술 · 정보의 흐름을 살펴보았다.

제2부에서는 세계 경제의 주도권을 쥐고 있는 미국과 일본 경제의 어제와 오늘을 살펴보고, 또한 이들 국가들의 21세기 경제전략을 조명했다.

제3부에서는 활화산처럼 타오르고 있는 신흥 아시아경제권과 그중에도 따로 구별되는 중화경제권의 무서운 대두를 다루었다. 동남아시아 국가연합(ASEAN)을 중심한 동남아경제권과 중국, 홍콩, 싱가포르, 대만의 화교를 중심으로 구축되고 있는 중화경제권도 비중 있게 살펴보았다.

제4부에서는 'BRICs' 지역이 21세기 새로운 세계경제 성장축으로 발돋움 할 것이라 전망되고 있어 브라질, 러시아, 인도 경제의 급속한 성장에 대해 살펴보았다.

제5부에서는 이와 같은 세계 경제의 흐름 속에 한국 경제의 현 위

치를 가늠해 보고, 문제점에 대한 대안을 제시하였다.

'오늘의 기업이 내일의 기업이 될 수는 없다' 는 말처럼 기업의 생존전략은 현실에 기반을 두면서도 미래지향적인 분석과 대처를 요구한다. 이미 기업간의 경쟁은 국가간의 경쟁으로 확대되어 정치·사회·문화 및 국제교류에까지 지대한 영향을 미치고 있기에 결국 기업경쟁에서 지는 것은 국가경쟁에서 지는 것이고, 이는 국가의 운명에 지대한 영향을 미치게 된다. 따라서 우리 기업이 외국 기업과 경쟁국에 뒤떨어지지 않기 위한 대안을 제시하였다.

제6부에서는 이러한 세계 환경의 급격한 변화 속에 우리 기업들의 경영전략과 생존전략을 제시하고 선진국으로의 도약을 위한 기업문화와 기업의식에 대해 알아보았다. 즉 21세기를 대비하여 우리 기업들은 어떻게 경영되어야 하며, 새로운 기업경영과 기업문화는 어떻게 수립되어야 하는가의 문제를 다루었다.

현재 한국 경제는 질적 변화의 기로에 서서 예전에 볼 수 없었던 위기에 직면해 있다. 그러므로 한국 경제의 미래는 올바른 현실인식에 바탕한 처방에 따라 성패가 갈라질 것이다.

이제는 외피적인 과시형 경제보다 실질이 함께 하는 국가경쟁력의 향상이 필요하다. 기업인들의 의식 또한 과거와는 다른 새로운 변화를 꾀해야만 살아남을 수 있다. 일반 근로자를 포함하여 현재를 살아가는 우리 모두에게 21세기는 새로운 사고와 행동의 혁신을 요구하고 있다.

이 책이 국가 운영에 고민하는 지도자급 인사나 경제 일선에 있는 기업가와 근로자, 그리고 일반인들에게 도움이 된다면 학교와 산업 현장에서 강연을 통해 우리의 경제와 호흡을 같이하고 있는 필자로서는 더 이상의 바람이 없겠다.

끝으로 이 책이 만들어지기까지 자료수집은 물론 편집 교정에까지 세심한 노력을 쏟아 주신 본 연구소 남광규 교수 내외분과 미래문화사 임종대 사장께 깊은 감사를 드리며, 1997년 초판을 발행한 지 11년 만에 개정판을 내면서 최근 새로운 자료수집과 브릭스 국가들의 경제동향등을 면밀히 분석하는데 심혈을 기울여준 둘째딸 혜삼과 바쁜 가운데서도 교정을 도와준 미국 테니시 대학 교수인 아들 원재 에게도 고마움을 표한다

황인태

머리글_ 실질적 국가경쟁력 향상을 위하여 4

2_부 미국과 일본

5부 한국경제의 현실과 과제

Novosibirsk
3048
2707
Cairo
1486
1893
Bombay
1027
Calcutta
2117
2482
2495
957
2430
Colombo
2089
4331
3584
4500
2024
Johannesburg
784
Capetown
5400
4770 approx
4030 approx
Novosibirsk
Little America

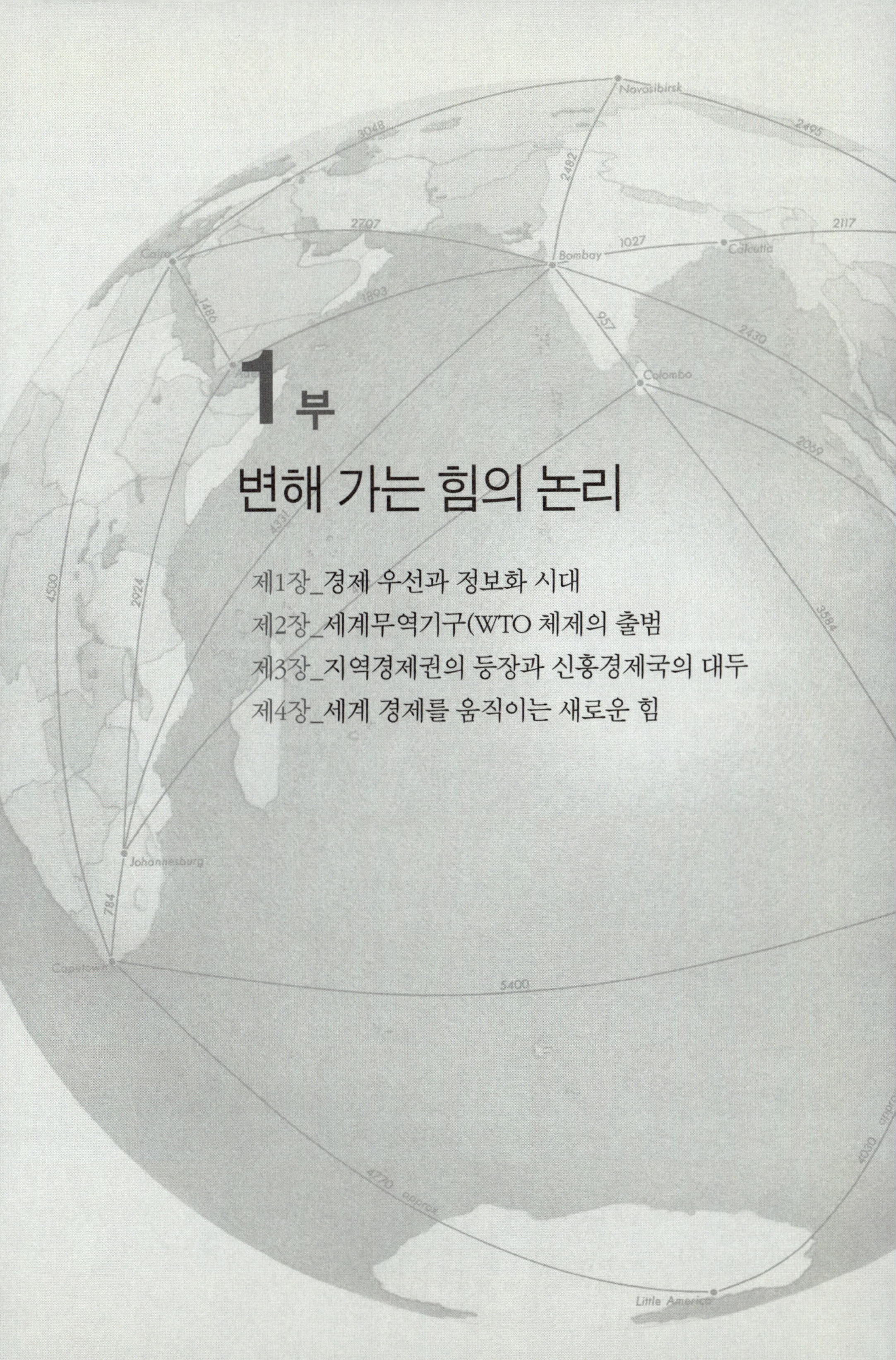

1부
변해 가는 힘의 논리

'경제가 힘' 인 지구촌 시대

지금 전 세계는 이전의 사고방식으로는 발전해 나갈 수 없는 대 변혁기에 있다. 과거의 생각과 구조, 경험은 점차 무용지물이 되고 있는 것이다.

정치적으로 소련의 붕괴와 자유민주주의 및 자본주의의 확대로 이데올로기를 중심한 냉전체제가 붕괴되었고, 경제적으로는 급속도로 추진되는 지역블록화, 통합화의 물결 속에 전 세계가 단일의 자본주의 경제권으로 확대되었다.

그리고 문화적으로는 지구촌 문화 속에 민족주의가 양립하면서 협력과 갈등이 공존하고 있다.

그야말로 혼란 속에 모든 분야에서 새로운 변화를 위한 재편 현상이 나타나고 있는 것이다.

1980년대 중반까지만 하더라도 한 국가의 힘에서 가장 중요하게 평가되었던 군사력과 이데올로기적 동맹을 대신하여 이제 새로운 세기를 맞아 삶의 질을 목표로 하는 경제적 힘의 논리가 국가 정책결정에 있어서 우선시되고 있다.

첨단과학과 정보통신 등 '제4차 산업혁명' 이라 불리는 과학기술의 눈부신 발달은 지금까지 인간이 경험해 보지 못한 새로운 삶을 위한 생존경쟁을 촉발하며 시시각각으로 변화하는 새로운 시대로 인류를 이끌어 가고 있다.

과거 냉전체제하에서는 안보나 이념이 국제관계를 결정짓는 중요한 요소였다. 뿐만 아니라 국제관계에 있어서도 적과 우방이 명확하게 구분되어 상호 경쟁하였다.

소련은 자본주의와 사회주의를 대표해서 각 진영의 승리를 위해 자기 진영에 속한 우방국들을 지원했고, 국가 간의 무역과 교류도 냉전체제의 각 진영에 한정되었다.

그러나 공산주의의 모순과 허구가 경제적 궁핍으로 드러나면서 일순간에 마르크스, 레닌주의는 종말을 고하고 말았다. 그야말로 이념이 빵문제를 해결하지 못하는 현실 앞에서 공산주의는 종언을 고하고 냉전체제 또한 막을 내리게 되었다. 탈냉전의 시대를 맞이하여 체제대결 역사의 종말을 외치던 자유주의 또는 자본주의 진영으로서도 인류발전을 대한 뚜렷한 전형과 비전을 보여주지 못하며 국내외 불평등의 심화, 외환위기에 대한 노출과 대응, 환경재해의 위협, 문화적 충돌 등 초국가적인 문제를 다룸에 있어서 취약함을 드러내고 있다.

21세기에 들어 전 세계는 탈이념화, 경제블록화, 세계무역기구

(WTO)체제를 통한 다자적 협력과 협상 등 다차원적이며 전 세계적인 경제교류가 동시에 진행되고 있다. 또한 민족주의·지역주의·세계주의가 혼재하는 그야말로 쉽게 이해되거나 분석되어지지 않는 변화무쌍한 현실을 마주하고 있다.

이는 인류가 그 어느 때보다도 더 큰 인류경영 global governance의 문제를 겪고 있으며 각국의 생존이 자국민과 정부의 노력과 의지만으로 결정되지 않는 복잡한 지배의 구조속에 갇혀있음을 의미한다. 이에 따라, 세계경제를 움직이는 힘의 논리와 구조를 직시하는 것이 각국의 경제 현실을 이해하기에 앞서 이루어져야 할, 즉 나무를 보기 전에 큰 숲과 산을 보는 것과 같은 중요한 첫 걸음이라 하겠다.

제1장
경제 우선과 정보화 시대

세계 경제는 엄청난 변화의 소용돌이에 휘말리고 있다. 과거 정치적 이념이나 정치·군사적 대립에 종속되어 있던 경제관계가 이제 독립적인 변수로서 정책결정에 영향을 미치고 있다. 추상적인 이데올로기보다 현실적인 '빵'의 문제가 국가관계를 결정짓는 중요한 요소가 되었다. 즉 '이데올로기의 시대'에서 '경제전쟁의 시대'로 바뀐 것이다.

무한 경쟁 시대에서 각국들은 경제제일주의를 채택하고 경제에 우선순위를 두는 국가경영체제를 구축하지 않을 수 없게 되었다. 이에 따라 과거의 동맹이 오늘의 경제 경쟁국으로 바뀌는 아이러니한 현실을 종종 목도하게 된다.

미 MIT대 경영대학원 교수인 레스터 써로Lester Thurow는 그의 저서 《세계경제전쟁》에서 냉전 붕괴 이후의 세계 질서를 미국과 아시아를 대표하는 일본과 통합된 유럽 사이의 경제 전쟁으로 전망하고 있다.

이렇듯 경제가 모든 국가의 정책과 외교관계에서 우선순위가 되면서 냉전에서 승리한 선진 자본주의 국가들은 세계 경제권을 장악하기 위해 서로 경제적 라이벌이 되고 있다. 사회주의를 포기한 공산주의 국가들은 자본주의 경제로의 전환을 통해 신흥경제국의 대열에 들어서고 있다.

특히 세계 경제를 주도해 온 미국은 냉전종식 후 더 이상 군사적이념적 대결 상대가 없어지자 이젠 국제정치경제 분야에 있어서 자국의 경제이익증진을 우선시하는 방향으로 정책의 무게중심을 옮기고 있다. 이에 따라 대외 원조와 경제적 지원, 일방적인 시장 개방, 최혜국 지위 보장 등 우방과의 결속을 위하여 일정 정도 자국 경제의 희생을 감내하던 미국도 21세기에 있어서는 양자兩者적, 다자多者적 수단을 적절히 사용하면서 무역수지 개선과 국내경제 이익 증진을 위해 노력을 경주하고 있다. 냉전시대를 거치며 확대되어 온 미국의 정치적 군사적인 힘은 경제 부문에 있어서 유리한 결과를 이끌어내기 위한 지렛대로 이용되고 있다.

클린턴 미 대통령은 경제정책이 외교정책의 핵심이 되고 통상정책이 안보의 핵심이 될 것을 강조하면서 취임 직후 대통령 직속의 '국가경제위원회'를 신설했다.

대통령을 위원장으로 하여 각 경제부처 장관이 참석하는 이 위원회는 국가안보회의에 해당하는 막강한 기구로 경제가 이제는 안보 이상의 중요성을 띠게 되었음을 말해 주고 있다. 부시행정부내에서도 이와 같은 기조는 지속되어 왔으니 차후 정권에 있어서도 그러할 것임은 불문가지의 일이다.

국가 간 첩보전도 이제는 경제정보를 중심으로 이루어지고 있는데 우리나라의 통산부에 해당하는 미 무역대표부(USTR) 대외협상팀에는 CIA팀이 따라다니고 있다.

가령, 1995년 10월 15일자 《뉴욕타임즈》의 보도에 따르면 미·일자동차협상에서 미 CIA동경지부가 일본측 협상 대표들 간의 사전 협의 내용을 도청했다 하여 양국 관계에 문제가 되기도 했다.

미국은 '10억 달러 수출이 곧 3만 명 일자리다' 라는 슬러건 하에 수출을 위해 의회, 행정부와 국민이 총력을 기울이고 있다. 이제 국가들은 '선경제 후정치' 의 논리하에 경제적인 이해관계에 있어서 혈맹과 우방이 따로 없는 경제전쟁의 상황에 직면하고 있는 것이다.

글로벌화 Globalization

정보관련 기술의 획기적인 발달로 의사소통과 정보 획득비용이 절감되면서 세계는 단일시장으로 '지구촌화Globalization' 되는 경향을 보이고 있다. 세계주의와 공동체주의로 표현되고 있는 글로벌화의 확산은 전 세계를 하나의 경제단위체로 빠르게 묶어가고 있으며, 세계 각국으로 자유시장의 영역을 확대시키고 있다.

러시아를 비롯한 동구권 시장과 중국이 시장경제 제도를 도입한 가운데 국제교역은 이들 국가의 경제성장에 중요한 견인차 역할을 하고 있다. 매일 수조 억 달러가 국경을 자유로이 이동하며 투자대상을 찾아 나서는 가운데, 기업이 이자를 주고받는 것을 비회교적 행위로 규정하여 자본투자를 엄격히 규제하고 있는 이슬람권조차 6백억 달러 규모의 투자 잠재력을 지닌 자본시장으로 떠오르고 있다.

일본의 세계적인 경영전략가 오마에 겐이치가 말한 '국경 없는 세계' 의 현상이 이미 경제 부문에서는 현실화되었다. 국내 모기업의 광고 타이틀이었던 '세계경영' 처럼 기업들은 상품을 생산할 때 세계시장을 무대로 하지 않으면 안 되게 되었다.

경제제일주의를 채택한 모든 나라들이 경쟁적으로 자본과 기술을 유치하며 근로자들의 일자리를 마련하기 위해 온갖 노력을 경주하고 있으며, 기업이 좀 더 많은 수출을 하도록 국가정책적인 지원을 아끼지 않고 있다.

글로벌화를 유발한 경제적 통합은 세계 무역에 있어 개별 국가간 국경선의 의미가 없어지는 '무국경 시대Borderless'로 나타나고 있다.

미래학자 존 데이스빗은 미래 사회의 모습을 지구촌 경제의 형성으로 보았는데 이는 어느 한 나라의 경제가 독자적인 국가 경제로서 존재하는 것이 아니라 각 나라가 상호 긴밀한 관계로 연결된 지구촌 경제Global economy에 속하게 된다고 했다. 이에 따라 기업경영의 세계화가 가속화되어 해외 직접투자가 빠른 속도로 증가하고 있으며, 선진국에서는 이미 생산 활동의 세계적 분업화가 진행되고 있다. 본사는 유럽에 두고 부품은 중국에서 만들어서, 최종 제품 제조는 미국에서, 그리고 판매는 전 세계에서 하는 기업경영의 세계화가 가능해진 것이다.

예로, 미국의 세계적인 스포츠화인 '나이키'에는 아예 국적 표시가 없다. 국경을 뛰어넘어 생산, 판매하는 '나이키' 회사와 '나이키'라는 상표만 있다.

따라서 개별 국가 간의 상호계약으로 이루어지던 세계 무역시장의 질서에 일정한 법칙과 룰이 이제는 전 세계 모든 국가들이 참여하는 새로운 형태의 질서로 나타나게 되었다. 이것이 바로 세계 무역 기구(WTO)체제인데 이 체제의 핵심 내용은 우루과이라운드(UR), 교역과 환경을 연계시키는 그린라운드(GR), 노동조건과 무역을 연계시키는 블루라운드(BR), 기술개발에 대한 세계적인 규칙을 정하는 테크놀로지라운드(TR) 등의 국제협약이다.

WTO는 동일한 무역체제의 룰 안에서 교역을 중진시키고, 인류공동의 장인 지구를 하나의 마을로 보고 환경, 근로조건, 경제정책, 기술정책 등을 국제규범과 국제협약에 따라 통합하자는 논의에서 비롯되었다.

따라서, 다른 조건들이 동일하다는 전제하에서 이제는 세계시장에서 일등 상품만이 살아남는 시대가 되었다. 하물며, 환경, 근로조건, 기술축적 등 다양한 부문에서 열세에 놓여 있는 저개발국들로서는 WTO체제하에서 더 큰 부담을 안지 않을 수 없게 되었다.   또한 교역자유화의 범위가 종전의 공산품에서 농산물, 서비스, 투자, 지적재산권 등 교역이 가능한 모든 분야로 확대됨으로써 상품 중심의 하드웨어hardware경쟁에서 지식·두뇌·제도 운영 등 소프트웨어software 경쟁시대로 전환되고 있다. 정부의 역할은 최소한에 그치게 되고 기업과 소비자가 경제의 핵심 주체가 되는 기업 위주의 국가경제가 되고 있는 것이다.

지역주의

냉전종식 후 나타난 또 하나의 큰 변화는 국제질서가 경제력을 위주로 한 경제적 다극체제로 재편되고 있다는 것이다. 과거 정치·군사적 관계보다 경제적 실리를 바탕으로 한 유럽연합(EU), 북미자유무역협정(NAFTA), 아시아·태평양 경제 협력체(APEC), 미주자유무역지역설립(FTAA) 등 지역주의 현상이 강화되고 있다. 냉전 때의 지역적 군사동맹이 경제적 협력체로 바뀌고 있는 것이다.

전 세계적으로 현재 시장 기반과 경제력을 갖춘 지역경제 공동체는 10여 개 정도이다. 제2차 세계대전 이후 세계 경제를 주도해 오던 미국의 경제가 약화되면서 세계 무역시장이 다극화 현상을 나타내기 시작하면서 지역 간의 경제블록화 현상이 나타나기 시작했다. 세계경제를 어느 한 나라가 주도해서 갈 수 없는 상황에 이르게 된 것이다.

그 결과 국가 간 경제적 이해관계에 따라 끼리끼리 모이는 지역주의Regionalism 혹은 블록화가 급속도로 진전되고 있다. 이러한 지역주의 현상이 세계적인 하나의 경제 단일화를 향해 긍정적으로 작용할 것이냐, 또는 역내 국가들의 이해에만 충실하여 다른 지역 간의 대립을 초래, 더 큰 단위에 있어서 보호무역과 충돌을 일으킬 것이냐에 따라서 세계경제의 성격과 미래가 크게 달라질 것이다.

자유무역협정(FTA)

경제지역주의화에 있어서 그 수준과 단계에 따라 여러 형태의 경제블럭이 존재한다. 그 중에서도 가장 빈번하게 나타나는 자유무역협정FTA은 지역간 또는 2개 이상의 국가가 무역장벽의 제거를 통하여 서로의 국내시장을 개방하기로 협정을 맺는 것을 말한다. 이는 무역, 투자의 자유화를 촉진함으로써 시장을 하나로 단일화하는 것을 의미한다.

그 긍정적인 효과로는 무역확대를 통해서 지역경제의 활성화와 산업 합리화가 촉진되고, 수입제품의 가격이 내려가고, 품질이나 서비스가 향상되어 결국 국가경제와 소비자에게 많은 혜택이 돌아가게 된다는 점이다.

반면, 주권개념의 약화와 기본 복지정책에 균열이 올 수 있으며 이행과정에서 발생할 피해자에 대한 보상과 대책이 문제시 될 수 있다.

세계 통상의 흐름은 WTO를 중심으로 한 다자간 협상과 FTA를 중심으로 한 양자 또는 소수 국가 간 협상으로 크게 구분된다.

1995년 WTO가 발족하면서 100개국 이상의 회원국이 모두 참여하는 다자간 협상이 주를 이루었으나, 점차 회원국 수가 증가하면서 교섭 항목도 다양화된 결과 WTO에서의 다자주의에 입각한 합의보다는 양자 간 협상으로 축이 옮겨가는 추세이다. 역내 협상을 통한 양자 간 자유무역화가 다자간 협상의 정신을 반드시 위반하는 것이 아니라고 받아들여지면서 WTO의 용인하에 FTA 체결 지역 내의 교역규모도 점차 늘어 전 세계 교역량의 50% 이상을 차지할 정도로 활성화되고 있다.

세계적으로 FTA의 체결은 1990년대 이후 급증하고 있다.

2005년 말 현재 협정이 발효된 FTA는 186개이며, 세계적으로 240개가 넘는 FTA가 협상이 진행 중인 것으로 WTO에 통보되어 있다. 그 중 100건 이상이 1995년 이후에 체결된 것이다.

1993년에는 구미의 15개국에서 구성된 EU가 발족되었고, 그 후 2004년 가입한 동유럽 10개국 등을 포함하여 회원국이 모두 25개국이 되었다. 1994년에는 미국, 캐나다, 멕시코에 의한 북미자유무역협정(NAFTA)이 체결되었다.

1993년에는 싱가포르, 말레이시아, 태국 등 10개국이 형성한 동남아국가연합(ASEAN), 브라질, 아르헨티나, 우루과이, 파라과이 4개국이 결성한 남미공동시장(MERCOSUR 메르코수르)이 1995년에 탄생했다.

2004년 말 현재 체결국이 가장 많은 국가는 멕시코로 43개국이고, 유럽자유무역연합(EFTA) 42개국, 칠레 42개국, 유럽연합(EU) 39개국, 싱가포르 19개국 등의 순서를 보인다.

21세기 들어 FTA에 가장 적극적인 나라는 미국으로 2004년말 현재 호주, 칠레 등 16개국과 FTA를 체결하였다. 중국은 2004년 아세안,

칠레와 FTA를 체결함으로써 미국 다음으로 많은 12개 체결국 수를 보인다. 태국 12개국, 인도 10개국에 이어 일본이 2002년~2004년 동안 싱가포르, 멕시코, 말레이시아 등과 FTA를 체결하였다.

세계의 주요 자유무역협정

명칭	발효	참가국 및 지역	비고
유럽연합(EU)	1993년	유럽 25개국	인구 4.6억명 GDP 12.7조달러 역대 무역비중 67%
ASEAN 자유무역지역 (AFTA)	1993년	동남아시아 10개국	인구 5.4억명, GDP 0.8조달러
북미자유무역협정 (NAFTA)	1994년	미국, 캐나다, 멕시코(3개국)	인구 4.3억명 GDP 13.4조달러
남미공동시장 (메르코스르)	1995년	브라질, 파라과이, 우루과이, 아르헨티나(4개국)	인구 2.3억명, GDP 0.8조달러
EU · 멕시코자유 무역협정	2000년	EU,멕시코 (16개국)	인구 4억 7,500만 명 GDP 8조 4,551억 달러
일본 · 싱가포르 신시대경제제휴 협정(JSEPA)	2002년	일본, 싱가포르(2개국)	인구 1억 3,100만 명 GDP 4조 8,923억 달러

자료: WTO, KIEP(2004년 기준)

한국은 1998년 대외경제조정위원회에서 FTA 체결을 추진하기 시작하여 2004년 4월 칠레, 2006년 3월 싱가포르, 2006년 9월 유럽자유무역연합(EFTA)FTA가 발효되었다. 미국과의 FTA 협상 개시를 공식 선언하였으며, 인도와의 협상 착수도 예정되고 있을 정도로 FTA는 세계 통상의 큰 흐름으로 자리 잡고 있다.

한국이 추진하는 FTA는 상품분야에서의 관세철폐는 물론이고 서비스, 투자, 지적재산권, 정부조달, 기술표준 등 제반 분야에서의 포

괄적인 FTA 체결을 목표로 한다. 또한, WTO의 상품 및 서비스 관련
규정에 일치하는 높은 수준의 FTA 추진을 지향함으로써 FTA를 통한
국내제도의 개선 및 선진화를 도모하고자 한다.

미국 경제의 상대적 쇠퇴와 일본 경제의 부상

냉전체제의 종언이 가져온 세계 경제환경의 두드러진 변화 중의 하
나는 세계 경제시장에서 미국의 경쟁력 약화와 일본 경제의 급부상
이다. 미국은 과거 사반세기 동안 UN, 세계은행, 관세 및 무역에 관한
일반협정(GATT) 등의 국제기구 설립과 질서 유지에 주도적인 역할
을 했으며, 세계 경제의 룰도 정해 왔다. 그러나 냉전이 끝난 후 미국
은 세계 제일의 채무국과 무역적자국으로 전락하였다.

이제는 미국도 다른 나라가 만드는 룰에 따라 살아가야 하는 처지
가 되었다. 《21세기 준비》의 저자 폴 케네디에 따르면 제2차 세계대
전이 끝난 1945년이 미국 경제의 절정이었는데 그때 유럽의 경제는
모두 참담한 상태에 있었다. 당시 미국은 마샬플랜으로 이들의 경제
재건을 도왔으며, 아시아에서도 공산주의의 확산을 막기 위해 경제
적 원조와 군사적 원조를 아끼지 않았다. 1950년까지만 하더라도 미
국의 1인당 소득 수준은 일본의 여섯 배를 넘었고 경제 전체 규모는
일본의 12배였다.

그런데 1980년대에 들어서면서 개방무역의 숭배자였던 미국이 세
계 제일의 무역적자국과 채무국이 되기 시작했고, '슈퍼301조'라는
무역보복법안까지 등장시켜 자국의 산업을 보호해야 할 처지가 되
었다.

이 같은 변화는 달러의 약화에서 단적으로 나타나고 있다. 미국이

세계 경제를 주도할 때는 세계적으로 통용된 돈이 미국 달러밖에 없었다. 그러나 2000년 후반에 들어서서는 유로, 일본의 엔, 영국의 파운드에 밀리며 달러는 상대적인 약세를 면치못하고 있다.

반면 제2차 세계대전 이후 선진국이 될 것이라고는 예상하지 못했던 일본이 21세기를 앞둔 시점에서 세계 경제의 중심국이 되었다. 세계 9대의 은행, 세계 9대의 무역회사, 세계 9대의 기업 집단을 거느리고 있는 일본은 세계 제일의 자동차 생산국, 무역흑자 대국 및 채권국이 되었다. 일본 동경의 증시 변동은 미국 뉴욕의 증시뿐만 아니라 유럽의 증시에까지 심각한 영향을 미칠 정도로 일본 경제의 흐름의 세계 금융시장을 지배하고 있다.

미국 경제력의 쇠퇴는 결국 세계 통화 가치의 불안정을 가져왔으며, 이에 따라 환율차를 이용한 환투기의 성행으로 투기성 자금이 외환 시세에 따라 세계 각지로 이동하고 있다. 세계 경제를 이끌어 왔던 거대 경제의 침체와 쇠퇴는 단지 미국만의 문제로 한정되지 않고 단기적으로는 각국 경제의 불안정을 초래하며 장기적으로는 세계 경제 질서의 틀을 새롭게 짜기 위한 움직임으로 가시화 될 것이다.

유로화(Euro)의 출범

1999년 1월 1일부터 유로화라는 새 단일통화가 출범되었다.

유로는 금융시장(은행간 거래)과 국가간 거래에 먼저 사용되었고, 2002년 1월부터는 유로지폐와 주화가 본격 통용되었다. 화폐통합을 선언한 11개 EU 회원국의 개별통화는 2002년말 통용이 중단되어 사상 유례없는 '유로의 시대' 가 개막됨으로써 세계 최대 단일 통화권이 등장하게 되었다.

현재 유로화 사용 인구는 3억1800만 명에 유로존(유로화 사용국)의 국내총생산은 12조 9000억 달러에 달한다. 미국의 GDP 13조8000억 달러와 맞먹는다.

유로존은 지금 국제통화로 위력을 떨치고 있는 미국과 대등한 수준까지 커질 것으로 예상되고 있다.

유로화 사용 국가의 경제력

국내총생산	8조 8000억 유로 12조 2000억 유로
경제성장률	2.8% (3%)
인플레이션률	3.1% (3.1%)
실업률	8.3% (8.1%)
1인당 평균임금	3만 3163유로 (2만 8992유로)

* 안은 EU국가 전체, 1인당 평균 임금은 2005년도 기준
자료: 유로스타트 2007

국제통화기금(IMF)자료에 따르면 세계 외환보유액 중 달러가 차지하는 비율은 2000년 71.7%에서 2007년 3분기에는 63.7%로 낮아졌다. 반면 유로화는 같은 기간 17.6%에서 26.4%로 늘어났다. 달러 가치의 하락은 단기적으로는 미국의 서브프라임 모기지 부실과 경기 침체 때문이지만 80년대 이래 지속돼 온 미국의 재정적자와 무역적자에서 연유한다는 것이 전문가들의 분석이다.

제4차 산업혁명

현재 진행되고 있는 산업구조, 기술구조, 국제 금융시장의 새로운 흐름을 월트 로스토우Walt Rostow 박사는 제4차 산업혁명이라 부르고 있다. 컴퓨터 · 반도체 · 생명공학 · 레이저 · 로봇 등 첨단산업 없이는 더 이상 세계 경제시장에서 기업경영을 논할 수 없게 된 것을 지칭한다.

산업구조도 종전의 대량생산 중심의 '규모의 경제'에서 다품종 소량생산 위주의 '범위의 경제'가 중요시되고 있다. 탈대량생산, 탈대량소비, 탈규격화를 통해 다양화, 차별화, 세분화 등이 새로운 경제전략으로 나타나고 있다. 3A로 불리는 사무자동화(OA: office automation), 공장자동화(FA: factory automation), 가사자동화(HA: home automation)에서 첨단산업, 하이테크산업의 발달은 탈공업화 사회에서 정보화 사회로의 진입을 더욱 빠르게 하고 있다.

이미 서비스 산업에서 지식정보 사회로 이양되고 있는 산업구조는 정보·지식·기술이 지배하는 사회가 되고 있다.

세계적인 미래학자 엘빈 토플러Alvin Toffler는 다가오는 세기에는 '지식'이 힘의 원천이 된다고 했다. 지식은 원자재·노동·시간·장소 및 자본의 필요를 감소시켜 주기 때문에 선진 경제의 중심 자원이 되고 있으며 이에 따라 도처에서 지식을 장악하기 위한 정보 전쟁이 벌어지고 있다. 교황 요한 바오로 2세도 앞으로는 '인간의 지식이 부의 원천'이 될 것이라고 설파한 바 있다.

이렇게 치열해진 경쟁에 대비하기 위해 세계적 기업들은 각종 경영혁신을 통한 경쟁력 제고에 안간힘을 기울이고 있다. 오늘날 세계적 기업들은 기업경영혁신Business process reengineering, 벤처마킹 Benchmarking 등 기업경영 능률화를 위한 각종 경영제도의 혁신과 대대적인 인력감축 계획을 도입하고 있다. 선진 산업국가의 높은 실업률도 이로 인한 경영혁신 노력과 무관하지 않다.

종신고용으로 유명한 일본 기업들마저 명예퇴직 등의 명분으로 특히 중간 관리층 인력을 크게 감축하는 방법을 활용하고 있다.   또한 치열해진 기업 간 경쟁에 대응하는 노력의 일환으로 세계적 기업 간에 맺어지는 각종 전략적 제휴Strategic alliance가 최신의 기업전략으로 나타나고 있다. 어제까지만 해도 경쟁사였던 기업들이 신제품의 공동 개발이나 공동 판매망을 구축하기 위해 손을 잡고 있다.

제 2 장

세계무역기구(WTO) 체제의 출범

1994년 세계는 새로운 시장경제 운영의 룰을 만드느라 부산한 한 해를 보냈다.

지구촌 단일시장의 이름으로 전 세계에 개방경제를 선포하며 우루과이라운드(UR)를 통한 새로운 경제 룰이 나타났다.

이제 세계 각국은 UR 교과서에 따라 국가간의 무역문제와 경제 관계를 풀어 나가게 되었으며, WTO의 룰을 거치지 않고는 지구촌 어느 곳에서든 경제활동이 어렵게 되었다. UR의 시작은 인종과 민족 · 국가의 벽을 넘어선 '지구인'이라는 공동생활권을 이루어 나가는 첫걸음이 되고 있다.

WTO 체제

1994년 4월 15일, 모로코의 마라케시 각료회의에 참석한 각국 대표들은 〈마라케시 각료 선언〉을 통해 UR협상 종결을 선포하고 UR 최종의정서에 서명함으로써 세계무역기구 설립 협정에 필요한 국제적

절차를 매듭지었다.

이로써 지난 1986년 7월 우루과이의 푼타델에스시에서 시작되었던 UR협상이 완전 종결되고, 공산품뿐 아니라 농산물·서비스 등을 포괄하는 상품 전범위에 걸쳐 세계경제는 보호무역의 관세성역이 없는 무한경쟁의 시대로 본격 진입하게 되었다.

WTO의 기본 정신은 국가 간 상호 호혜의 원칙하에 관세 등 무역장벽을 철폐하고 무역상의 차별대우를 폐지하는 것이다. 이를 통해 자생력 있는 다자 간 무역체제를 구축함으로써 교역의 양적 팽창 및 생활수준 향상을 도모한다.

WTO는 거의 모든 나라가 참여한 다자기구일 뿐 아니라, 그 대상도 공산품은 물론 서비스와 농산물까지 광범위하게 포괄하고 있다는 의미에서 지구촌 경제의 새로운 틀이 되었다.

1970년대 이후 세계는 두 차례의 석유파동으로 전후 성장세를 유지하던 경제가 침체의 늪으로 빠져들었으며, 각국은 자국의 경제보호를 위해 비관세 장벽을 중심으로 한 보호무역 정책을 강화하였다. 따라서 세계 무역시장의 장벽은 나날이 높아져 갔고, 보호주의의 배타적인 지역경제가 형성되기 시작했다.

자유무역주의가 흔들리면서 국가 간 무역 분쟁은 갈수록 극심해졌고, 이를 조정할 만한 국제기구가 절실히 필요하게 되었다. 자유교역을 조정하는 룰로 관세 및 무역에 관한 일반협정(GATT)이 있었으나, GATT가 국제기구가 아닌 단순한 협정이라는 데서 오는 한계와 만장일치제에 따른 의사결정의 제약, 사법권 부재에 인한 분쟁 해결 능력의 취약 등으로 인해 강제력이 없어 유명무실한 실정이었다.

1980년대 미국과 일본 간의 잦은 무역마찰 등 선진국간 경제마찰도 새로운 경제규범을 요구하게 된 요인 중의 하나이다. 선진국 간의 무역에 관한 잦은 협상은 결국 미국의 주도하에 WTO라는 세계경제기구를 창립하게 한 동인이 되었다.

WTO 체제의 출범은 보호주의·지역주의의 등장과 기존의 GATT 체제의 한계, 그리고 주요 경제대국 간의 조정에 의한 결과로 이루어진 것이다. 하지만 선진국들의 주도하에 이루어진 개발도상국에 대한 개방무역과 자유무역주의의 도입 요구는 세계 경제의 경쟁정책 전반에 관한 협력 차원보다는, 사실상 선진국의 이익을 위한 시장개방 요구의 차원에서 다루어진 측면이 많다.

세계무역 관계에 있어 구속력을 갖는 국제적인 공식기구인 WTO는 상품은 물론 서비스, 지적재산권 등 대상 범위에까지 무역 범위를 포괄적으로 규정하고 있다. 내부조직으로 무역정책 평가부가 설치되어 회원국의 무역정책을 평가하여 분쟁 가능성을 줄이게 된다.

WTO가 공식적으로 제정한 세계무역의 룰로 가장 먼저 UR이 만들어졌으며, 그린라운드(GR), 블루라운드(BR), 경쟁라운드(CR) 등의 여러 부문에 걸쳐 교역 규범을 제정 중에 있다.

UR (우루과이라운드)

UR의 중심적인 내용은 다음과 같다.

우선 수입품에 대한 관세의 계속적인 인하를 제정하고 있다. WTO 회원국은 앞으로 관세를 UR이 시작된 1986년에 비하여 33% 인하해야 하며 각종 비관세 장벽의 철폐를 명시하고 있다.

특히 선진국 경제의 반 이상을 차지하면서 세계 무역의 20% 이상을 차지하고 있는 관광·수송·통신 등의 서비스를 포함하여 선진국 경제의 숨통을 트이게 하는 역할을 하고 있다.

둘째, 농산물 시장의 개방이다. 과거 GATT는 농산물을 개방무역대상 품목으로 포함시키지 않았었다.

셋째, 지적재산권 보호의 문제이다. 예를 들어, 어떤 사람이 어렵게 좋은 책을 써 펴냈는데 다른 사람이 이를 복사판으로 만들어서 돈을 벌면 원저자는 고생하고 손해만 보게 된다. 이는 컴퓨터 프로그램은 물론 신상품 개발의 경우에도 마찬가지이다. 따라서 지적재산권에 있어 WTO가 감시하고 UR에서는 특허권을 인정하기로 하였다.

넷째, 국제무역 분쟁을 보다 잘 해결하는 방법을 규정하고 있다. 새로운 무역 분쟁으로 부상하고 있는 환경보존, 노동기준, 독정거래법, 거래관행 등의 분야에서 자유무역을 촉진하는 방향으로 해결책을 모색하고 있다.

실제로 우루과이 다자간 무역협상(UR)을 통해 평균 40%의 관세를 인하하고, 농산물을 포함하여 세계 교역상품의 95% 이상을 관세화 대상으로 포함시켰다. 또한 비관세적 국경 제한조치, 긴급수입 제한 조치, 반덤핑 및 상계조치, 국영무역 등의 분야에서의 발동 요건을 더욱 엄격히 하거나 제한하였다.

또한 규범의 적용 대상을 기존의 상품무역에 국한하지 않고, 서비스·투자·지적재산권 등 새로운 분야까지도 규율에 포함시키는 종합적인 규제규범을 마련하였다.

GR · BR · CR · TR 등

UR 이후 국제경제의 새로운 중심 이슈로 부각되고 있는 것은 노동과 환경의 문제로, 이는 앞으로 수출품 제조 과정에서 발생하는 환경오염의 부담을 생산자에게 지우겠다는 것이다. 또한 개발도상국에서 저임의 노동력으로 수출품을 생산하는 것을 일종의 덤핑 행위로 규정, 국제적인 공통의 노동기준을 설정하여 이를 준수하는 것이 노동에 관한 국제적 규칙이다.

구체적으로 그린라운드(GR)의 목적은 무역거래에 있어서 환경기준의 준수를 엄격히 함으로써 무역과 환경문제를 연계시키자는 것이다. 이는 범지구적 차원에서 환경 보존을 위한 노력의 일환으로 오염물질을 일정 기준 이상으로 배출하는 제품의 생산 및 소비를 억제하기 위한 무역규제 방안이다.

블루라운드(BR)은 국제적인 노동기준을 설정하여 이 기준에 미달하는 국가의 상품에 대해 무역제재 조치를 취해야 한다는 일부 선진국들의 주장에서 비롯되었다. 이에 대해 후진국들은 미성년 및 죄수노동 금지, 노조의 자유보장 등 인도적 차원의 명분을 내세운 선진국들의 주장이 후진국들의 저임경쟁력을 겨냥한 위장된 보호주의라고 반발하고 있다. 또한 지금까지 지구환경을 훼손시키면서 경제성장을 해 온 선진국들이 자국의 이익을 위해 개발도상국의 발전을 가로막는다는 것은 지나친 경제패권주의라는 것이 후진국들의 시각이다.

하지만 선진국들은 경쟁라운드(CR)까지 내세워 경제구조가 취약한 후진국을 압박하고 있다. 선진국들의 명분은 무역의 세계화 · 국제화를 맞아 국가 간의 시장구조와 기업관행에서 오는 차이가 자유무역을 저해하고 있으며 이를 공정하게 해야 한다는 것이다.

경쟁라운드를 주장하는 선진국들의 논리는 국내 유통망에 대한 외국 업계의 참여 제한, 업계의 담합 및 계열사 간의 배타적 거래관행, 정부와 업계의 반경쟁적 관행(RBP) 등이 세계화시대의 자유로운 기업 활동을 제약하고 있으며 이것이 결국 무역의 장벽으로 작용한다고 주장하고 있다.

따라서 완전한 시장개방과 외국 기업에 대한 내국민 우대는 물론 자국 기업에 유리하게 구성된 시장구조 및 기업 관행의 차이를 없애 경쟁조건을 평준화해야 한다는 것이다.

예를 들어, 외국기업이 국내에 공장을 짓고 생산을 할 때, 부품 가운데 얼마는 꼭 국산품을 사용해야 한다든지, 생산된 물건의 얼마 이상은 꼭 수출을 해야 한다든지 하는 의무는 투자와 관련된 제한조치이기는 하지만 결과적으로 무역을 위축시키는 결과를 갖는 것으로 금지 대상이 된다는 것이다.

기술라운드(TR)은 선진국들이 자국의 국제경쟁력을 지속적으로 확보하기 위해 개발도상국들의 기술정책에 대한 규제의 필요성에 따라 나왔다.

이는 각국의 기술개발에 대한 지원이 공정무역을 저해함에 따라 각국 정부의 기술개발에 대한 지원을 제한하는 것이다.

따라서 지적재산권과 정부의 보조금 한도를 규정한 UR협정문을 근거로, 기술개발에 있어 정부의 역할을 기초연구와 기술의 인프라스트럭처infrastructure 구축, 기술개발 여건 조성 등에 국한한다는 내용으로 한정하고 있어 정부지원에 크게 의존하고 있는 개발도상국은 심한 타격을 받게 될 전망이다.

최근에는 산업디자인의 모방행위를 규제하기 위한 디자인라운드(DR)가 유럽 등 선진국을 중심으로 제기돼 새로운 쟁점으로 부상하고 있다. 디자인라운드는 지적재산권의 일종인 산업디자인을 모방한 상품의 수입을 금지하거나 벌금을 물려 사실상 수입을 저지시키려는 움직임이다.

이미 미국의 코빙튼 패크릭사는 한국의 대한방직이 자사 직물을 도용했다며 1995년 2월 서울민사지방법원에 손해배상 청구소송을 제기, 일부 승소판결을 받았다. 미국의 원단생산업체인 콘 밀스사도 한국 동대문 원단시장의 디자인을 조사한 뒤 국내 제직회사를 상대로 소송을 하였다.

또 세계적인 가방 메이커인 루이뷔통은 이태원 시장 등에서 자사 디자인을 모방한 가방이 유통되자 한국의 특허청에 강력하게 항의, 정부가 일제 단속을 벌이기도 했다. 국내 기업의 자체 디자인 개발이 20% 미만이고 대부분 주문자 상표 생산방식(OEM)이나 모방에 의존하고 있는 우리로서는 산업디자인을 무역제재와 연계시킬 경우 섬유 수출에 심각한 타격을 받을 것이다.

WTO 출범에 따라 경제규범의 세계화와 정보통신 및 교통의 발전, 기업 활동의 범세계화가 이루어지면서 국경 개념을 초월한 세계 경제의 글로벌라이제이션이 가속화되고 있다. 한편, EU, NAFTA북미자유협정 등 경제적 이해관계에 따른 배타적 지역주의도 강화되고 있다.

그러나 국제질서에서 무시할 수 없는 '강자의 힘' 이 새로운 무역질서 수립에 작용하고 있다는 사실 때문에, 과연 WTO가 추구하는 공정하고 자유로운 무역질서의 구현이 가능할지 의문이 되고 있다.

앞의 경우처럼 GR에 대해 개발도상국은 선진국의 주장은 환경보호를 위장한 보호무역의 발로라고 보고 있다. 더욱이 지금까지의 지구오염이 선진국에 의해 대부분 발생했고, 국제교역의 혜택도 선진국이 독점하고 있으므로 GR이 시행될 경우 개발도상국의 환경보존 노력에 대한 선진국들의 재정 지원은 당연하다고 보고 있다.

BR도 UR 타결에 따른 국경 없는 시장borderless market의 형성과 1980년대 들어 급격히 악화된 선진국의 실업문제에 배경을 두고 있는데 이를 통해 후진국들의 노동조건향상이라는 미명하에 실질적으로는 선진국들의 경쟁력 제고를 목표로 삼고 있다는 것이다.

이러한 WTO의 각종 무역 제재와 틀이 마련됨에도 불구하고 미국은 UR 타결과는 무관하게 '통상법 301조'로 자국의 경제적 이익을 추구하고 있다. 미국이 WTO 체제의 필요성을 그렇게 강조해 왔음에도 불구하고 실제 미국 의회는 '통상법 301조'를 폐지하기는커녕 환경적 요소와 같은 장신구로서 이 법안을 더욱 강화시키고 있다.

WTO 뉴이슈의 내용 및 논의 현황

신규 의제	내용	논의현황
노동	기본적 노동조건이 충족되지 않은 경우의 무역제한조치 논의	- WTO 각료선언 5항 - 핵심노동기준 준수 확인 - 국제노동기구(ILO)의 주도적 역할 인정 - 보호무역주의적 목적으로 노동기준 이용 금지
환경	환경보호 목적의 무역제한 조치 허용문제 및 환경정책과 무역정책의 조화문제	- WTO 각료선언 16항 - WTO내 무역환경위원회 설치 논의중 - 제1차 각료회의에 연구보고서 제출, 추가작업 후 일반이사회에 보고 예정 - 뉴이슈 가운데 가장 빠른 논의 진척 도를 보임
투자	자유로운 투자를 보장하기 위한 국제원칙 설정	- WTO 각료선언 20항 - 무역과 투자간의 관계를 검토하는 작업반 구성 - OECD에서 논의되는 결과를 반영
경쟁	자유무역의 흐름을 방해하는 회원국의 독점 등 경쟁왜곡 요인 방지	- WTO각료선언 20항 - 미국, EU는 경쟁원칙의 국제적 조화를 중시한 반면 한국, 일본은 반덤핑 조치를 포함시킬 것을 주장
부패 (정부조달)	정부조달의 투명성 보장	- WTO각료선언 21항 - 작업반 설치에 합의 - 부패의 범위를 좁혀 정부조달의 투명성 확보에 치중

미국은 미 국내법이 UR협정과 상충되는 경우 국내법이 우선토록 하는 'UR이행법안'을 갖고 있다. 또한 자국의 경쟁력이 강한 곡물, 고부가가치 상품, 서비스 분야에 대해 시장개방을 요구하면서 이를

법적으로 뒷받침하기 위해 포괄적인 조항으로서 301조 조항을 운용하고 있다. 일단 슈퍼 301조 대상국으로 지정되면 그 국가는 불공정 무역국가라는 딱지가 붙게 되고, 자기 시장은 열지 않고 수출만 하려든다는 부정적 이미지를 얻게 된다. 일본이 미국과의 자동차 협상에서 WTO에 제소했다가 결국에는 미국에 항복한 것도 슈퍼 301조 지정이 두려웠기 때문이다.

이는 WTO설립협정 16조 4항이 '가입국들은 통상과 관련한 국내법이 WTO규정과 일치되도록 최대한 노력한다.' 라고만 규정하여 강제성 확보에 실패하고 있기 때문이다. 따라서 WTO가 앞으로 미국의 보복적 통상 압력조치들에 효율적으로 대치하지 못할 때 무역 분쟁은 오히려 더욱 심각해질 가능성이 높다.

더욱이 WTO체제하에서 WTO가 정한 통상관련 규범과 각국의 통상정책이 서로 불일치하는 경우, 이를 어떻게 해결할 것이냐 하는 문제는 앞으로 WTO의 성패와 관련된 주요 이슈로 부상할 것이다.

북미자유무역협정(NAFTA)의 북미경제권

1980년대 이후 경제력이 지속적으로 저하되면서 세계 경제의 리더 국인 미국의 위치가 흔들리기 시작했다. 일본에 대한 엄청난 무역적자를 겪은 미국은 슈퍼 301조라는 통상압력을 가하면서 자국 산업의 경쟁력을 회복시키려 했으나 역부족이었다. 더구나 유럽시장이 단일화되어 EU가 출범되자 더욱더 지역경제권에 열세를 면하지 못하게 되었다.

이에 따라 미국은 북미지역 내의 쌍무간 협정방식에 의한 자유무역협정(FTA)을 통해 수출시장을 확대시켜 국내 경제력을 회복하려 하였다. 또한 역내 무역 자유화를 위한 여러 가지 조건들을 활용하여 제3국의 진출을 어렵게 해서 대외협상력을 강화시키는 효과를 얻고자 하였다.

북미자유무역협정(NAFTA) 참가 3개국은 관세 및 비관세 장벽을 각각 15년, 10년에 걸쳐 완전 철폐하는 방향으로 무역 장벽을 완화시키고, 투자 및 물류 등도 자유롭게 이루어지도록 하고 있다. 이를 통해 인구 3억 7천8백만 명, 시장규모 1조 4천1백억 달러의 거대 단일시장의 탄생으로 미주 지역은 제2의 경제도약기를 맞고 있다.

미국 · 캐나다 · 멕시코 3국으로 이루어진 NAFTA는 미국에게 있어 국제 협상력을 향상시키고, 국제 경쟁력을 회복시키며, 남부 국경지역의 불안정성을 제거하며, 멕시코 시장의 값싼 노동력을 이용, 멕시코 시장에 진출하는 이점을 가져왔다. 멕시코에게는 미국시장에 대한 수출의 확대를 가져왔고, 국내 개혁정책을 구조화시켰으며, 미국과 캐나다의 투자를 유치시킴으로써 자본의 축적을 가져왔다. 그 결과 NAFTA 가입이후 해외로부터의 투자액이 4배 이상 증가하게 되었다.

캐나다도 인접한 세계 최고의 무역시장인 미국시장에서 다른 나라보다 유리한 고지를 점하게 되었으며, 멕시코 시장에 진출함으로써 자국 기업의 활로를 가져왔다.

NAFTA는 향후 칠레 등 중남미 국가까지 편입될 가능성이 있어 궁극적으로는 북미와 중남미를 연결하는 거대한 경제블록으로 발전 할 수도 있다.

NAFTA의 체결로 미국 및 일본의 해외투자가 멕시코 및 미국

내로 전환됨에 따라 낮은 수준의 임금을 이점으로 해외기업을 유치하며 북미시장에 수출해 오던 한국, ASEAN 및 중국은 상대적으로 타격을 입게 되었다.

유럽공동체(EU: European Community)의 출범

제2차 세계대전 이후 세계 경제는 미국이 주도했다.

그 당시 유럽은 제1,2차 세계대전의 후유증에 시달리면서 경제상황이 최악이었고, 미국의 원조성 경제지원에 의존해서 겨우 경제 재건

의 기틀을 잡기 시작했다.

정치적으로는 유럽의 선진국들이 여전히 세계를 주도하는 입장에서 있었으나, 금융·통화·무역에 있어 세계 경제의 흐름은 미국이주도했다.

유럽통합과정

구 분	태 동	성 장	위기와 정체	재촉진과 성장
시기	1940년대말 - 1950년대 중반	1950년대후반 - 1960년대말	1970년대초 - 1984년	1985년 이후
조약 과 기구	1951 Paris조약에 의해 ECSC창설 (독일, 프랑스, 이탈리아 , 베네 룩스 3국:6개국)	1957 Roma조약 1958 EEC, EURATOM 1967유럽공동체 로 통합:6개국 (ECSC,EEC, EURATOM)	1973 영국, 덴마크, 아일랜 드 참가 9개국 1981 그리스 참가 (10개국)	1986 스페인, 포르투갈 참가 1986 SEA 1991 EU조약합의 1995 오스트리아, 핀란드, 스웨덴참가 (15개국) 2004 중동유럽 확대 25개국 2007 불가리아, 루마 니아 참가(27개국)
경제	관세동맹	공동시장을 목표	1973 - 75, 1980 -82년 세계자본주의 위 기로 유럽국가들 내 불균등 성장 심 화 경제통화동맹 좌절	단일시장을 목표 (1992년까지 시장 통합을 통해 공동 시장을 완성함으로 써)
정치	1948 헤이그 회의(10개국) 1949 Council of Europe 결성	집행위원회, 각료 이사회, 유럽의 회, 유럽법원 등 정치적 기제의 골 격을 갖춤	유럽의회의 직선제 도입(1979)	외교안보협력강화 각료이사회, 가중 다수결제도입 유럽의회기능강화 유럽연합 헌법합의 (2004)
평가		경제통합성장 정치통합태동	경제통합정체위기 정치통합성장	제측면 성장

*자료《EU학 연구》정병기.2005를 보완함.

그러나 미국과 소련이 냉전에 의한 파워게임을 하는 동안 유럽은 국제사회의 외교적 위상 강화의 필요성과 역내 평화와 공동번영을 추구하고자 하는 열망으로 유럽통합을 본격적으로 추진하게 되었다. 이러한 추진의 시작은 석탄과 철강의 공동 이용에서 시작되었다.

프랑스의 대독일 제어정책과 전후 상실된 국제적 영향력을 강화하려는 독일의 이해, 유럽공동시장의 창출을 통한 경제적 효과를 기대한 이탈리아와 베네룩스 3국(네덜란드, 벨기에, 룩셈부르크)의 이해가 합치면서 1952년 유럽석탄철강공동체(ECSC)가 설립되었다.

ECSC에 이어 1957년 유럽원자력공동체(EURATOM)와 유럽경제공동체(EEC)가 출범하였으며, 3개의 공동체를 총괄하는 유럽공동체EC로 통칭하게 되었다.

출범 당시 6개국으로 출범한 EC는 1991년에 상품과 사람, 자본 및 서비스가 자유로이 이동할 수 있는 단일시장의 형성을 추구하는 마스트리히트 조약을 체결함으로써 통화통합의 제도적 기반과 추진일정을 마련하였고, 그 후 EC는 1993년 유럽연합(EU)로 새로이 출범하게 됨으로써 유럽단일통화의 창출을 추진하고 공동체 통합에 일보 진전을 이룩하였다.

거대 유럽의 단일경제블록은 유럽 경제의 자급자족적 의미를 가지는 것으로, 미국이나 일본에게 빼앗긴 세계 경제의 주도권을 다시 찾겠다는 노력의 일환이다. 또한 4억 9천만 인구의 유럽인들에게 미국이나 일본의 상품보다는 유럽인들이 만든 상품을 쓰도록 하겠다는 강력한 지역주의의 발로이기도 하다.

EU는 가맹국도 점차 늘어나 2007년 현재 27개국에 인구 4억 9천만 명, 국내총생산 13조 5천억 달러로 최대의 경제공동체로 거듭나고 있다.

27개 EU 회원국가

국가	인구(백만 명)	GDP(십억 달러)	통화
오스트리아	8.2	305	유로
벨기에	10.5	370	유로
불가리아	7.7	27	레프
키프로스	0.8	16	키프로스 파운드
체코	10.2	122	체코 코루나
덴마크	5.4	258	덴마크 크라운
에스토니아	1.4	14	에스토니야 크론
핀란드	5.2	192	유로
프랑스	60.6	2104	유로
독일	82.5	2785	유로
그리스	11.1	224	유로
헝가리	10.1	109	포린트
아일랜드	4.1	198	유로
이탈리아	58.5	1757	유로
라트비아	2.3	16	라트
리투아니아	3.4	26	리타스
룩셈부르크	0.5	36	유로
몰타	0.4	5	몰타 리라
네덜란드	16.3	623	유로
폴란드	38.2	299	즐로티
포르투갈	10.5	182	유로
루마니아	21.6	99	레우
슬로바키아	5.4	46	슬로바키아 코루나
슬로베니아	2	34	유로
스페인	43	1121	유로
스웨덴	9	357	스웨덴 크라운
영국	60	2194	파운드 스텔링
합계	4억 9000만명	13조 5000억 달러	

〈자료 : EU〉

EU시장은 경제정책뿐만 아니라 회원국간의 공동외교, 안보정책의
수립, 내무·사법·행정에서의 협력강화 등 총체적인 유럽단일화를
추구하고 있다. 유럽의 단일경제권은 미국의 주도하에 결성한
NAFTA, 일본의 경제규모에 거의 2배 수준과 맞먹는 규모로 세계 최

대의 경제블록이다.

MIT대 교수인 레스터 써로는 21세기는 미국과 일본, 유럽의 경쟁이 대접전을 이룰 것이라고 예견하면서, 그 승자는 유럽이 될 것이라고 했다.

일본의 경제학자 가나모리 히사오도 유럽의 부활을 논하면서 세계 그 어느 지역보다 오랜 역사 속에 다져진 일체감과 협력 그리고 높은 문화수준과 기술이 다가올 미래를 주도하게 될 것으로 보고 있다.

세계 경제의 활화산, ASIA 경제

20세기 후반부터 세계에서 가장 눈부신 발전과 놀랄만한 변모를 보여 온 곳은 바로 아시아인데 1980년부터 1994년까지 아시아는 세계에서 가장 빨리 성장하는 지역이 되었다. 사회주의 경제에서 급속도로 자본주의 경제로의 변신을 꾀하고 있는 중국의 성장과 함께 아시아 경제열차의 기관실을 담당하고 있는 한국·대만·홍콩·싱가포르 등은 1인당 GNP가 이미 선진국 수준에 달해 있을 정도이다.

1950~60년대에 일본으로부터 자본재를 수입하고 경공업품을 북미 등 타 지역으로 수출했던 동남아시아가 이제는 자본재 생산의 기술을 익히면서 세계무역 시장에서 자본재를 공급하는 나라로 변모하고 있다.

투자 면에서도 전 세계적으로 아시아만큼 직접적인 투자가 늘어나는 곳도 없을 만큼 투자가 성행하고, 세계 각국의 자본도 몰리고 있다. 이러한 투자 붐은 최고의 성장가도를 달리고 있는 아시아가 가장 높은 투자가치를 창출할 수 있기 때문이다.

세계 경제의 중심지로 떠오른 아시아에 대해 미국의 클린턴 대통령은 APEC아시아·태평양 경제협력체를 각료급 회의에서 국가 정상급회의로 격상할 것을 제안하여 현재 APEC 정상회담이 정기적으로 개최되고 있다. 많은 미래 학자들도 바다를 중심으로 볼 때 과거의 지중해 시대에서 현재의 대서양 시대를 지나 앞으로는 태평양 시대가 될 것으로 전망하고 있다.

사람에 따라서는 앞으로 NAFTA가 여전히 세계경제의 중심이 된다고도 하고, EU가 그렇게 된다고도 하나, 앞으로의 세계는 이 세 지역으로 구성되는 '3극화 또는 다극화' 경제가 된다는 데 대해서는 대체로 의견이 일치하고 있다.

아시아 신흥공업국들이 단기간 내로 고속성장을 이룰 수 있었던 것은 먼저 풍부한 인적 자원 때문이다. 인구밀도가 미국이나 유럽보다 상대적으로 높은 아시아 국가들은 산업발전의 원동력을 인적 자원에 두고, 높은 교육열과 선진국으로부터의 다양한 기술 습득에 주력했다.

다음으로 아시아의 선진국들은 경제정책의 수립에 있어 정부 주도 하에 강력한 지도자의 역할이 크게 나타나고 있다. 한국·대만·말레이시아 등의 고속성장률은 정부의 수출위주 산업정책과 보호무역주의적인 시장경제주의, 또한 지도자의 자국 기업의 이익을 우선시하는 강력한 투자와 지원이 이들 국가들을 경제국의 대열에 들어서게 하고 있다.

셋째, 아시아 지역에 대한 미국·일본 등 선진국들의 투자인데, 대만·한국·홍콩·말레이시아 등에 대한 외국 자본가들의 적극적인 투자는 이 지역의 경제발전에 크나큰 힘이 되었다. 특히 아시아에 가장 인접한 일본의 활발한 투자와 진출이 아시아 경제권의 성장을 가속화시킨 주요 원인이기도 하다. 지금도 아시아 각국들은 외국 및 선진국 자본의 투자유치에 열을 올리면서 일본 기업의 해외투자 확대에 맞추어 일본 기업 유치활동이 활발해지고 있다. 1994년 3월 이후 초엔고가 진행되면서 아시아 각국들은 일본의 하이테크 기업을 유치하기 위해 투자 유치단을 경쟁적으로 일본에 파견하는 등 발 빠른 움직임을 보였다.

마지막으로, 한국과 일본을 제외한 동아시아 국가들의 높은 성장은 화교 때문이다. 전 세계 화교의 수는 약 3,500만 명으로 추산되고 있지만 80%가 동남아시아에 집중되어 있다. 이들이 동아시아 각국의 경제를 연결하고, 또한 무역망을 형성하고 있으면서 이 지역경제의 견인차 역할을 하고 있다. 해외 화교들이 중국에 하는 투자는 중국의 총 외국인 투자의 약 8할을 차지할 정도이다.

많은 경제학자들은 앞으로도 아시아권이 고도성장을 지속할 것으로 예견하고 있는데, 그 이유로는 무한한 가능성과 잠재력에 근거하고 있다.

무엇보다 높은 경제발전을 지향하는 국민들의 열망과 기술·자본 도입에 적극적인 정부의 노력, 근면하고 높은 교육열을 들 수 있다. 아시아의 가장 큰 자원인 인력의 힘이 이 지역의 미래를 밝게 전망하게 하는 중요한 요소로 꼽히고 있다. 정부 주도의 사회간접자본과 관련된 거대 프로젝트의 추진도 아시아 지역 전체의 발전에 원동력이 되고 있다.

두 번째로 아시아의 성장 가능성은 현재 산업구조가 선진국 형으로 이행되고 있고, 지금껏 미국에 의존해 왔던 아시아 신흥공업국들의 산업이 세계 전역을 대상으로 뻗어 나가고 있다. 실제 아시아 지역의 대미 의존도는 1993년 이후 현저히 줄어들고 있다.

세 번째, 아시아 경제의 핑크빛 미래를 예견할 수 있게 하는 것으로 아시아 지역이 세계 인구의 약 60%를 점하고 있는데 비해 GNP 비중이 낮아 무한 성장의 가능성이 높다는 점이다.

마지막으로 다양성이 풍부(다민족, 다종교, 중국의 자본주의화, 홍콩·싱가포르는 도시국가, 인도네시아·브루나이는 산유국, 태국은 농업국)한 국가들이 총체적으로 모인 지역적 장점이다. 수많은 자원과 소재를 가지고 각기 특색 있는 경제적인 역할을 분담한다면 아시아 경제의 특급열차는 그 속도를 늦추지 않을 것이다.

이렇듯 아시아 국가들은 가장 인접해 있으면서도 정치·문화적인 독창성과 다양성을 가지고 함께 공존하면서 경제성장에 몰입하고 있다.

동남아시아국가연합 (ASEAN)

1961년 창설된 동남아시아연합(ASA)의 발전적 해체에 따라 1967년 8월 8일 설립되었다. 설립 당시 회원국은 필리핀·말레이시아·싱가포르·인도네시아·타이 등 5개국이었으나, 1984년의 브루나이에 이어 1995년 베트남, 1997년 라오스와 미얀마, 1999년 캄보디아의 가입을 계기로 제2의 확대 재편기를 맞이하면서 미·일·중과 함께 아·태지역의 4대 경제 주체로 부상하고 있다. 총인구 약 5.2억 명, GDP가 총 5,500억 달러가 넘는 ASEAN은 10개 회원국을 거느리는 대블록으로 성장하면서 거대시장으로 발전하게 되었다.

이 기구는 동남아시아 지역의 경제적·사회적 기반 확립과 각 분야에서의 평화적이며 진보적인 생활수준의 향상을 목적으로 한다. 당초에는 경제·문화 등 비정치적 분야의 협력을 주로 하였으나 1970년대에 접어들면서 닉슨 독트린에 따른 미국의 아시아지역 이탈과 중국·미국간의 접근으로 아시아지역에 긴장완화의 조짐을 보이자

동남아시아에 있어서의 대국간의 힘의 균형을 노리고 1971년 '동남아시아 중립화 선언'을 채택하였다. 1972년 각료회의에서는 정치문제에 대하여도 협력하기로 합의하였고, 1976년 인도네시아에서 열린 정상회담에서는 지역발전과 안전보장이 강조되었다.

이러한 움직임은 1975년 베트남 공산화 이후의 캄보디아문제, 중국-베트남전쟁, 난민문제 등 일련의 주변 사태에서 연유된 것으로 중립화보다는 안전보장기구화 내지는 군사기구화의 경향이 강해지고 있다. 이는 곧 ASEAN의 SEATO(동남아시아조약기구)화를 꾀하는 것이며, 1993년 싱가포르에서 열린 각료회의의 '다국간 지역안전보장기관(가칭 ASEAN 지역포럼:ARF)' 설치에 관한 공동성명서 발표 등이 이를 뒷받침하고 있다. UR 타결로 인해 세계 경제가 자유화될 것으로 전망되자, 동남아시아국가연합(ASEAN) 경제 장관들은 AFTA(아세안 자유무역지대)는 실현을 가속화하기로 결정했다. 1994년 이후 아세안 국가들은 AFTA를 향한 CEPT(공동특혜관세)협정에 대한 수행의 부분으로 그들의 관세를 낮추기 시작했다.

1994년 11월에는 APEC의 18개국 지도자들이 'APEC 경제지도자들의 보고 일반 결의선언'을 통해 2020년까지 아시아 · 태평양 지역의 자유 · 공개 무역 및 투자를 목표로 실천키로 했다. 또한 이 지역 내 경제발전의 각기 다른 수준을 감안하여 2010년까지는 산업국가간에 2020년까지는 개발도상국간에 이를 실현시키기로 하는 등 아시아 지역 국가들의 움직임이 최근 들어 활발하게 나타나고 있다.

말레이시아 · 타이 · 인도네시아 · 필리핀으로 구성된 ASEAN 경제권이 NIEs(신흥 공업 경제 지역; 한국 · 타이완 · 싱가포르 · 홍콩 · 멕시코 · 브라질 · 아르헨티나 및 포르투갈 · 그리스 등) 경제권을 앞지르를 정도로 아시아경제의 새로운 주역으로 떠오르고 있다. 특히 '가망 없는 나라'라는 인식이 지배적이던 미얀마·베트남·인도가 '엄청난 잠재시장'의 대표 국가로 급부상 중이다. 이들 국가들이 주목을 받는 것은 미개발된 내수시장, 풍부한 천연자원, 값싼 노동력과 정부의 경제개발 의지 등으로 요약될 수 있다.

ASEAN 국가들의 급성장은 NIEs국가들의 최근 2~3년에 걸친 대 ASEAN 직접투자의 확대도 한 요인이 되고 있다. NIEs 국가들은 자국의 통화 절상과 임금상승으로 인해 섬유제품을 위시한 노동집약적 전통적 수출품의 경쟁력이 약화되었다. 따라서 보다 임금수준이 낮은 ASEAN 국가로 생산거점을 옮기지 않을 수 없게 되었는데 1988년 이후 NIEs 기업의 해외진출은 가히 폭발적이라 할 만큼 증가했다.

일본 역시 엔고에 시달린 업들이 ASEAN으로 몰려드는 등 외국자본의 투자붐으로 인해 ASEAN 국가들은 공급력을 강화하게 되었고 NIEs의 무역과 투자를 국내 산업발전의 밑거름으로 전환시켜 나갔다.

ASEAN 국가들이 NIEs 국가들에 비해 높은 성장률을 나타내는 것에는 정치적 안정도 한 요소이다. 아직도 냉전의 잔재가 남아 있는 한국과 대만·홍콩 등 불안정한 정치·사회 분위기는 이들 국가의 고속성장을 저해하는 요소가 되고 있기 때문이다.

ASEAN 국가들의 값싸고 풍부한 노동력, 천연자원, 근면성으로 앞으로도 계속적으로 세계에서 가장 활발한 해외투자가 이루어지는 곳이 될 것이다.

동아시아 경제권

아세안 10개국과 한국·중국·일본의 협력체제는 1997년 말레이시아 콸라룸푸르에서 개최된 동남아시아국가연합(ASEAN) 30주년 기념 정상회의에 3국의 정상이 초대받은 데서 시작되었다.

1997년 여름에 시작한 아시아 통화 경제위기를 계기로, 한국을 포함한 동아시아국가가 지역적 협력의 필요성을 강하게 인식한 데서 비롯된다. 이 자리에서 동남아시아국가연합과 한국·중국·일본의 정상회의는 매년 1회 개최하기로 합의하였다.

1998년 12월 제2회 ASEAN+3국 정상회의에서는 대통령 김대중의 제안에 따라, 정치·경제·사회·문화 등의 폭넓은 분야에서 미래지향적 동아시아 협력의 가능성과 이를 위한 방책에 대하여 민간이 협의하는 자리로서 동아시아비전그룹(EAVG)을 설치하였다.

1999년 필리핀 마닐라에서 열린 제3회 ASEAN+3국 정상회의에서는 ASEAN+3국 간에 처음으로 '동아시아에서 협력에 관한 공동성명'이 채택되었다. 공동성명에는 일본의 제안에 따라 2000년 아세안확대외무장관회의(PMC) 때 ASEAN+3국 외무장관급 회의를 개최하기로 의견 일치하여, 그해 7월에 태국 방콕에서 처음으로 ASEAN+3국 외무장관회의가 개최되었다.

EAVG 설치에서 보인 민간 차원의 협의체에 대응하는 정부 차원의 협의체로 2000년 11월 제3회 ASEAN+3국 정상회의에서 김대중이 정부 관계자를 중심으로 협의하는 EASGEast Asia Study Group를 설치하였다.

2002년 8월에는 일본 도쿄東京에서 ASEAN+3의 외무장관과 개발 담당 장관급이 모여 '동아시아 이니시어티브 각료회의'가 개최되고 무역, 투자 분야에서의 연대와 함께 경제 인프라 정비가 논의되었다. 2003년 8월에는 필리핀 마닐라에서 열렸다.

중국의 질주

전성기를 맞고 있는 아시아 경제의 분화구는 1980년 이후 중국 경제가 시장경제로의 전환을 서두르면서 더욱 가속화되고 있다. 등소평의 개방정책으로 12억 인구의 거대시장이 용틀임을 하기 시작한 이후 중국은 경제성장의 정점을 달리고 있다.

폴 사무엘슨 박사는 2030년까지 중국은 세계 경제에서 1위나 2위의 경제대국으로 성장할 것이라고 전망하였다.

아시아 경제의 새로운 경제대국으로 등장한 중국은 개방화의 속도가 급속도로 진전되면서 높은 성장률과 매머드급 경제 규모를 갖고 있어 아시아 국가들에 대한 영향력이 대단히 크다.

세계 무역시장의 벽이 나날이 높아져 가고 기업들의 수출전쟁도 갈수록 치열해지는 상황에서 문을 열기 시작한 중국시장은 선진국뿐 아니라 아시아의 신흥공업국들에게조차 환영받는 시장이 되고 있다. 일본 · 한국 · 대만 등 아시아의 발 빠른 선진국들은 앞 다퉈 중국으로 몰려들고 있다.

일본의 경우 이미 2006년에 대중국 수출이 1994년에 비해 540% 이상 증가할 정도로 중국시장의 소비력은 그 잠재력을 가늠하기 어려울 정도로 거대하다. 선진국들의 무역 장벽으로 인해 불황에 시달리는 이들 국가들에게 중국은 최고의 고객이 되고 있다.

중국의 이른바 '하이웨이식 경제성장' 은 다가올 세기에 아시아 경제의 주도권을 잡게 될 것이라는 전망을 쉽게 예견하게 하고 있다.

현재 아시아 경제의 우위를 갖고 있는 일본이 거대한 잠재력을 가진 중국에 의해 추월당할 가능성도 있다. 더욱이 동남아시아 국가들에겐 중국의 성장이 자국 산업의 발전을 저해하는 요소로 악영향을 미칠 가능성에 대해 우려하고 있다.

환동해 경제권

환동해 경제권이란 동해를 둘러싼 러시아 · 중국 · 북한 · 한국 · 일본으로 이루어지는 경제활동 권역을 말한다. 인구 10%를 차지하는 환동해 경제권은 인구 3억, 총생산 3조 8천억 달러의 대경제권으로 어느 지역 경제권보다 호혜적인 경제협력과 수직적인 분업과 무역이 크게 발전될 수 있는 요소를 가지고 있다.

세계 경제 블록화 현상에 따라 아시아의 경제권이 단일화로 나아간다면, 그 전초 단계로 동남아시아 경제블록, 그리고 환태평양 경제블록이 형성될 가능성이 높다.

환동해 경제권은 이를 형성하는 각국 지역의 생산 요소가 서로 이질적이므로 상호 이득이 되는 경제 협력과 수직적 분업 · 무역이 크게 발전될 가능성이 매우 높은데 이들 3국은 이미 교역 규모에서 세계시장의 거인으로 자리 잡고 있다.

2006년을 기준으로 볼 때 일본의 교역 규모는 수출 6,499억 달러, 수입 5,796억 달러 등 12,595억 달러로 세계 4위, 세계 전체 교역량의 5.1%에 달해 미국 · 유럽연합, 중국과 함께 세계 주요 시장을 형성하고 있다.

또한 중국은 매년 두 자리 수의 초고속 경제 성장률을 지속해 오면서 수출 9,689억 달러, 수입 7,915억 달러 등 총 16,604억 달러로 세계 3위, 세계 전체 교역량의 7.2%를 담당하며, 그야말로 경제대국으로 자리매김하였다. 특히 연간 1,700 억 달러를 넘는 무역흑자 규모는 세계 경제의 중요한 변수로 작용하고 있다.

한국은 세계 12위의 무역국이다. 2006년 현재 수출이 3,255억 달러, 수입은 3,094억 달러로 교역량은 세계 무역의 2.6%를 차지하고 있다. 이들 3국의 2006년 교역 규모만 합쳐도 3조 5,548억 달러로 세계 교역량의 14.9%에 달한다. 3국을 하나의 경제권으로 묶는다면 지금이라도 세계의 초거대시장으로 떠오른다.

경제전문가들은 21세기에 있어서 이 지역이 경제적으로 세계에서 가장 영향력 있는 시장이 될 가능성이 높다고 보고 있다.

경제교류 역사가 깊은 한·일간의 교역 규모는 1995년 389억 달러에서 2006년 785억 달러로 증가세가 두드러졌다. 한·중간 교역량은 1994년 116억 달러에서 2006년 1,180억 달러를 기록, 중국은 미국과 일본을 제치고 한국의 최대 교역국으로 부상했다. 일본과 중국간의 교역 규모는 1994년 387억 달러로 한·일간 교역 규모를 넘어선 뒤 2006년에는 2,113억 달러에 달하고 있다.

이와 같이 북한을 제외한 동북아시아 3국은 지속적인 성장을 유지하고 있는데다 북한도 생존을 위해 개방과 협력으로 나올 수밖에 없는 위치에 있기 때문에 상호간 경제협력의 가능성이 어느 때보다 높아지고 있다.

수평적 관계의 경제블록

동북아 경제권이 새로운 경제권으로 관심이 부상된 배경은 우선 정치적 변화에서 기인하는데 구소련의 고르바초프의 등장으로 냉전 상태가 수습되면서 동북아에도 새로운 변화가 찾아왔다. 중·소 관계에서는 1985년에 장기 무역협정과 경제·기술협력 협정이 조인되고 무역이 증가하기 시작했으며, 1989년에는 고르바초프가 방중하여 정상화가 완성되었다.

특히 한국과 러시아, 중국과 한국의 정치관계가 정상화됨으로써 이 지역의 국가 관계에 획기적인 변화가 일어났다. 이제 북한만 개방으로 나온다면 이 지역에서 정치적인 장애물은 없어진다.

다음으로는 이 지역이 갖고 있는 경제구조의 상호보완성이다. 동북아에는 일본과 한국의 자본과 고기술에서 중국·러시아의 풍부한 자원, 북한의 노동력에 이르기까지 관련 국가들 사이에 서로 상호보완적인 경제구조상의 이점이 있다. 일본의 풍부한 자본과 고급기술, 한국의 자본과 중간 수준의 기술, 구소련 극동 지역의 석탄·천연가스·비철금속·목재·수산물 등 풍부한 천연자원, 중국의 노동력과 농산물, 북한의 광산물과 노동력 등 제각기 생산 요소가 다르므로 서로 간에 이용할 수 있는 이익이 매우 크다.

특히 중국·한국 등의 빠른 성장 속도는 이 지역의 경제적 역동성을 증가시키고 있는 요인이 되고 있다. 한국에서는 경공업의 정리가 필요한데 중국과 러시아는 생필품 산업을 육성해야 하는 형편이고, 북한도 경공업에 치중한 외자 유치가 불가피해 한국과 일본의 자금이 필요하다.

유럽과 아시아의 지상관으로 운송로를 확보하기 위한 두만강 유역 개발은 이 지역에 경제적 르네상스를 불러일으킬 수 있다. 그간 홍콩을 비롯한 동남아시아의 해로가 동서양의 물류이동 루트로 활용된 원인에는 동북아의 육로가 정치적 이유로 막혀 있었기 때문이기도 하다.

만약 두만강을 중심으로 하여 육로가 개통되면 이 지역은 동서양 물류 흐름의 새로운 중심으로 떠오르며 세계 자본의 새로운 루트가 형성될 것이다. 이에 따라 이들 지역의 건설 수요도 엄청날 것이므로 플랜트 수출과 해외건설 진출에의 기대가 매우 크다.

구체적으로 경제협력의 이점을 살펴보면, 자원의 보완성으로 러시아의 극동지역은 70종류 이상의 유용광물이 매장되어 있다. 석탄·

석유·천연가스·수력자원·철광석·금·다이아몬드·주석·형석
·텅스텐 등이다. 특히 야쿠츠크와 사할린의 석유와 천연가스, 중국
동북부의 석유·석탄 등은 이 지역이 경제권으로 입지하기에 알맞은
천혜의 조건이 되고 있다.

다음으로 공업제품의 보완성으로 자본재나 고급소비재의 경우 최
대의 공급국인 일본은 철강, 일반기계, 수송기계, 정밀기계 등을 수출
하면서 노동집약적 공산품의 주요 수입국이다. 한국도 또한 공업제
품의 공급국으로서 중요한 역할을 하고 있다. 러시아나 중국의 생활
수준은 생활용품에서도 일본 상품보다도 값싼 중국 제품이나 한국
제품이 적합한 경우가 많다. 이에 대해 러시아의 대중국 수출은 산업
기계 발전설비, 승용차, 트럭 등 기계류가 압도적으로 많다.

이와 같이 이 지역은 발전 조건의 차이에 따라 경제구조에 있어서
강한 보완관계가 존재하는데 그러한 보완성을 기초로 하여 단계적으
로 러시아의 극동지역이나 중국의 공업화를 추진하면 역내의 수평분
업 확대로 발전해 나갈 수 있다. 노동력의 주 공급국은 중국과 북한이
될 것이며 주 수요국은 러시아가 될 것이다. 러시아의 극동지역은 노
동력이 부족하며, 특히 삼림·농업·건설관계 부문에서 부족이 심각
하다. 1킬로 평방미터당 인구는 러시아 극동지역에서는 2.7명인 데
비해 중국 동북부에는 83명, 북한은 270명이다. 러시아 극동지역의
개발을 위해서는 중국이나 북한의 노동력이 없이는 불가능하다.

기술이나 자본의 공급국으로서도 일본이 압도적인 지위에 있지만
한국의 역할도 중요하다. 러시아의 극동지역이나 중국 동북부가 자
원은 풍부하면서도 발전이 늦은 최대의 원인은 자본이나 기술이 낙
후되어 있기 때문에 이 지역에 일본과 한국의 자본과 기술이 들어가
면 이상적인 결합이 된다.

또 다른 장점으로 동북아 경제권이 아주 개방적이라는 점인데 이 지역은 보다 큰 경제권의 설립을 위해 크게 열려 있는 것이 특징이며, 이 점은 이 경제권이 장래에 살아남을 수 있는 방향이기도 하다. 즉 동지나해를 통해 동남아시아 전역에서 오세아니아와 미국 서해안, 캐나다의 경제협력과 무역을 발전시킬 수 있는 길이 열려 있다.

극동지역은 동해로 열려 있어 경제 대국인 일본, NEs의 선두 주자인 한국, 거대한 발전 가능성을 가지고 있는 중국과 접하고 있으며 더 나아가 태평양 경제권을 바라보는 지리상 이점 때문에 세계로 통하는 경제 길목이 될 수 있다. 동일경제권이라 해도 동북아경제권은 EU나 NAFTA 등과는 조금 성격이 다르다.

이들 경제권이 인위적인 결합인 데 비해 동북아 경제권은 자연적인 결합의 특징을 보여주고 있다. EU는 경제적으로 동질적인 나라들이 모여 중앙은행이나 유럽의회라고 하는 제도를 설치하여 법률이나 규칙의 차를 없애고, 노동이나 자본의 이동을 자유화하여 경제적으로 일국화 하려는 구상이며, 나아가 대규모 생산의 이익을 추구하는 것을 주목적으로 하고 있다. 하지만 동북아 경제권은 EU와는 달리 지리적으로 가깝고 경제적으로 보완관계에 있는 나라가 힘을 합쳐 발전해 가고자 하는 성격의 것이다.

따라서 이것은 제도적인 틀을 반드시 필요로 하는 것은 아니고, 기업, 지역, 국가의 협력을 적극화함에 의해 자연적으로 경제 관계를 확대해 나가도록 하는 것이다. 이것을 아시아 경제의 연구자로 유명한 캘리포니아 대학의 스칼라피노는 자연경제영역natural economic territories : NETs이라고 말하고 있다.

그러나 이 지역의 경제통합에는 아직 넘어야 할 장애물이 산적해 있다.

첫째, 아직은 냉전체제의 견고성이 유지되고 있다.

둘째, 사회주의권 국가들의 시장경제체제로의 이행이 각기 다른 수준에 있다는 것이며, 아직은 자본주의적인 경제시스템이 자유롭게 운영되고 있지 않다.

셋째, 경제 규모와 경제 발전의 속도에 있어서 역내 국가간 차이가 크다.

넷째, 문화적 친근감에도 불구하고 아직은 인적·문화적 교류가 활발하지 못하다.

다섯째, 동북아 국가들의 역내 국가들과의 경제교류 수준이 낮고 대외 무역의존도가 높기 때문에, 역외국에 배타적으로 보일 수 있는 경제협력체 구성에 소극적일 수밖에 없다는 점이다. 이러한 여건에서 21세기에 들어서 한·중·일 3국이 공동으로 풀어야 할 과제는 다음과 같다.

첫째, 3국은 국방비가 전체 국민총생산에서 차지하는 비중을 낮게 유지할 필요가 있다. 이는 물론 정치적 문제의 해결을 전제로 하는 것이지만 과도한 군사력으로 경제력이 손해 보는 우를 범하지 말아야 한다.

둘째, 3국은 선진국 시장의 개방 등 무역환경의 개선을 위해 공동 노력해야 하는데 3국간 경제구조의 변화는 투자분야 협력의 필요성을 더욱 절실하게 해 주고 있다. 일본은 인구가 감소하고 노령화하면서 해외투자에 현재보다 더 많은 관심을 가질 수밖에 없으며 중국은 21세기에 들어서도 현재 이상으로 해외 저축에 의존해야 한다. 특히 3국은 동북아 안정을 위한 투자협력을 해 나가야 하는데 3국은 북한으로 하여금 모든 나라에 대해 투자를 개방하도록 권유하고, 빠른 시일 내에 아시아태평양경제협력체(APEC)나 아시아개발은행(ADB) 같은 지역협력기구에 가입할 수 있도록 도와주는 것이 중요하다.

　3국은 또한 상호무역 및 투자의 흐름을 촉진시키기 위해 관세·비관세 장벽을 낮추고 국내제도, 행정절차, 표준 등을 서로 조화시켜 나가야 할 것이다. 국제무역 및 투자환경의 개선을 위해 범세계적 다자간 협력과 APEC을 통한 지역 협력에 더 적극적으로 참여해야 한다. 중국이 WTO에 가입하는 것도 중요하고 그에 따른 의무를 최대한 이행하겠다는 약속을 하는 것도 중요하다.

제4장
세계 경제를 움직이는 새로운 힘
— 미래 사회의 자원은 정보 · 기술 · 지식

21세기의 권력 - 초고속 정보통신망

앞으로 우리 사회의 모습은 폴 케네디가 그의 저서 《21세기 준비》에서 전망한 것처럼 정보 · 지식 · 기술로 대체되고 있다.

미국의 피터드러커 교수는 앞으로 기업이나 국가의 경쟁력을 가리는 평가 기준은 기업의 토지 · 자본 · 생산설비나 국가의 인구 · 국토 면적 · 천연자원의 많고 적음이 아니라, 기업이나 국가가 보유하고 있는 '지식 · 정보 · 기술 및 문화' 의 질과 양이라고 주장하고 있다. 다양한 예측에도 불구하고 21세기의 변화를 주도할 동력은 정보통신 혁명이라는 점에서 미래 학자들의 진단은 일치하고 있다.

21세기에는 정보력 · 지식력 · 기술력 및 문화력이 한 국가나 기업의 생존과 발전을 좌우하는 가장 중요한 요소가 되며 경쟁력을 평가하는 핵심적인 평가 기준이 된다.

모든 분야에 걸쳐 정보혁명이 급속도로 진전되고 있고, 대단위의 지식과 첨단기술이 미래의 새로운 물결을 주도하고 있다.

오늘날의 정보기술은 군사, 경제, 의료, 생활, 문화의 모든 분야에서

혁명을 일으키고 있다. 인터넷의 역사 하나만 보아도 군사 네트워크에서 시작하여 학술 연구기관과 기업체로 확산되었고, 냉전 이후에는 금융정보로 방향을 잡으면서 소위 IT자본주의, 금융자본주의, 그리고 글로벌 마켓을 지향하는 신자유주의 물결을 흐르게 되었다.

현재 IBM연구소에서 진행 중인 광학 미세소자기술은 이것이 개발되면 1천6백만 권의 책이 소장된 미의회도서관의 모든 책들을 단 하나의 디스켓에 넣을 수 있다고 한다. 슈퍼 컴퓨터는 초당 6백억 개의 계산을 해낼 수 있는데 2010년에 가면 그것보다 1백만 배나 빨라져 초당 6백 개조를 동시에 계산할 수 있을 정도에 이른다고 한다.

통신혁명, 금융혁명, 생물공학혁명, 로봇 및 자동화의 확산으로 대변되는 신산업혁명의 물결은 다가올 21세기 새로운 인류의 모습을 나타내고 있다.

다니엘 벨은 앞으로 다가올 정보서비스 사회를 '공업화 이후의 사회' 라고 명명했다. 이는 '탈공업화 사회', '산업화 이후의 사회' 또는 '후기산업사회' 등으로 말해지고 있는데 다니엘 벨이 말하는 정보서비스 사회의 모습은 다음과 같다.

① 농업, 제조업 종사자보다 서비스업 종사자들의 수가 훨씬 많게 된다. 공장근로자 수가 줄어들고 정보서비스업이나 정보분야 사무직 근로자의 수가 늘어난다.

② 전문직업인과 과학 및 엔지니어링 분야의 전문 인력이 점점 더 많이 필요하게 된다.

③ 과학기술 지식이 국가경쟁력이나 사회정책의 기반이 된다.

④ 컴퓨터나 광범한 정보통신망과 관련된 지식과 기술이 '기능' 을 대신하게 될 것이다.

물건을 팔기 위해 매장을 설치하고 창고를 지어야 하는 기업경영은 이미 구식의 개념이 되고 있다. 텔리마케팅이나 케이블 TV를 통한 직접 판매와 신용카드를 이용한 결재, 제품의 설계와 제조를 인공위성망을 통해 해결하는 가상의 회사Virtual Company가 세계 곳곳에서 나타나고 있다.

다가올 미래사회에서 '정보의 소유'는 그 어떤 천연자원보다 경쟁력 향상의 결정 요인이 될 것으로 전망되면서 세계는 '정보전쟁'이라 불릴 만큼 치열한 '정보게임'을 벌이고 있다. 세계무역기구(WTO)도 통신시장 개방 협상에 착수함으로써 멀지 않아 통신시장에서의 '국경'도 사라질 전망이다.

미국·유럽 등의 선진국들은 컴퓨터를 통한 전신·전화·팩시밀리·이동통신·위성통신·방송 등의 통신시스템뿐만 아니라 도로·강·운하·철도·항공 등 수송시스템, 전력설비, 송유관, 가스 송출관, 전력망 등의 에너지 시스템에까지 첨단정보화 작업을 서두르고 있다. 21세기 사회 기반이 될 정보통신망에 대해서는 디지털화, 멀티미디어화 및 초고속, 광대역화를 위해 각국은 정보기반 구축전략을 수립하고 있다.

미국의 클린턴 행정부는 전국의 모든 기업연구실, 도서관, 심지어 모든 가정을 광光통신망으로 연결하는 '정보 슈퍼 하이웨이' 계획을 세우고 있다. 국제경쟁력을 회복하고 21세기에 주도권을 잡기 위해 구축하는 국가정보기반(NII)은 기업의 리스트럭처링restructuring이나 리엔지니어링reengineering을 극대화하려는 것이다.

유럽연합(EU)도 유럽통합을 위한 계획의 일환으로 정보고속도로 구축 계획을 추진하고 있다. EU 집행위원회는 차세대 산업기반 시설infrastructure로서 정보고속도로를 구축하여 서유럽뿐 아니라 동유럽과 유럽자유무역연합(EFTA)까지 포함하는 명실상부한 범유럽 정보고속도로를 추구하고 있는데, 이는 미국의 NII구상에 대응하는 측면이 강하다.

일본의 초고속망 구축은 전적으로 산업육성에 역점을 두고 있다. 우정성은 차세대 통신망을 도로·항만·공항 등 기존의 사회간접자본과 차별하여 신사회간접자본이란 개념으로 빠른 시일 내에 전국적으로 정보서비스를 제공하기 위해 광케이블망을 구축하고 있다. 일본은 이를 계기로 미래 핵심 산업으로 부상하는 光관련 산업으로 세계를 주도하며, 멀티미디어 산업으로 세계를 제압하겠다는 야심찬 계획을 세우고 있다.

한국도 1995년 7월 '산업정보화 운동'의 일환으로 서울과 대전을 잇는 초고속 정보고속도로를 개설, 정보통신 부문에서 '1초 생활권' 시대의 막을 열었다. 전국 각 가정과 기업, 연구기관을 초고속 통신망으로 연결하는 '초고속 정보고속도로'는 마치 고속도로의 '길'처럼 대도시·중소도시·농촌·산지·오지 어디든지 가장 빠른 속도로 각종 정보를 전송, 교류하게 된다.

한국은 오는 2015년까지 사회간접자본(SOC) 사업에 대한 정보통신망 구축사업을 위해 무려 45조 원을 투자할 계획이다.

이제 정보화와 정보고속도로는 더 이상 소수 기술자의 전문적인 개념이 아닌 다가올 21세기의 생활 그 자체를 지배할 새로운 이념으로 등장하고 있다.

정보고속도로의 목적은 단순히 문자데이터를 고속으로 전송하는 것만이 아니다. 집에서 3차원 그래픽과 비디오 영상을 통해서 상품을 주문하고, 지방에서 대도시의 의료진과 장비의 도움으로 원격진료도 받을 수 있다. 서울에서 전 세계 유명 교수의 강의를 듣고, 자기 사무실에서 비디오 회의에 참석할 수 있으며 원하는 사람에게 멀티미디어 우편을 보낼 수 있는 멀티미디어 서비스로서 사회 비용을 절감하고 산업 경쟁력을 강화하는 등 일상의 모든 부분을 혁신적으로 변화시키는 것이다.

테크노폴리스technopolis 사회

지역 혁신체제 구축을 위한 정책수단으로서의 테크노폴리스는 기술tech과 도시polis의 합성어로 미국의 실리콘밸리, 리서치트라이앵글 등과 같은 성공적인 기술집적도시를 개념화 한 것이다.

테크노폴리스는 산업단지의 관리자나 개발자가 아니라 입주한 하이테크 기업들을 위한 기업환경 서비스나 영업활동과 관련된 제반서비스, 기업간, 지역간 소통 및 협력 유도, 특히 동종기업, 연구소, 공적 투자 등을 결합한 공동 프로젝트 추진 및 결과물에 대한 상용화 지원 등의 기능을 담당한다.

다가올 사회에서 힘의 원천이 될 지식 · 기술 · 정보 패러다임에 있어 과학기술의 혁신은 무엇보다 중요한 요소가 되고 있다.

기술개발의 속도와 정도가 얼마나 빠르고 정밀한지는 품질혁신을 위한 불량률 저하운동의 흐름에서도 여실히 나타나고 있다. 불과 2~3년 전만 해도 우리는 불량률을 백분율로 계산하였다.

1994년도에 한국 수출상품의 불량률은 4.3%였고, 1995년도에는 3.5%를 목표치로 했다. 수출상품의 불량률이 3.5%라고 한다면 백만 개 중에서 무려 35,000개의 불량품이 나온다는 것이다. 이렇게 높은 불량률을 가지고서는 국제경쟁력에서 이길 수 없다.

그런데 일본에서는 일찍이 생산제품의 불량률을 백분율로 계산하지 않고 백만 개 중에서 불량품이 몇 개인가를 계산하는 백만분률

(ppm)로 계산하고 있다. 미국 · 일본 등의 경우는 이미 1980년대부터 이 운동을 추진하여 많은 기업들이 100ppm 범위 내에서 생산을 하고 있다. 한국은 일부 대기업과 협력업체의 경우 1990년대에 들어 100ppm 운동을 추진하여 이에 근접하거나 달성한 경우가 있는데 이와 같이 최소 10년 이상의 격차를 두고 선진국과 우리의 기술 수준이 변하고 있는 셈이다.

최근에는 '100ppm운동' 에 더하여 '6시그마 운동' 으로 발전하고 있는데 이것은 대형 도서관의 많은 장서 중 오자가 한두 개 있는 정도의 수준을 목표로 하는 것이다. 극소 오차의 기술력이 하루가 다르게 발전하고 있다.

기술과 함께 기술혁신도 중요한 요소가 되고 있다. 소니 워크맨의 경우 원래 일본의 기술이 아니라 독일 특허의 독일 기술이었는데 그 특허를 소니가 사서 제품화한 것이다. 대부분의 가정에는 몇 백만 원에 달하는 전축이 있었기 때문에 전축을 주머니에 넣고 다닌다는 것은 아무도 상상하지 못했다. 때문에 워크맨 기술을 개발해서 특허를 얻었는데도 그 특허를 아무도 사 가려 하지 않던 것을 소니가 외상으로 사다가 제품 개발에 성공한 것이다. 이후 소니는 수 억 개의 워크맨을 수출하게 되면서 일약 워크맨은 소니의 대명사가 되었다. 이와 같이 일본은 기술개발보다는 기술혁신에 탁월한 능력을 보여주고 있다.

반도체, 정보통신, 자동차, 신물질, 원자력의 기술 수준은 이미 선진국의 위치를 평가하는 수준이 되고 있고, 기계 및 전자 부문의 핵심기술은 첨단기술의 기초 경쟁력이 되고 있다. 철강 산업에서의 베세머Bessemer, 블루밍Blooming 공법의 공정혁신, 자동차 산업에서의 연속 생산방식, 반도체 및 컴퓨터산업에서의 PC혁명, 전기 통신산업에서의 전화 발명과 무선 기술혁명, 광섬유 기술 등으로 대변되는 신산업,

신시장의 창출은 첨단과학기술의 혁신에서 비롯되고 있다.

21세기에 예상되는 6대 기술혁명을 전문가들은 다음과 같이 보고 있다. 멀티미디어를 중심으로 한 정보통신혁명, 광기술과 컴퓨터의 융합으로 이루어지는 광전혁명, 두뇌와 5개 감각기능을 지닌 기전혁명, 고온초전도체의 실용화를 중심으로 한 신소재혁명, 유전자 치료에 의한 암 극복을 가능케 하는 바이오 기술혁명, 지구생태환경의 보전과 개선을 중심으로 하는 에너지기술 혁명 내지 환경공학 기술혁명 등 6대 기술혁명이 가장 큰 각광을 받는 기술혁명이 될 것으로 보고 있다.

제 4차 산업혁명

이른바 멀티미디어의 시대라 불리는 첨단 정보통신의 시대는 세계를 지구촌으로 묶어주는 역할을 함과 동시에 새로운 산업혁명을 가져오고 있다.

컴퓨터, 정보통신, 반도체, 생명공학, 레이저, 로봇 등이 주류를 이루는 첨단산업 혁명으로 사무자동화, 공장자동화, 가사자동화의 3A가 일반화되면서 컴퓨터와 사무 · 가전기기가 융합된 새로운 전자기기가 등장하는 등 정보 · 통신 · 전자 전반에 걸쳐 새로운 혁명적 변화가 나타나고 있다.

선진기업들이 앞 다퉈 멀티미디어와 컴퓨터가 일체화된 다기능 멀티비전을 선보이며 전화, 오디오, 동영상, 데이타서비스, 인터넷 기능까지 겸비한 핸드폰의 등장과 같이 첨단 산업기기 개발에 박차를 가해오고 있다. 이미 국내에서도 널리 보급되고 있는 다자간 PC 회상회의 시스템, HDTV고화질 TV 등의 개발도 급속도로 진전되고 있다.

전 세계의 정보통신망 시장을 장악하기 위한 거대 정보통신 회사들 간의 전략적 제휴가 확산되어 왔는데, 이는 각 분야에서 기술적 경쟁력을 지닌 선진업체들간 제휴를 통해 시너지 효과를 이끌어 내고 확대된 통신시장에서의 주도권을 선점하기 위한 전략적 사고에서 비롯되었다.

1995년 미국 최대 전화회사인 미국전신전화(AT&T)가 스페인 · 스웨덴 · 스위스 · 네덜란드와 함께 다국적 전화회사 '유니소스 Unisource'를 설립한 것을 비롯하여, AT&T와 영국의 브리티시텔리콤 BT에 의해 1999년 설립된 'Concert', 독일의 도이치텔레콤(DT), 프랑스의 프랑스텔레콤(FT)이 미국 장거리 전화시장 3위 업체인 스프린트사와 1996년에 설립한 'Global One' 등 다국적 정보통신연합을 통한 세계 통신시장의 재편현상이 두드러져 왔다.

일본이나 유럽 · 미국 등의 선진국에서는 이미 컴퓨터와 정보 · 통신기술이 융합화 된 첨단 전자산업 분야로의 진출을 위해 매스미디어와 컴퓨터 · 전자산업의 제휴 및 통합이 빠르게 이루어지고 있다. 미국 애플사와 일본의 캐논 · 샤프 등과의 제휴, 필립스 · 소니 · 마쓰시타의 제휴, 멀티미디어 PC 분야에서 나타나고 있는 마이크로소프트 회사와 AT&T, NEC, 후지쓰의 제휴 등이 바로 그것이다.

또한 신산업혁명으로 대표되며 새로운 연구가 집중적으로 이뤄지고 있는 또 하나의 분야는 로봇자동화 산업이다. 현재 일본의 주도 아래 이루어지고 있는 '로봇산업'은 공장에서 무인화 작업을 실현시키는 데 목적이 있다. 인건비 상승에 따른 부담과 노사문제, 생산성 문제를 해결하기 위해 도입된 산업용 로봇은 이제 3세대 지능로봇이 등장할 정도로 인간이 하는 것처럼 문제를 풀고 생각하며 작업을 하는 단계까지 개발이 이루어지고 있다.

　세계 최고의 로봇산업 수준을 갖고 있는 일본은 세계시장에서 산업용 로봇의 점유율이 70%에 이를 정도로 선두자리를 차지하고 있다. 로봇산업의 등장은 공업화사회의 생산구조에 혁신을 가져와 자동생산, 무휴생산, 무인화 생산뿐 아니라 세계 노동시장 구조에도 충격적인 영향을 미칠 수 있다. ‘무인자동화’로 대변되는 로봇산업혁명으로 공장노동자들이 하룻밤 사이에 밀려난 것은 아니지만, 한 세대 정도의 세월이 흐른 뒤엔 인간에 의한 생산적 노동력의 가치는 떨어지게 될 것이다.

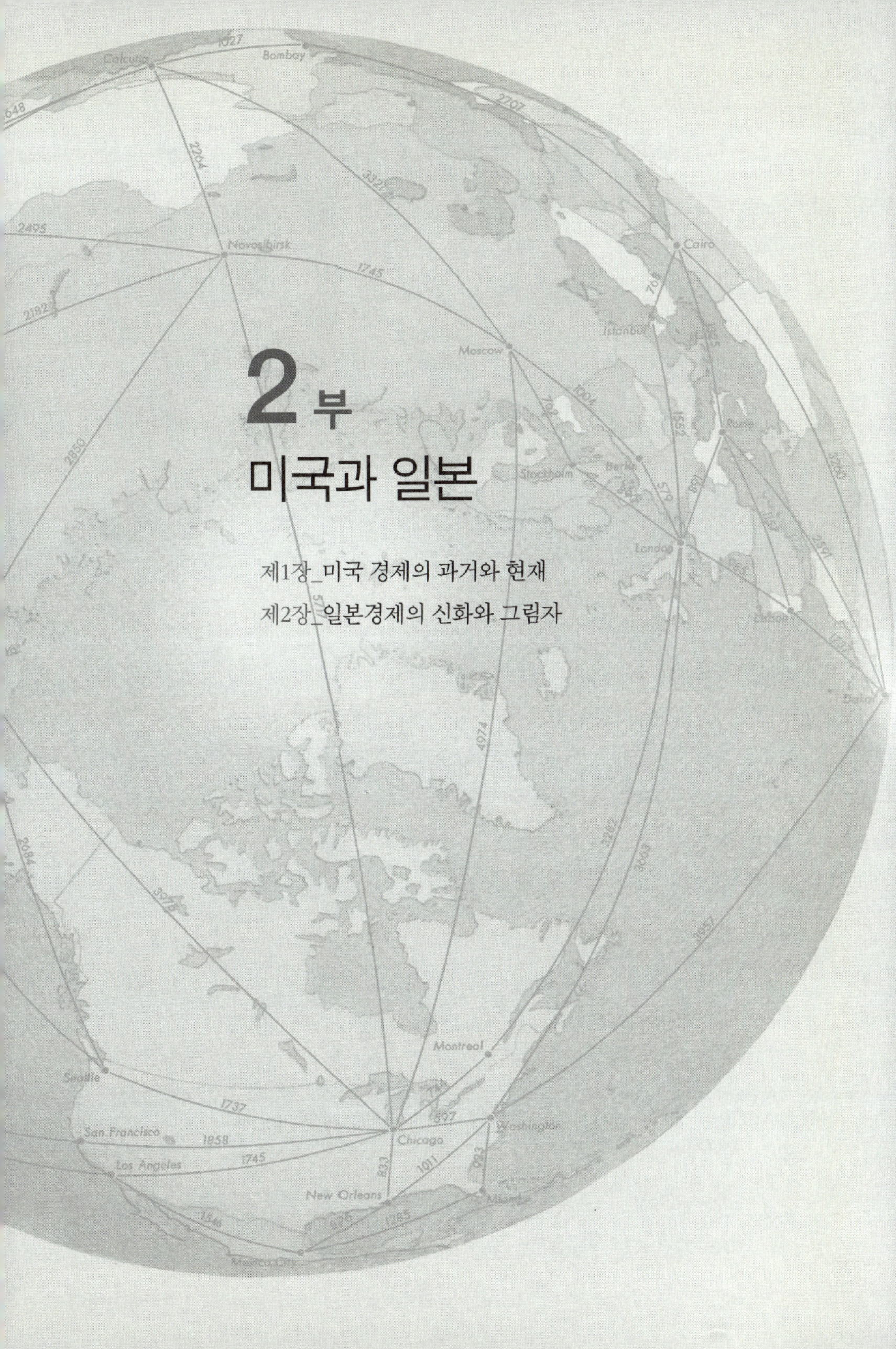

2부

미국과 일본

제1장_미국 경제의 과거와 현재

제2장_일본경제의 신화와 그림자

미국 경제의 과거와 현재

미국이 지배했던 세계 경제

19세기를 대영제국이라 일컫는 영국이 지배한 세기였다면, 20세기는 미국이 세계 최고의 초강대국으로 군림했던 시기였다. 제2차 대전 이후 미국은 공업·농업·서비스·금융·기술·교육·군사·문화·정치 등 모든 분야에서 세계 최고의 위치를 누렸다.

1950년대 미국의 경제규모는 세계 경제규모의 3분의 1을 차지하고 있었으며, 당시 세계 두 번째 시장이었던 영국에 비해 9배 이상의 경제규모를 가지고 있었다. 전쟁으로 폐허가 된 유럽 국가들이 전후 재건을 위해 부심하고 있을 때 미국은 이미 경제의 절정을 달리고 있었다. 그 결과 미국은 산업부문에서 세계 어느 국가도 엄두내지 못할 만큼의 힘과 위치를 점유하였다.

이러한 경제적 힘을 바탕으로 미국은 전후 세계 경제의 틀을 만들어 나갔다. 1944년 뉴햄프서주의 브레튼우즈에서 국제통화기금(IMF)과 세계은행(IBRD)의 창설을 주도하였고, 1947년에는 전후 세계 경제의 규범인 관세 및 무역에 관한 일반협정(GATT)을 출범시켰다.

국제통화기금은 환거래의 자유화와 환율의 안정을, 세계은행은 발전도상국의 개발을, GATT는 무역제한의 제거를 목적으로 하였다. 이들은 전후의 세계 경제의 틀을 짜는 세 기둥으로, 미국은 이를 주도하면서 세계 경제의 주도권을 잡았다.

미국이 20세기 세계 경제를 지배할 수 있었던 힘은 무엇보다 강한 자본력이 바탕이 되었기 때문이다. 넓은 국토의 풍부한 천연자원과 전쟁으로 인한 수출의 증대가 미국 경제의 원동력이 되었고, 개방주의 무역으로 세계 자본의 집결지가 됨으로써 미국 시장은 세계 최고의 금융·통화 시장이 되었다. 미국의 GNP는 세계 최고였고, 투자 또한 세계 어느 나라보다 많았으며 강한 기업가 정신과 기술혁신이 뒷받침했다.

미국인의 개척정신은 광활한 신개척지에 이민들이 정착되어 가는 과정에서 자연을 극복하면서 저절로 체득된 모험심과 자립심 및 창의력에 의한 것이다. 제 2차 대전으로 유럽 국가들의 과학 및 주요 산업 시설 대부분이 파괴된 것에 비하여 지정학적 이점으로 인해 전쟁의 포화로부터 벗어나 있던 미국은 전쟁특수에 따른 군수산업의 발달과 전후 자연스런 이민들의 유입으로 인해 우수한 산업인력을 확보하게 되었다. 앞선 경쟁력을 바탕으로 전후 우수한 상품을 생산하였으며 관대한 이민정책으로 세계의 유능한 경영자, 기술자들이 미국에 더욱 더 모여들게 하였다. 이와 같이 넓은 국내시장과 자본, 기술, 노동의 축적은 미국을 세계 무역의 중심지로 우뚝 서게 하였다.

교육과 인적 자원에 있어서도 미국은 세계 으뜸이었는데 교육제도를 세계 어느 나라보다 먼저 자유경쟁체제로 개방하였고, 이를 생산성의 향상과 산업계의 연구 개발과 연결시켰다.

대학을 중퇴한 빌 게이츠가 컴퓨터에 내장되는 오퍼레이팅 시스템

을 개발하여 10년만에 세계 최고의 부호 대열에 오르게 된 것도 미국
이 아니면 상상하기 어려운 일이다.

개인의 평가는 어디까지나 업무 수행능력과 창의력에 의해서 결정
되는 자유경쟁의 풍토가 미국의 개척정신을 이어받았다. 세계 최초
로 고등교육이 확대 실시된 나라도 미국이었고, 숙련된 인력, 가장 첨
단화된 두뇌가 모인 산실도 미국의 대학이나 기업연구소였다.

우월한 기술, 넘치는 자본, 유능한 인적 자원, 강한 기업가 정신이
하나로 일체화된 거대 아메리카는 20세기 '아메리칸 드림' 을 낳게
되었다.

미국 경제 쇠퇴의 길

금세기 최고의 경제대국 미국은 막대한 물적 자원 · 기술 · 자본 ·
시장 · 경영기술을 가지고 있으면서도 1990년대에 들어 급격하게 그
경제적 지도력을 잃어 가기 시작하였다. 경제성장률 둔화는 물론이
고 세계 최대의 무역적자를 기록할 뿐 아니라 국내의 많은 유수 기업
들이 외국 자본에 팔리는 사례가 급증하였다.

서브프라임 모기지 부실사태와 부동산 경기 침체, 달러화 약세 등
으로 가치가 떨어진 미국 기업과 자산을 해외 자본이 사들였다.

그 규모는 2007년엔 4140억 달러(389조 원)이며, 2006년(2180억 달
러)보다 90% 증가한 것이다.

좀처럼 회복 기미를 보이지 않는 미국 경제의 무역수지 악화 현상
은 미국의 경기 부진에도 불구하고 대외 수입이 줄어들지 않고 있기
때문인 것으로 나타났다. 특히 재정 적자는 국론분열까지 몰고 와 클
린턴 행정부 당시 야당인 공화당이 강력한 지출억제 법안을 제기한

데 맞서 클린턴 대통령이 거부권을 행사하는 바람에 1996 회계연도 예산안이 통과되지 못해 한동안 연방업무가 중단되는 사태가 벌어지기도 했다.

냉전체제의 붕괴와 더불어 미국은 과거 소련을 상대로 했던 정치적 동맹관계, 군사대국으로의 세계적 리더십, 세계 경제와 무역의 지도적이고 조정적인 역할이 불필요하게 되었다. 세계 최고 부국으로서의 독자적 위치에 대한 지각변동은 갑작스런 냉전의 붕괴로 과거 수십 년간 미국이 군사대국으로서의 위치를 장악하기 위해 초점을 두어 온 국방·군수산업의 불황에서부터 시작되었다.

소련이 무너진 이상 이데올로기를 앞세워 국방산업을 이끌어 갈 명분과 구실은 사라졌고, 반면에 미국이 냉전 기간 동안 소련을 상대로 군사적 보호망을 쳐 준 사이 일본과 독일이 어느새 세계 경제를 급속도로 장악하기 시작했다.

1993년 1월, 유럽이 단일공동시장으로 창설되면서 미국은 100년만에 세계 최대시장의 자리를 유럽에게 빼앗기고 말았다. 독일·프랑스·영국 등 유럽 선진국들은 유럽의 새로운 부흥을 꾀하면서 EU를 창설, 세계 경제의 주도권을 잡기 시작하였고 전후 놀라운 속도로 경제 부흥을 이룩한 일본은 세계 시장에서 힘을 과시하기 시작했다.

유럽과 일본은 빠른 속도의 경제 재건으로 일어나고 있었던 반면, 미국은 달러 과잉, 지나친 군사비 지출, 높은 인플레, 과다한 국민 소비 등으로 어두운 그림자를 드리우기 시작하였다.

전후 5~60년대 황금기를 구가한 미국 자본주의는 1973~75년을 기점으로 불황기에 접어들면서 미국 경제는 흔들리기 시작했다. 1,2차에 걸친 오일쇼크로 인해 80년대 초에 6분기 동안 마이너스 성장을 하였다. 석유파동으로 물가는 올라가고, 경제 성장율은 낮아지는 스태그플레이션(경기침체stagnation와 인플레이션inflation을 합성한 말)이 발생한 것이다.

금융세계화 아래에서도 2000~2001년 IT 거품의 붕괴 및 그에 따른 주식시장(나스닥)의 붕괴에 따른 불황으로 미국 경제의 구조적 위기가 있었다.

2007년 8월 세계에 거대한 파장을 미치게 된 서브프라임 부실사태는 미국 10위권인 아메리카 홈 모기지 인베스트먼트America Home Mortgage Investment가 파산보호를 신청하면서 시작되었다. 2차 서브프라임 부실사태는 증권시장에 투자한 대형 투자회사들의 손실이 부각되면서 전 세계 금융기관으로 서브프라임 부실채권의 손실이 전가되어 신용경색으로 확산되는 단계에 진입하게 됨으로써 세계 금융시장이 크게 영향을 받게 된 것이다.

서브프라임 모기지란 미국에서 신용등급이 낮은 저소득층을 대상으로 고금리로 주택마련 자금을 빌려주는 비우량 주택 주택담보대출을 말한다. 2005년에 주택증권을 기초로 8,000억불 융자가 있었고, 주택가치 대비 융자금 비율이 사상 최고였다.

미국의 집값 하락으로 서민 대출자들이 빚을 못 갚게 되자 대출채권이 부실화되고, 관련 채권에 투자한 금융회사, 펀드들이 막대한 손실을 보면서 세계적인 신용위기를 유발했다.

2006년 2/4분기부터 경제성장률이 2%대로 하락하고 있고, 2007년 1/4분기 경세성장률은 0.7%를 기록했는데, 이는 주택시장의 거품붕괴로 인한 것이다. 대공황 이후 사상 최초 저축률이 마이너스였고, 소비자 물가(CPI)는 4.1%나 되었다.

서브프라임 모기지 부실로 인한 주가 폭락의 위기의 대처안으로 미국 연방준비제도이사회(FRB)는 2008년 1월 21일 전격적으로 금리를

0.75%포인트 인하하였다. 그로 인해 뉴욕 주가는 낙폭을 줄였고, 아시아·유럽 증시는 반등했다. 금리 인하로 세계 증시가 일단 안정세를 찾았지만, 시장을 바라보는 전문가들의 시각은 그리 낙관적이지 않다.

앨런 그린스펀 전 미국 연방준비제도이사회(FRB) 의장은 현 상황을 '실속 속도(stall speed)' 상태라고 정의하면서 미국 경제를 비행기가 양력을 잃고 떨어지는 것에 빗대었다.

또한 상품 투자의 귀재로 불리는 짐 로저스는 미국 경제는 이미 침체가 시작되었고, 앞으로 더 나빠질 것이라며 미국 연방준비제도이사회(FRB)의 금리 인하에 대해서도 일본이 거품경제 붕괴 직전인 90년대 초 했던 실수를 똑같이 반복하고 있다고 주장하였다.

국제통화기금(IMF)는 서브프라임 모기지 사태로 인해 5년 동안 지속됐던 세계 경제의 성장세가 둔화되고 있다며 금융시장의 혼란으로 선진국 시장의 수요가 줄어들면 개발도상국 경제에도 영향을 미칠 것이라고 하였다.

IMF 세계 경제성장률(%) 전망(2008.1.29)

지역	2007년	2008년
세계	4.9	4.1
미국	2.2	1.5
유로 15개국	2.6	1.6
일본	1.9	1.5
중국	11.4	10
아시아신흥시장	9.6	8.6
러시아 등 독립국가연합	8.2	7
남미	5.4	4.3

레스터써로는 미국 경제의 쇠퇴를 일컬어 '붕괴하는 만리장성'으로 표현하면서 미국 경제는 더 이상 세계 경제를 지배하는 위치가 될 수 없게 되었다고 했다. 개방주의와 자유무역의 예찬론자였던 미국은 갈수록 늘어가는 무역적자에 보호무역주의적 경향으로 돌아섰고, 자국 기업의 이윤 추구를 위해 정부가 발 벗고 나서기에 이르렀다.

2000년대 미국은 경제성장률이 1960년대의 4%수준에서 2%수준으로 떨어졌다. 1993년 연방 재정수지는 약 2천억 달러의 적자였으나 2006년 약 7천 5백10억 달러 적자를 기록했으며, 대외 순채무는 2008년 9조억 달러를 넘어섰다. 미국 경제의 구조적 문제점으로 지적되어온 무역적자와 재정적자는 여전히 개선되지 않고 있다.

무역적자를 개선하기 위해 대내적으로는 각종 보조금 지급을 통해 기업의 수출을 지원하는 한편, 일본 등 대미 흑자국을 대상으로 적극적인 통상압력을 가했다. 그러나 미국의 무역적자는 1996년 1,100억 달러에서 2007년 7,970억 달러로 급상승했으며, 실업률은 1960년의 3.5%에서 2007년 5.5%로 증가했으며, 개인 저축률은 1960년의 6.5%에서 2007년 0.5%로 급감하였다.

미국이 주도했던 기술개발의 지출이 현재는 일본과 유럽 국가에 밀리고 있는데 GDP 대비 기술개발 지출 규모가 1991년 2.68%, 1994년 2.39%로 지속적인 하락세를 보이다가 1995년 이후 다소 회복세를 보이면서 2003년 2.67%로 다소 상승하였다. 그러나 이는 스웨덴(4.27%), 핀란드(3.46%), 일본(3.12%), 아이슬랜드(3.09%)에 이어 OECD국가 중 5위 수준에 머무르는 수치이다. 한국은 2003년 기준 2.64%로 OECD국가 중 6위 수준이다.

이러한 현상은 미국 경쟁력 심의회가 미국의 기술 수준을 B등급으로 평가했다는 점에서도 잘 나타난다. 미국의 철강기술보다 일본과 독일의 철강 수준이 더 높고, 미국의 필름 생산기술(코닥)보다 일본의 생산기술(후지)이 더 앞서가고 있다. 창의력을 자랑했던 1인당 특허권에서도 미국은 일본에 뒤지고 있다.

미국이 세계를 지배할 수 있게 한 원동력이 되었던 대중교육제도도 1990년 이후 국민 교육의 수준을 크게 높이는 데는 성공하지 못했다. 미국 성인 7명 가운데 한 사람이 세계지도에서 자기 나라를 찾아내지 못했으며, 성인의 75%가 지도에서 페르시아만을 찾아내지 못했다고 한다. 또 성인 2,500만 명이 약병의 경고문을 제대로 이해하지 못하며, 22%가 편지봉투의 주소를 정확히 쓰지 못한다고 한다. 고등학교 상급 과정에서 상위 1%에 포함되는 수학 점수는 일본 학생의 중간 정도에 그치는 수준이며, 과학 과목에서 미국 10세 학생들의 순위는 15개 선진국 중 8위에 머무르고 있는 실정이다.

2003년 미국 정부의 보고서에 따르면, 미국사회에서 생활하는데 필요한 가장 기본적인 수준을 놓고 평가했을 때에 약 21~23%의 미국 성인들이 기능적인 문맹을 겪고 있다고 한다.

결국 21세기 미국을 세계 최고의 경제대국으로 만들 우수한 인력과 교육이 위험 수위에 와 있다. 미국이 기술개발의 주도권을 빼앗기기 시작한 것은 이러한 교육의 허점으로 인해 새로운 첨단기술을 전수하는 데 실패한 탓이다.

미국 경제의 딜레마는 낮은 저축률에도 그 원인이 있는데 '소비가 미덕' 인 미국인의 소비풍조는 얼마 가지 않아 낮은 저축률과 낮은 투자율을 가져왔다. 이는 미국 산업의 기반을 위축시키는 결과를 가져와서 미국인들은 일본인들보다 2분의 1이나 적게 저축하고, 유럽인보다 3분의 1 적게 저축한다. 특히 2000년대 중반에는 때때로 개인 저축률이 마이너스를 기록하기도 하는 등 최근 수년 간 거의 제로에 가까운 저축률을 보이고 있다.

높은 저축률은 높은 투자율로 이어지며, 국가 기반산업의 밑거름이 된다. 아시아의 개발도상국들이 빨리 성장할 수 있었던 요소 중의 하나가 국민들의 높은 저축 때문이었다. 국민들의 저축은 결국 사회간 접자본을 위한 국가 산업을 위해 쓰여지게 되고, 그것은 바로 기업의 무역경쟁력으로 직결된다.

예를 들어, 일본과 독일·프랑스는 각각 고속전철을 소유하고 있는데 그것은 정부가 풍부한 자본력을 바탕으로 사회간접자본에 과감히 투자할 수 있었기 때문이다.

그러나 미국은 갈수록 기간사업에 대한 투자가 급격히 떨어지고 있고, 국민들의 저축은 쉽게 증가하질 않고 있다. 결국 미국 기업은 똑같은 상품을 일본이나 독일 기업보다 불리한 여건에서 세계시장에 내놓을 수밖에 없게 된 것이다.

생산성의 측면에서도 미국은 산업혁명 이후 150년간 연평균 3%선의 생산성 증가율을 유지해 왔으나 1980년~90년까지 1.2%를 이룬 뒤로는 미국 경제의 생산성 증가율은 그늘 속에 숨어버렸다. 반면 일본과 독일은 1980년부터 10년간 매년 각각 3.1%, 1.4%씩, 영국은 2.8%씩 증가하는 추세를 나타냈다. 더구나 사무직 근로자의 생산성은 1980년부터 10년간 마이너스의 추세로 떨어지는 현상을 나타내고 있다. 미국은 이렇게 낮은 생산성 증가율 때문에라도 경제적 침체의 위기를 가져오지 않을 수 없었다.

미국 기업의 성쇠

미국의 산업은 제2차 대전 후 세계 경제의 성장을 주도하면서 수송 · 항공 · 통신 · 컴퓨터 · 기계 · 플라스틱 · 의료기기와 영화 등 문화산업, 회계 및 컨설팅, 방위산업 등 모든 분야에서 경쟁력을 과시해 왔다. 그런데 1980년대 이후부터 독일 · 일본 · 스웨덴 · 스위스 등 선진산업국과 신생공업국들의 추격을 받아 '세계 제일의 미국제품' 이라는 이미지를 지키지 못하고 있다.

예를 들어, 미래의 주축 산업이 될 마이크로 산업의 경우도 당초 미국에서 출발했던 산업으로 소형 · 대형 컴퓨터와 소프트웨어, 반도체 등을 창시하고 첨단이라 일컫는 컴퓨터산업 분야를 주도해 왔다. 그러나 현재 미국은 반도체 생산에서 삼성이나 도시바와 같은 외국기업의 거센 도전을 받고 있다.

라디오 · 텔레비전 등 가전산업 부문에서는 라디오가 1955년 미국이 세계시장의 66%를 차지하고 있었으나, 1965년에는 30%, 1975년엔 거의 생산이 되지 않았다. 텔레비전은 1980년대 네덜란드의 필립스와 RCA, 일본의 SONY 등에 밀려 제니스라는 회사만이 겨우 살아남을 수 있었다. 그런데 이 회사도 1995년 7월에 한국의 LG 손으로 넘어가고 말아 현재 미국에는 미국 소유의 TV업체는 하나도 없다.

현재 세계 가전시장은 일본에 의해 지배된다 해도 과언이 아닐 정도로 TV나 오디오, 캠코더, 비디오 등 각 품목마다 일본 제품의 인기도가 최고이다. 여기에 유럽의 필립스도 만만치 않아 일본 다음으로 가전사업의 주도권을 잡고 있다.

이 밖에 철강 산업도 일본에게 선두 자리를 빼앗겼으며, 화학산업은 독일의 BASF, Bayer, Hoechst 등 3개 회사가 세계 화학시장을 주름잡고 있다. 미국의 듀퐁도 그 규모는 상당하나 독일의 규모에 비하면 아무것도 아니다.

이미 오래 전부터 화학 산업의 수준을 세계 최고로 지켜 온 독일은 막강한 자본, 축척된 기술력을 바탕으로 화학 제왕의 자리를 고수하고 있다. 섬유산업은 세계 두 번째 섬유 수출국인 이탈리아, 세 번째 수출국인 독일이 고품질과 최신 디자인, 최신 패션에 대한 감각으로 고가 섬유시장을 석권하고 있다.

섬유기계산업은 스위스·독일·일본·프랑스가 자리 잡고 있으며, 저가 섬유시장은 아시아의 후발개도국들이 저임금을 바탕으로 그 위치를 차지하고 있다. 미국으로서는 고가시장을 공략하지도 못한 채 저가시장에서도 밀리고 있다.

자동차 산업은 미국이 끝까지 놓치지 않을 만큼 미국 최대의 산업이자 미국 경제 전체의 자존심을 상징하는 부분이다. 그러나 미국은 2003년 일본과 유럽의 자동차 무역수지에서 1280억 달러의 경이적인 적자를 기록하는 등 현재 전체 무역 적자의 약 25%를 자동차 무역적자가 차지하고 있으니 미국 최고의 산업에서 미국 최고의 무역적자가 발생하고 있는 실정이다.

20세기 자동차문명의 본고장인 미국을 이끌던 핵심 엔진 '빅3' 인 제너럴 모터스, 포드, 크라이슬러는 1980년대를 거쳐 도요타, 혼다 등 일본 차의 폭격 앞에 무기력하게 무너져 갔다. 급기야 미국내 수입 브랜드의 판매실적이 자국의 빅3의 실적을 넘어서고 있는 실정이다. 모터타운이라고 불렸던 자동차 도시 디트로이트는 황폐해져 갔고 급기야는 무차별 무역보복인 '슈퍼 310조' 라는 법안까지 마련할 정도로 미국은 '자동차산업 지키기' 에 발 벗고 나섰다.

1995년 하반기 미국과 일본의 자동차 무역분쟁은 양국이 시장개방과 관세장벽을 둘러싸고 100% 보복관세 조치까지 갈 정도로 격화됐으며, 다행히 양자간 자동차 협상을 통해 보복관세를 통한 무역전쟁은 피할 수 있었으나 미국과 일본의 정치적인 관계에 막대한 영향을 끼치기도 했다.

한편, 중국이 외국자동차 부품에 대해 높은 관세를 부과하는 문제와 관련하여 미국은 2006년 이를 WTO에 제소하였으며, 한국과 미국간 FTA협정 비준에 있어서도 자동차시장을 둘러 싼 갈등이 불거지는 등 자동차산업과 관련된 미국의 문제제기가 빈번해 왔다. 이는 그만큼 미국에겐 자동차산업의 비중이 크며, 수입 자동차의 국내시장 잠식으로 미국 자동차 기업들은 고전을 면치 못하고 있기 때문이다.

미국의 시장 개방 압력

미국 경제의 침체는 모든 부분에서 나타났으며 엄청나게 불어나는 적자로 세계시장에서의 경쟁력도 급속도로 약화되어 갔다. 이에 따라 한편으로는 개방 압력을 통하여 새로운 시장의 개척을 도모하고, 다른 한편으로는 '슈퍼 301조' 라는 통상법까지 마련하여 철저한 시장관리에 전력투구하기 시작하였다.

그러나 미국 경제의 보다 근본적인 문제는 생산성에 있다. 부가가치가 낮은 상품을 수출하면서 한편으로는 부가가치가 높은 상품을 수입해서는 아무리 달러 가치가 하락하여도 무역적자는 해소되지 않는다.

다시 말해, 미국의 산업경쟁력이 낮다는 것에 미국이 안고 있는 무역적자의 근본 원인이 있다는 것을 이해하지 못하고 '슈퍼 301조' 등에 의존하는 측면이 많다는 것이다.

'포괄통상법 301조' 라고 하는 것은 외국의 불공정 · 불합리 · 차별적인 무역관행에 대해 미국이 보복조치를 할 것을 인정한 조항이다. '슈퍼 301조'의 부활은 불공정 무역관행에 대해 미국이 단호한 조치를 취한다고 하는 태도를 나타낸 것이다.

그런데 미국이 일방적으로 불공정·불합리라고 규정짓고 보복하는 것은 WTO의 규범과도 맞지 않다. 그럼에도 불구하고 미국은 WTO를 통한 다자간 시장개방논의는 절차가 번잡스러울 뿐 아니라 자신의 주장이 통하기 힘들다는 판단 아래 가급적 이를 외면하는 태도를 보이며, 주로 강압적인 301조 등의 쌍무적인 시장개방 공세를 통해 자국의 이익을 관철하곤 했다.

과거 유럽과 일본을 주상대로 했던 시장개방 압력이 이제는 아시아 국가에까지 미국 제품에 대한 무역시장 개방 압력으로 나타나고 있다. 가령, 1995년 9월 한미 자동차무역 협상에서 한국의 자동차 시장 개방에 대한 압력으로 '슈퍼 301조'의 압력을 가하면서 '무차별 개방 공세'를 펼 정도로 아시아 신흥국가들에 대한 무역압력도 갈수록 그 강도를 더해 가고 있다. 무역 대표부가 무역 장벽을 깨고 시장을 열면, 상무부는 업계 관련자들로 구성된 대규모 투자단을 이끌고 세계 구석구석을 누비면서 수출과 투자 계약을 성사시키고 있다.

1995년 5월 17일자 《뉴욕타임즈》는 '보복관세는 미국시장의 이익을 위해서라기보다는 외국 시장을 열기 위한 것이다. 그 외국 시장에는 일본도 해당되지만, 중국이나 한국처럼 급성장이 예상되는 아시아의 다른 나라들도 들어간다.'라고 말하면서 미국의 대아시아 무역 시장에 지대한 관심을 확인한 바 있다.

미국은 1989년 출범한 아시아태평양경제협력체(APEC)를 통해 주로 역내 무역자유화를 추진해 왔으며, 한편으로는 이 지역의 일부 국가들과 FTA를 체결함으로써 그 파급효과를 역내에 확산시키려는 전락을 함께 구사해 왔다. 그런 의미에서 한·미FTA협정의 체결과 발효는 이 지역의 무역자유화를 촉진시키는 힘으로 상당부분 작용할 것으로 예측된다.

WTO 중심의 다자간 협력을 표방하면서도, 탈냉전 이후 초강대국이라는 지위와 힘을 바탕으로하여 미국은 이해 당사국과의 쌍무적 협상과 압력을 병행하는 공격적인 대외 통상정책을 펼쳐 왔는데 특히 무역수지 적자 개선에 초점을 맞추어 향후 미국의 대외 시장 개방 압력은 더욱 거세어질 것이다.

미국 기업의 경쟁력 회복 노력

미국 정부의 '무역적자 줄이기' 노력과 함께 미국 기업들도 세계시장에서 약화된 경쟁력을 회복하기 위한 체질개선에 나서고 있다. 글로벌 기업으로의 경영혁신과 새로운 생산체계, 기업합병 및 매각, 세계기지화 등을 선언하면서 다국적 기업으로의 변신에 나서고 있다.

지난 수천여 개의 미국 업체들은 획기적인 변혁을 겪었는데 엄청나게 많은 업체들이 어떤 형태로든 리엔지니어링reengineering, 다운사이징downsizing, 계층 축소를 추진하면서, 수 백만 명의 노동자를 삭감하며 경쟁력 회복을 추구해 왔다.

최근 세계 어느 곳에서든지 생산성 향상과 판매신장, 이윤추구를 위한 다국적 형식의 기업 형성이 붐을 이루고 있는 것도 이 같은 맥락에서 비롯된 것이다.

더구나 세계시장의 경제블록화가 빠르게 확산되고 있고 국가 간의 무역 전쟁이 심화됨에 따라 이른바 '국적 없는 기업'이 다양한 무역 환경 변화에 살아남을 수 있는 가능성이 많다는 판단 때문이다.

유럽과 아시아 시장에 생산기지를 갖고 있는 미국 기업은 현지인을 고용하고 현지인의 취향에 맞게 생산하여, 현지인에게 판매하는 시스템을 확립해 나가고 있다. 미국 기업의 진출이 어려운 경우에는 현지법인을 매수하여 새로운 경영과 조직으로 탈바꿈한 뒤 시장 공략에 나서고 있다.

이미 오래 전부터 강력하게 추진되어 온 미국 기업의 해외 진출은 국제경쟁력의 향상을 위한 생산 현지 조달과 함께 기업의 생산기지화를 서두르고 있다. 본부의 해외 이전도 서슴지 않고 행해짐으로써 기업의 세계화를 구축하고자 하는 노력이 급속도로 추진되고 있다.

포드사와 크라이슬러사는 일본의 마쯔다와 미씨비시에서 부품을 조달, 각각 완성차를 미국에서 판매할 정도이며, GM 또한 도요타에서 승용차를 조달하고 있다. 듀퐁사는 아시아 시장을 공략하기 위해 이미 전자사업 본부를 미국에서 일본 동경으로 옮겼고, IBM도 네트워크 시스템 사업본부를 영국으로 이전했으며, 휴렛패커드는 데스크탑 PC 사업본부를 프랑스로 옮기기도 했다.

한편, 미국 기업의 생존전략은 경영 및 조직의 혁신으로도 이루어지고 있다. 세계화 경영의 본보기가 되고 있는 GE는 1970년 당시 미국을 비롯해서 전 세계적으로 무분별하게 펼쳐져 있던 190개 사업 분야를 43개의 전략사업 단위로 통폐합하고, 1982년부터는 세계1~2위 사업만 선별하여 3가지 분야, 즉 서비스산업 분야, 첨단기술사업 분야, 핵심사업 분야 등으로 구분하여 13개 사업부로 재편성하였다. 현재 GE는 사업재편성 전략을 성공리에 끝내고 경쟁력의 완전한 우위 목표를 달성하기 위해 Wort-Out 운동을 대대적으로 실시하고 있다.

세계 경영의 모범이 되는 보잉사도 8만 명 이상의 종업원을 시애틀이 있는 워싱턴 주에서 채용하고 있으며, 세계 각처에 고용된 종업원

만도 11만 명을 넘어설 정도로 이미 세계무대를 시장으로 경영 마케팅을 펼치고 있다. 6백만 개가 넘는 항공기 부품은 미국 내 50개 주와 세계 30개국에서 생산하고 있는데, 필요한 부속품 중 2분의 1은 자체 내에서 생산하고 나머지 2분의 1은 타 회사에서 생산하고 있다. 이 많은 부속품이 시차 없이 완벽하게 조립되어 정해진 시각에 고객인 항공기 운항회사에 인도되는 것을 볼 때 국경을 초월한 감각이 없으면 불가능한 것이다.

또한 한 세기가 넘도록 '톡' 쏘는 특이한 맛으로 세계 음료시장의 47%를 차지하며 전 세계를 지배하고 있는 다국적 기업 '코카콜라'는 현지화를 바탕으로 한 세계화 전략으로 총매출액의 70%가 전 세계 170여 개국에서 소비될 정도로 미국인의 자존심을 지키는 유일한 기업 중의 하나가 되었다. 코카콜라가 생산한 콜라를 온 세계가 하루에 마시는 양이 무려 6억 1천만 잔이며, 한 해에 마시는 병을 한 줄로 늘어놓으면 지구를 1,500바퀴나 돌 수 있고 달을 무려 70번이나 왕복할 수 있을 정도이다. 이렇게 성장한 코카콜라는 생산 공장이 세계 각지에 퍼져 있어 현지 생산화가 가장 앞선 기업의 하나이다. 더구나 코카콜라는 지역과 국가마다 다양한 마케팅전략과 독특한 광고 전략으로 그 나라의 문화와 특성에 맞는 경영기법을 채택함으로써 170여 개 해외법안에서 80%이 해외수익률을 올리고 있다.

미국 기업이 해외진출과 함께 경쟁력 강화의 일환으로 강력히 추진하고 있는 것은 기업의 매각 · 합병작업으로 20세기 초 세계 25대 기업 중 대부분을 갖고 있었던 미국은 현재 세계 25대 기업 중 극히 일부분만을 갖고 있다.

미국을 대표하는 거대기업들은 비대해진 조직과 관리, 생산성의 저하로 경영효율이 극히 떨어져 급변하는 세계 경제시장에서 능동적으로 대처하기 위한 체질개선이 요구되고 있다. 이에 따라 부실기업의 매각과 동류기업간의 합병작업이 발 빠르게 진행되고 있다.

특히 1995년은 뉴욕 증권업계가 'M&A의 해'로 규정할 만큼 기업합병이 활발해 8천여 건의 M&A가 성사돼 하루 평균 30건의 기업합병이 이루어진 것으로 나타났다. 1995년 한 해 동안 미국 내에서 이루어진 M&A 금액은 4,000억 달러에 달했다. 더구나 달러화의 가치하락이 기업의 인수·합병을 부추기는 요인이 되고 있다.

1995년 9월 미국 노동부가 발표한 〈주요 경쟁국과의 제조업 생산성 비교〉라는 보고서에 따르면, 미국은 기업합병과 매각, 인원감축 등으로 인건비의 부담을 줄임으로써 경쟁력을 강화시키고 있다고 했다.

미국 GDP 추이 (단위: 전기대비 연율, %)

구분	2004	2005	2006	2008년			
				1분기	2분기	3분기	4분
실질GDP	3.9	3.2	3.4	5.6	2.6	2.0	3.5
개인소비진출	3.9	3.5	3.2	4.8	2.6	2.8	4.4
민간총투자	9.8	5.4	4.6	7.8	1.0	-0.8	-11.0
고정투자	7.3	7.5	3.0	8.2	-1.6	-1.2	-7.3
비거주	5.9	6.8	7.4	13.7	4.4	10.0	-0.4
구축물	2.2	1.1	9.1	8.7	2.0	15.7	2.8

자료: 미국 상무부(2007.1)

최근에는 슈퍼마켓과 은행들이 서로 짝짓기를 하여 슈퍼는 은행 고객을, 은행은 슈퍼 고객을 서로 끌어들이는 슈퍼마켓 은행 커플들이 탄생하고 있다. 1990년대와 2000년대에 있었던 주요 M&A로는, 1998년 Exxon와Mobile간에 이루어진 772억 달러 규모, 2000년 AOL과 Time Warners간의 1,648억 달러 규모, 2006년 AT&T와 BellSouth간의 727억 달러 규모의 인수와 합병 등이 있다.

다시 시작하는 미국 기업들

최근 미국 기업들의 경쟁력 회복을 위한 노력은 몇 가지로 두드러지게 나타나고 있는데 먼저 이전의 자만과 오만함에서 스스로 벗어나고 있다. 수익성이 높은 해외시장의 개척 이외에도 미국 기업들은 외국의 기업으로부터 배우고 이를 인정하는 데에도 부끄러워하지 않는다.

자동차 업체들은 일본 업체들이 미국의 안방시장에서 자동차를 제조하고 팔지 않았다면 디트로이트는 사양화되는 제조 기술을 회복시킬 수 없었을 것이라고 인정하고 있다.

제너럴 모터스사는 일본 도요다와의 합작투자로 회생했으며, 포드사는 마즈다로부터 기술을 배웠기에 다시 살아남을 수 있었다. IBM은 도시바와 합작하여 미국에서 메모리칩을 생산키로 합의했으며, 미국 고도첨단 기업가 정신의 표상이 되는 애플컴퓨터는 90년대 중반 독일태생의 마이클 스핀들러에 의해 운영되었고, 인텔사의 앤드 그로브 사장 역시 헝가리 출신의 이민자로서 80·90년대 인텔사의 급성장을 가져다 준 가장 중요한 인물로 기억되고 있다.

미국인은 이제 자신들의 우월주의에서 벗어나 세계 각국과의 교류와 협력을 통해 미국 경제의 경쟁력 강화를 위해 노력하고 있다.

둘째, 화이트 칼라의 사무직을 선호하던 미국인들의 사고가 이제 제조업에 대한 진지한 관심으로 선회하고 있는데 많은 엔지니어들과 우수한 인재들의 제조현장으로 가고 있다. 제조업의 실질적인 기술 향상만이 기업의 미래를 보장할 수 있다는 데 인식을 같이하고 있는 것이다.

셋째, 미국 기업들은 최근 수년간 사내 조직의 장벽을 없애려고 크게 노력했다. 그리하여 납품업체를 무시하는 대기업이 없어지고 사람을 중시하는 기업으로 경영 분위기가 변화되고 있다. 크라이슬러는 규모가 아무리 작더라도 납품업체 라인에 있는 모든 업체를 돌보고 있다. 또한 미국 기업들은 노·사관계의 중요성을 재인식하고 원활한 협조관계로부터 경쟁력을 찾으려 노력하고 있다.

미국은 경제 부흥을 위한 정부와 기업의 혼신의 노력 끝에 최근 일본과 독일을 제치고 다시 선진국 중 생산성 증가율 1위국으로 복귀하고 있다. 1970년대 0.6%, 1980년대 0.9%의 저조한 증가율을 보이던 미국의 기업 생산성이 1990년대 중반에 들어 두 배 이상 높은 2.2%의 증가율을 보였으며 2002년에는 4.7%로 최근 몇 년간 가장 높은 증가율을 기록했다. 이후 2005년 2.3%, 2006년 2.1% 등 2~3%내의 증가율을 유지해 오고 있다.

미국 경제의 재기와 난관

1990년대 후반에 들어서서 미국 경제는 1990년대 초의 하락세에서 완연한 상승세로 접어들었다. 미국의 경쟁력위원회가 1996년 10월 말 펴낸 보고서에 따르면 세계시장에서 미국 기업이 차지하는 비중이 1985년의 9.9%에서 10년 뒤인 1995년에는 12.2%로 크게 늘어났다고 한다. 이러한 증가세는 이후에도 지속되고 있다. 매년 2~3%대의 안정적 성장, 3% 이내의 물가상승률, 완전고용에 가까운 6% 미만의 실업률 등 1980년대 이래 전례 없는 호황을 누렸었다.

1990년대 들어 정보통신 등 고부가가치 산업으로의 성공적인 구조조정, 기업 차원에서 리스트럭처링, 정부의 유연한 통화관리정책이 미국의 구조적 호황을 가능케 하는 배경이 되고 있다.

수 천여 개의 미국 업체들도 획기적인 변천을 겪었는데 엄청나게

미국의 핵심 기술분야 경쟁력 현황

기술분야	1991년	현재
소재 및 관련 공정 기술		
첨단금속	△	○
구조 세라믹	×	△
표시 소재	×	△
전자 세라믹	×	△
전자 패키징 소재	×	△
갈륨 비소	×	△
실리콘	×	△
박막	△	○
정밀 코팅	△	○
엔지니어링 및 생산 기술		
최첨단 과학 장비	△	○
제조를 위한 디자인	△	○
제조 공정 디자인	△	○
연구 · 디자인 · 제조의 통합	△	○
전사적 품질관리	△	○
집적회로 조립 및 시험 장비	×	△
로봇 및 자동화 장비	×	△
전자 부품		
액추에어티	△	○
레이저 장비	△	○
광자	△	○
멀티칩 패키징 시스템	×	△
인쇄 회로기판 기술	×	△
광光정보 저장	×	△

*자료: 미국 경쟁력 위원회

주 : ×- 상실, △- 취약, ○- 우위

많은 업체들이 어떤 형태로든 리엔지니어링, 다운사이징, 계층 축소를 추진하면서, 수백만 명의 노동자를 해고하고 생산성을 향상시키며 코스트를 삭감하고 있다.

철강, 자동차 및 반도체에 많은 기업들은 이제 경쟁력 회복을 자신 있게 말할 수 있게 됐다. 동시에 미국이 창조한 것은 소프트웨어의 지배와 탈공업화 경제에서 점차 중요한 역할을 하는 새로운 정보통신 사업이었다. 이 분야에서 미국은 창조적이고 첨단적인 산업에 앞서 있음을 자신하게 되었는데 그것은 할리우드, 실리콘 밸리, 마이크로 소프트로 대변된다.

그동안 미국 기업들이 생산성 향상을 위해 벌여 온 신 기술에 대한 투자와 효율적인 경영관리 및 인력 훈련은 미국 경제의 활력소가 되고 있다. 오랫동안 일본과 신흥공업국의 저가격에 밀려 시장을 잠식당해 온 컴퓨터시장의 경우 컴팩과 델의 선전으로 최근 재기에 성공, 미국 업계에 청신호가 되고 있다.

미국의 경영조직론에 있어 조직의 변천과 핵심 인재

	미국의 기업환경	조직	핵심인재	인사정책 (육성)	인사정책 (평가처우)
액설런트 컴퍼니 (1982)	70년대 후반~ 80년대 초 미국의 국제경쟁력 열세에 따른 일본적 경영의 예찬	위계조직	조직을 결집하는 역할	O.J.T중심 계층별 연수	기업가 정신/실행력을 중시한 평가체계
초우량 기업은 혁신한다 (1986)	80년 전후~ 80년대 전반 미 달러 高, 산업의 공동화, 만성적인 쌍둥이 적자 조직의 슬림화 대규모 인원 삭감	완만한 통솔감이 있는 조직(위계조직+시장원리)	전략테크노크래트 (techno-crat)	부하의 능력을 믿고 맡기는 권한 위양	높은 성과와 종속적인 인간과의 차이를 명확화
해방경영 (1992)	경쟁력 회복이 안됨 일본 기업은 버블경제를 구가	자유로운 수평형 프로젝트 베이스조직	특정 전문 능력을 지닌 프로젝트 조직자에서 파워 코디네이터로	권한 부여 (empower-ment)	실적주의, 능력주의와 업무에 의한 인센티브의 균형 외부 평가의 도입
경영파괴 (1994)	90년대 전반~ 미국기업의 체질개선이 진전되어 자동차·반도체 분야 등에서 반격이 시작 신규산업의 육성	철저한 아웃소싱과 네트워킹	생산자 (producer) (부가가치를 창출하는 사람)	R&D투자와 같이 사원 훈련을 행하는 자학 자습 참가를 통한 자기 계발	자기실현, 인센티브 중심 외부 평가 중심 평가의 기준을 명시하고 그에 따른 평가

지난 1980년대 초 일본 자동차에 밀려 고전을 면치 못했던 포드자동차도 생산성 향상 및 비용 절감을 통해 다시금 명성을 되찾기 시작했다. 미 자동차 업계도 1994년을 고비로 재기의 도약을 하고 있는데 GM이 49억 달러의 흑자를 내면서 재도약의 발판을 마련한 것이다. 이제 미국은 전 분야에 걸쳐 막대한 자금을 쏟아 붓고 있는데 기업의 이익이 지난 1980년대보다 훨씬 증가했기 때문이다.

《비즈니스 위크》지도 1995년 10월호에서 '지난 20년 동안 외국 경쟁업체들과의 싸움에서 더 이상 승산이 없어 보였던 미국 기업들은 한때 일본과 유럽에 내줬던 시장들을 되찾으며 잿더미에서 일어나기 시작했다.'는 자신감 있는 논평을 내렸다.

투자부문의 지출도 갈수록 증가하는 추세에 있다.

MIT대학 에릭 브란졸프슨 교수와 로린 히트 교수는 미국의 400개 기업을 조사한 결과, 정보시스템 분야의 투자가 50%를 넘어서고 있다고 밝혔다. 이처럼 미국 기업들은 최근 들어 일본과 유럽의 경영진들이 자신들의 발목을 잡고 있다는 사실을 알아차리기 시작했고, 한국 · 대만 등 아시아 신흥국들의 추격을 예사로 보아 넘길 수 없다는 사실을 깨닫고 있다.

따라서 미국 기업들도 이젠 인력에 대한 투자를 소홀히 할 수 없게 되었고, 근로자 중심의 자율경영체제를 구축하지 않을 수 없게 되었다.

미국 기업들은 새로운 세계를 대비하여 근로자들과 경영진이 환골탈태換骨奪胎하기 위해 분주한 모습이다. 기업들은 다양한 교육프로그램을 통하여 새로운 사업에의 진출에 만반의 준비를 하고 있으며 보다 많은 사람들이 교육을 받고 동시에 정보기술을 손쉽게 사용할 수 있도록 하고자 정보기술 대중화에 주력하고 있다. 그것이 바로 미국의 국가 경쟁력으로 이어진다고 전문가들은 믿고 있다.

미국경제는 정부와 기업의 노력으로 완전 회복기에 접어들어 1992년 이후 전후 최장의 70개월에 가까운 성장세의 장기 호황을 구가해 왔다 미국경제는 경쟁력 강화를 통해 다시 일어섰는데 그간 보여준 미국 기업들의 과감한 리스트럭처 및 활발한 세계시장 진출은 이러한 변화의 요소가 되었다. 또한, 신자유주의적 금융세계화는 미국의 해외 금융소득을 엄청나게 증대시켰다. 금융세계화 시대 미국은 소비와 투자를 위한 자금을 해외에서 값싸게 조달하고, 정보기술에 기초한 독점력, IMF·세계은행 등 국제 금융기구의 매개, 각국 정부에 대한 직접적인 압력으로 해외 직접투자에서는 높은 수익을 내고 있다.

이와 같이 긍정적인 90년대 후반과 2000년 초반의 안정적인 경제 성장세에도 불구하고, 2000년대 후반에 들어서서 미국경제는 불황의 징조를 나타내며 새로운 도전의 국면에 들어서고 있다. 세계 제일의 경제대국임에도 불구하고, 2007년 현재 9조억 달러에 달하는 막대한 국가부채를 기록하였으며, 만성적인 무역 및 재정 적자 또한 줄어들지 않고 있다. 2006년에는 1933년 이래 가장 낮은 저축률을 기록했으며, 특히 2007년 발생한 서브프라임 모기지 부실사태가 진정국면을 보이지 않고 지속되어 경제 전반에 걸쳐 연쇄적인 부정적인 효과를 내고 있다.

국제 유가와 곡물가의 상승에 따른 세계경제 전반에 걸친 침체의 조짐은 자칫 세계공황의 불안 속으로 소비자들을 몰아갈 수 있다. 이처럼 미국경제는 새로운 난관들을 마주하여 이를 넘어서야 하는 과제를 안고 있다.

그럼에도 불구하고 그 동안 지속되어 온 노동생산성 향상, 상대적으로 풍부한 천연자원과 넓은 국내시장, 해외 곳곳에 퍼져있는 막대한 투자자금과 이를 바탕으로 하여 쉽게 흔들릴 수 없는 거대한 사이즈의 경제, 세계 각국에서 밀려드는 양질의 기술력과 더불어 싸고 손쉬운 노동력 또한 쉽게 구할 수 있다는 양면성, 세계 곳곳에서 진행 중인 자유무역지역협정과 그에 따라 기대되는 새로운 시장개척 등 여전히 세계 최대 강대국으로서의 위용과 강점을 보이고 있다.

세계화시대에 있어서 개방적인 미국경제가 혼자만의 힘으로 국내 또는 국제적인 경제위기에 쉽게 대처해 나갈 수 없으리라는 예측을 할 수 있으나 뒤집어 보면 미국경제의 운명은 세계경제의 미래와 직결된다는 사실 때문에 미국경제가 쉽게 불황의 나락으로 떨어지거나 오랜 침체의 위기를 겪을 때까지 세계 각국이 지켜볼 수만은 없는 일이다. 결국, 미국이 얼마나 지혜롭고 안정적으로 경제위기에 대처해 나가느냐에 따라서, 또한 이라크전쟁과 같이 향후 무리하게 군사적 분쟁을 확대시켜 지나친 재정지출을 가중 시킬 것이냐에 따라서, 2000년대 후반에 겪고 있는 경제적 난관들이 단기간에 걸쳐서 해결될 수도 또는 다소 길어질 수도 있겠다. 그러나 미국의 경제대국으로서의 위상은 거친 중국이나 일본의 도전에도 불구하고 향후 당분간 지속될 것이다.

제2장
일본 경제의 신화와 그림자

일본 기업 신화

고속 성장가도를 누비던 일본 경제가 90년대 버블경제의 붕괴를 거치며 다소 침체일로에 빠져있기는 하지만, 아직도 일본 기업의 세계적인 힘과 위상은 당당하다. 일본 기업들이 이룩한 놀라운 신화는 폐허 속의 일본을 단숨에 세계 경제대국의 위치에 올려놓게 하였다.

지구촌 경제의 금융·무역·부동산·기업 모든 분야에서 세계 최고의 규모를 자랑하고 있다. 'MADE IN JAPAN'이란 문구가 적힌 상품은 세계 어느 곳에서든 가장 인기 있는 상품이며, 일본 기업은 세계 시장에서 최고의 경쟁력을 갖추고 있다. 제2차 대전의 폐허 위에서 일본은 슈퍼경제의 힘으로 세계 선진 강대국의 위치에 당당히 올라섰다.

이처럼 일본이 폐허의 터전에서 세계 경제대국이 된 원인은 여러 가지가 있다.

첫째로, 일본은 패망 이후 공업설비를 잃기는 했지만 메이지 유신이래 축적한 인적자본이 그대로 남아 있었다. 기업경영의 경험, 훈련된 노동자, 교육수준이 높은 국민, 민주주의의 경험이 있었기 때문이다.

둘째, 전후 일본 경제의 발전 원인으로 중요한 것은 기업경영자가 대단히 적극적인 경영을 한 점이다. 전후의 기업경영자에는 세가지의 형이 있다.

① 대기업에서 최고 경영자가 추방되었기 때문에 새로이 등장한 젊은 경영자,

② 미쓰시다 고노스케 등 창업형 경영자로 전전에는 중소기업이었던 것이 비약을 이룬 형태,

③ 전후에 대두한 기업가로 모리타 아키오, 혼다 소이치로 등의 기업이다.

셋째, 우수한 노동력과 노사의 협력이다.

넷째, 우수한 관료의 행정지도이다. 이것은 일본의 특색으로 대단히 유명해졌고, '교세이시도' 라는 일본말은 그대로 외국의 일본 연구자에 통용되고 있다.

다섯째, 기술혁신이다. 기술혁신 가운데 특히 주목해야 할 점은 일렉트로니스이다. IC, LSI, 초LSI와 일렉트로니스는 급격히 진보하여 기계나 통신기술의 발달과 연결되어 사회 전체를 크게 변화시키고 있다.

이와 같이 그동안 ①평화로운 국제환경 ②적은 방위비 지출, 그리고 일본식 경영의 3대 특징인 '종신고용제', '연공서열제', '기업내의 조합주의' 의 3대 무기로 경쟁력을 키우면서 세계 제일의 산업 생산성을 기록하였다. 또한 정치와 행정·민간이 하나의 유기체처럼 움직이는 '정관재政官財 복합체' 라는 일본 특유의 정책시스템으로 최고의 경제효율성을 자랑해 왔다.

일본의 리딩산업의 요인

연대	~1955	1955~1973	1973~1991
시대의 니즈	부흥 외채계획 등	고도 경제성장 등	생활의 질 향상 안정성장 등
리딩산업	경공업	중화학공업	조립가공공업
산업타입	노동집약형 산업	자본집약형 산업 (자원소비형 산업)	기술집약형산업
주요제품 형태	소비재	자본재 중간재(소비)	내구소비재 중간재(부품)
주요업종	섬유 식료품 잡화 등	선박 금속 비철금속 석유화학 시멘트 종이 · 펄프 등	자동차 가전 반도체 등
주요 사회자본	국내수송 인프라 (철도) 수출 인프라 (항만) 등	국내수송 인프라(철도) 수출입 인프라 (항만) 에너지원 (전력 · 석유) 등	국내수송인프라 (고속도로) 수출인프라 (항만 · 공항) 등
주요 경제성장 요인	수출 증가에 따른 성장	내수확대에 의한 성장	수출증가에 의한 성장 80년대 후반 버블로 인한 내수확대
성장의 한계	무역 마찰 코스트경쟁의 한계 이노베이션 (나일론 발명 등) 등	자원 · 에너지제약 환경제약 등	무역마찰 · 엔고 국내시장의 포화 취약한 기초 연구 실물 경제와의 괴리 등
주요 산업정책	경사 생산방식	기계전자공업진흥	연구개발진흥

*자료: MRI

여기에 패망 이후 공업설비를 잃기는 했지만 메이지 이래 축적한 인적 자본과 기업경영의 경험, 훈련된 노동자, 교육수준이 높은 국민, 민주주의의 경험 등의 요인과 한국전 등의 경제특수가 겹쳐 일본은 초고속 경제성장을 이룩하였다. 또한 시장과 계획의 조합으로 정부 능력과 기업 능력의 극대화를 통해 종합적인 경제운영과 계획이 가능했던 점이 일본만이 갖는 독특한 경제성장의 비결로 많은 나라들이 예찬을 받아 왔다.

또한 일본은 많은 전문가들로부터 기술에 의해 주도될 미래 변화에 대한 준비가 가장 잘 된 국가로 간주되고 있다. 약 130만의 교사가 6만 6천여 학교에서 2,700만 명의 학생을 가르치고 있는 일본의 모든 학교 조직은 강력한 권한을 가진 문부성의 엄격한 감독과 통제를 받는다.

일본은 우수한 과학자와 엔지니어 비중에서 세계를 제패하고 있는데 인구 100만 명당 약 6만 명의 비율로 과학자와 전문 엔지니어가 있다. 약 90만 명이 연구개발에 종사하고 있는데 이것은 영국·프랑스·독일을 모두 합친 것보다 많은 수이다.

일본의 금융 재정구조 역시 부의 창출이라는 국가목표에 기여하고 있어 조세제도가 민간저축을 부추기는 것은 물론이고 높은 주택 가격과 노년에 대비한 저축 필요성이 높은 개인 저축률을 갖게 만든다. 이런 경향이 전통적으로 은행과 보험회사에 방대한 자본의 확보를 가능케 하고, 이들은 그 돈을 일본 제조업체에 저리로 빌려준다. 뿐만 아니라 은행과 기업들은 거미줄 같은 상대방 회사 주식보유를 통해서 기업의 경영자들로 하여금 장기전략을 세울 수 있게 한다.

일본에는 현재 10조 달러에 달하는 돈이 투자할 곳을 찾고 있으며 일본의 자본 지출은 최근 들어 절대액에서 미국을 능가했는데 미국 인구가 일본의 2배 규모라는 사실을 고려할 때 이는 놀라운 규모라 할 수 있다.

대외 무역수지를 보면 2007년도에 일본은 10조 8천억엔에 달하는 무역흑자를 기록했다. 특히 아시아에서는 중국에 2조 196억엔에 달하는 무역적자를 기록하고도 전체 아시아를 두고 볼 때에는 8조 836억엔의 흑자를, 미국에서는 8조 547억엔에 이르는 흑자를 기록하였다.

일본인들의 상술

일본인들은 개인적으로는 상술에 능하고 정부는 일찍이 ‘무역입국’으로 세계시장을 고객으로 생각하는 중상주의에 통달하여 왔다. 일본 전자제품의 중심지인 도쿄 아카히바라는 항상 외국 사람들이 붐빌 정도로 세계적인 전자제품 시장이다. 인파에 시달리면서도 친절하게 설명해 주는 점원의 자세는 이미 국제적으로 정평이 나 있는데 자기 담당 분야만은 전문적인 실력으로 당당하게 대하는 그들의 모습에서 일본 사람들의 상술과 기업 정신을 알 수 있다.

특히 그들은 손님들을 친절한 자세로 맞아준다. 만나자마자 처음 만나는 어색한 관계에서 오래 전부터 잘 아는 사이의 고객관계로 만들어 버린다. 따라서 다시 물건을 사게 될 경우 그 점포와 그 종업원을 찾게 되는 것이다.

또 미국 사람들도 잘 모르는 바겐세일bargain sale이란 말을 만들어 할인판매 제도를 자주 실시하여 고객을 유치한다. 유행이 지난 상품이나 사소한 흠집이 있는 상품을 정가의 20% 정도라는 파격적인 가격으로 봉사한다. 심지어 유명제품은 기업이 생산하는 것이 아니라 고객이 만들어 낸다고 하면서 오랫동안 자기 회사 제품을 사용하고 있는 고객에게 낡은 제품 대신에 최신 제품을 다른 경품과 아울러 공짜로 교환해 주고 있다.

일본은 원래 자연조건이 극히 열악한 섬나라였기 때문에 문화와 기술 수준이 낮았으며 자본도 부족한 쓸모없는 땅이었다. 이러한 자연적이며 역사적인 배경 속에서 명치유신을 통해 위로부터 근대화를 시작하였다. 때문에 부족한 토지 자원 자본 등의 물적 자본보다 풍부한 인적 자원을 활용하는 경제 전략을 세우지 않을 수 없었다. 따라서 일본은 인재를 중시하고 인력을 개발하여 인적자원화로서 부가가치를 생산하는 가공업을 먼저 시작하였고 이러한 노동집약적 산업에서 얻어지는 부가가치만을 파는 '무역입국' 으로 근대화에 성공하였다.

특히 이러한 인적 자원 중심의 생산과 통상을 뒷받침하기 위하여 이미 근대화 초기에 일본은 '부국강병' 과 '교육입국' 의 논리에 따라 국립대학과 사관학교를 설립하여 인재를 양성함으로써 돈이나 자원이 아닌 사람 중심의 자본주의적인 근대화를 강행하였다.

일본의 인재를 중시하는 사회풍조는 모든 분야에서 두드러지게 나타나고 있다. 정계나 관료사회는 물론이고 경제계나 학계와 문화계에서도 모든 일이 실세나 실력자에 의해 좌우되지 않고 아래로부터의 중의에 의해 의견이 충분히 수렴되고 있다. 일본에서는 모든 분야에서 자기 세계와 자기 분야 등 직업의식이 전문화되어 있어 그것이 철저하게 보호되고 존경받고 있다.

따라서 이러한 사회 분위기 속에서는 항상 질서와 의리 그리고 상술과 친절이 존중된다. 이를 바탕으로 일본은 인간중심의 회사주의에 의한 대중자본주의의 뿌리를 내리게 되었으며 그것이 곧 경제대국 일본의 바탕이 되었다.

일본 경제에 드리운 그림자

일본은 GDP가 세계 제2위의 경제대국으로 세계경제에 큰 영향을 준다.

일본은 1950년대 중반부터 고도의 경제성장단계에 진입하였다.

1973년 오일쇼크에 일본정부는 물가상승을 억제하기 위해 긴축적인 재정·통화정책을 시행하였고, 동시에 산업의 개편과 구조조정을 통하여 다른 선진국들보다 신속히 경기회복을 할 수 있었다.

또한, 두 번의 오일쇼크에 대응하는 동안 일본경제는 기술적 우위를 확보함으로써 수출증대를 기반으로 한 무역흑자가 가속화되었다. 1980년대까지 일본 경제는 급속한 성장을 지속하였으며, 일본식 경제체제와 기업관행은 세계 각국이 추구해야 할 성공적인 모델로 제시되었다. 그러나 일본은 1990년대 들어 버블경제 부각이후 최근까지 장기 불황을 겪어 왔다.

일본 경제가 장기불황에 진입하게 된 원인은 플라자 합의 이후 발생한 엔고불황의 대처를 위해 시행된 확대재정·통화정책이 일본의 경제 과열을 조장한 데서 찾을 수 있을 것이다. 1990년대 초 거품이 붕괴되면서 대량의 부실채권이 발생하였고, 이러한 부실채권의 처리지연은 1990년대 말 금융시스템의 위기를 초래하였다. 경제성장률은 연속 마이너스를 기록했으며, 디플레이션 현상이 갈수록 심화되었다. 경제성장의 중추적인 역할을 담당했던 금융시스템은 불량채권 문제로 세계 금융경제에까지 심각한 파장을 불러일으켰고, 일본식 경영의 신화적인 빛이 바래지기 시작하였다.

일본식 경영의 3대 비법으로 칭송받았던 '종신고용', '연공서열제', '기업 내의 조합주의'는 최근 오히려 일본 기업의 국제 경쟁력을 약화시키는 악재로 작용하였다. 일본 경제의 디딤돌이 되었던 정관재政官財의 유대관계는 일본 정계의 개편과 함께 그 기반이 약해져 가고 있다. 심지어 일본이 창출해 낸 하이테크산업 부문에서조차 신흥개도국에 밀리는 현상까지 나타났다.

실업률은 최고 기록을 나타냈고, 1995년에 5개 은행이 무너졌으며, 파산기업수가 매월 1,300개에 이르렀다. 1992년 이후 엔고로 인해 일본 기업들의 투자 자금은 가격 경쟁력의 회복을 위해 국내보다는 해외로 빠져 나갔으며, 외국의 대일투자도 엔고, 시장경쟁의 격화로 인해 투자가치를 상실하였다. 80년대 고도성장에서 90년대에는 연평균 성장률이 1%대에 머무르고 만다.

일본 경제가 갑자기 어려운 상황에 빠진 이유는 역으로 일본 경제의 성장에 기인하고 있는데 경제 발전을 수출 확대에 의존하는 일방적인 경제활동을 계속해 왔기 때문이며, 일본 국내의 수요 확대를 방치한 채 계속 늘어가는 일본 경제의 공급력을 일방적으로 수출 확대로 돌려 왔기 때문이다.

생산성의 향상과 함께 임금도 상승한다는 전후 일본의 신화는 1980년대에 무너져 내렸다. 그 결과로 나타난 것이 국내시장 수급 균형의 붕괴로 생산성이 향상하여 공급력이 늘었음에도 불구하고 실질 임금이 늘지 않으니 국내 수요가 늘어나지 않는 것이다.

일본인의 시간당 임금은 미국이나 독일 등의 선진국에 비하면 10% 이상 높지만 실질 구매 액에서는 선진국의 약 60% 수준에 불과한 이른바 '거품경제' 로 말미암아 개인의 실제소비수준은 선진국에 비해 상당히 낮은 수준이었다. 수급의 균형이라고 하는 경제활동의 이상적인 균형을 잃어버린 것이다.

막강한 자본을 자랑하던 일본의 금융구조도 위기를 나타내면서 잇따른 금융 사고를 발생시켰다. 자산규모면에서는 세계 10대 은행 중

9개를 차지하고 있지만 거액의 부실채권과 낮은 자기자본 비율 등 재무구조가 취약하고 지나친 정부보호와 개입으로 자율적이고 책임 있는 경영능력을 갖추지 못해 잇따른 금융 위기가 발생하였다.

일본 경제의 회복요인

1990년대 일본 경제는 96년에 3.6% 성장하는 등 일시적 회복기간도 있었으나 전반적으로 성장세가 부진했다. 하지만 2002년을 기점으로 일본의 경제 성장률은 점점 높아지고 있다.

일본 경제는 1990년대 정부지출을 통한 재정정책과 금리인하를 통한 통화정책을 통해 두 차례의 경기 회복이 있었으나, 이는 정부주도형의 회복이었다. 그리고 1990년대 초 거품경제의 붕괴 이후 단행된 경제개혁은 실질적인 효과보다는 오히려 경제회복을 지연시키는 역할을 하였다. 실질적인 경제개혁의 시작은 고이즈미 정권이 들어선 2001년부터 본격적으로 추진되었다.

일본 정부는 이를 위해 '개혁 선행 프로그램', '긴급대응 프로그램' 등 구조 개혁에 의한 경제 안정화 정책을 추진하기 위한 대책들을 시행하였다.

'개혁 선행 프로그램'은 신산업 육성을 위한 규제개혁, 증권시장의 구조 개혁 및 부실채권의 신속한 처리 등을 지적하고 개혁의 토대를 마련하기 위해 실시되었다.

'긴급대응 프로그램'은 추경예산의 편성 등을 통해 재정지출 확대와 고령화 대책 등을 포함하는 프로그램을 마련하였다. 이외에도 일본 정부는 2002년 말에 걸쳐 '개혁 가속을 위한 종합대응책'과 '개혁 가속 프로그램' 등 구조 개혁을 촉진하기 위한 대책들을 발표하였다.

이러한 경제개혁의 추진은 종래처럼 정부가 시장에 개입하여 해결하기보다는 제도와 환경을 개선하여 시장의 자율적인 활성화를 유도하는 데 초점이 맞춰졌다. 즉 획기적인 단기 성과보다는 경제주체들이 적응할 수 있도록 장기적인 목표를 제시하여 '점진적인 개혁'을 추구한 것이다.

1990년대 불황기에 실시된 안정화정책들처럼 재정압박의 원인이 됐던 건설국채나 적자국채의 발행을 지양하고, 구조 개혁에 필요한 자금만을 일반회계 예산안에서 지원하거나 정부의 혁신을 통하여 예산의 효율화를 극대화하였다. 그리고 정부의 무분별한 자금지원 대신 구조 개혁에 필요한 법령 및 제도 개선을 통하여 자발적인 개혁을 할 수 있는 환경을 조성하였다. 이와 같은 정책기조의 변화와 함께 중국부상에 따른 수출증대, 성장잠재력의 회복 등의 효과들이 결합되면서 일본경제는 1990년대 손실됐던 자생력과 경쟁력을 회복할 수 있었다.

세계 각국 통화에 대한 엔 환율

각국통화	환율	엔화 약세의 상황
미국 달러	121엔	4년만의 최저치
유로	158엔	과거 최저치
영국 파운드	241엔	14년
호주 달러	96엔	10년
뉴질랜드 달러	85엔	1년
한국 원	1엔= 7.7원	9년
인도 루프	2엔	5년
태국 바트	3엔	8년

*자료: 일본경제신문(2007. 1.24)

과거 환율시장에서의 엔고현상은 종종 일본 대외무역수지에 타격을 주며 일본경제를 혼돈으로 몰아가기도 했었다. 하지만 최근 몇 년 동안 엔화는 약세를 보이면서 대외무역수지 흑자에 큰 기여를 하게 된다.

회생을 위한 새로운 구조 조정

현재 일본의 기업들이 직면하고 있는 문제는 어떻게 하면 고정비율을 줄일 수 있느냐 하는 것인데 이것은 직원을 감축하고, 제작비를 합리화하고, 자산을 처분하는 것을 의미한다. 인건비는 서구처럼 대규모 해고를 하지 않고서도 절감이 가능한데 종업원 연봉의 3분의 1에 해당하는 보너스 제도 때문에 회사들은 직원을 해고시키지 않고도 실질임금 규모를 줄일 수 있다.

일본 · 아시아의 공생을 향한 전략의 방향 설정

전략 1 : 하이테크 부품, 설비의 아시아   지원과 그 사업화
  (예) 액정, 반도체, 엔진, 재료 등 하이테크 부품 및 재료의 생산, 수출
      공장기계, 반도체 제조장치, 로봇, CIM 등 설비의 생산, 판매
전략 2 : 아시아의 공장과의 수평분업, 제조차별화   분업의 추진
  (예) 고급품~일본 · 한국
      중저가품~ASEAN · 중국
전략 3 : 아시아지역에 있어서 부품분업 시스템의 구축
  (예) 일본형 계열시스템의 개방화, 아시아 이전
      CALS(Computer Aided Acquisiton and Logistics Support)의 구축
전략 4 : 사업, 경영프로세스의 공동화, 협업화
  (예) 일본, 구미, 아시아 3극체제의 확립
      아시아와의 공동사업화 추진

또한 일본 기업들은 구조 조정을 위해 투자의 대상을 아시아의 다른 지역으로 옮기고 있다. 일본의 지역적 국제수지 현황을 보더라도 종래에는 구미를 중심으로 나타났으나 현재는 무역흑자가 아시아로

이동하고 있다.

2000년대에 들어서 중국과의 무역에서 많은 적자를 기록하고 있음에도 불구하고 아시아 전체를 두고 볼 때에는 여전히 상당한 무역흑자를 기록하고 있다. 일찌기 일본 기업들은 비교적 값싼 비용이 드는 아시아 진출로 국제경쟁력을 유지하는 방향으로 전환하였는데 많은 일제 제품은 '메이드 인 저팬' 보다는 '메이드 인 아시아 바이 저팬' 의 딱지를 붙이게 된 것이다.

최근 들어 일본의 산업공동화가 급속히 진행되고 있는데, 공동화 현상은 해외 직접투자의 확대를 통하여 제조업의 생산 거점을 이전함에 따라 국내의 생산 기반과 고용이 감소하거나 기술 수준이 저하되는 현상이다. 특히 동아시아에 대한 진출의 확대로 말미암아 현지에서 조달한 부품으로 생산한 완제품의 대일 역수출이 증가하면서 일본 국내의 중간재 및 최종재 생산을 대체하고 있어 일본 국내의 산업공동화가 더욱 커지고 있다.

특히, 동아시아에 진출한 일본 기업들의 현지 법인망을 중심으로 사실상의 경제통합이 진전되고 있어 1930년대 후반의 대동아공영권과 같은 경제블록이 형성될 가능성도 주장되고 있다.

일본이 아시아에 관심을 갖지 않으면 안 되는 이유는 국내의 임금이 너무 높아진 나머지 팔아도 수지가 많지 않기 때문이다. 일본의 산업구조는 1990년대 들어 제2의 생산요소라고 할 수 있는 기술과 지식정보를 서로 결합하고 융합하는 '융합경제' 의 원리를 바탕으로 하고 있다. 이 원리에 충실한 일본 기업들은 수요 변화에 대응해 다품종 소량생산체제를 다시 변이품종 변이생산체제로 바꾸어 나가고 있다. 더 잘게 나누고 서로 붙이기도 해 실로 다양한 제품을 만들고 있다.

이와 함께 일본 기업은 세계화 전략을 통해 글로벌한 경영체계를 구축해 왔는데 일본 기업의 세계화의 단계는 크게 3단계로 구분된다.

제1단계는 국내에서 생산한 제품을 어떻게 수출할 것인가 라는 수출 중심의 해외 판매활동 단계이며, 제2단계는 국내의 생산 활동 중심에서 현지시장 적응 등을 위해 생산활동의 일부를 해외로 이전하는 단계, 제3단계는 세계를 국내와 해외로 구분하지 않고 1개의 통합된 시장으로 보고 연구개발, 자재 부품 구입, 생산, 판매, 재무, 인사 등의 전략을 전 세계적인 시야로 글로벌하게 해외사업을 전개하는 단계이다.

송하전기松下電器의 해외사업의 기본 방침

1. 현지국가에서 환영받는 사업을 행함.
2. 현지정부의 방침에 따라 사업을   추진하는 동시에, 현지정부에 당사의 방침을 이해시키기 위해 노력함.
3. 기술 이전을 적극적으로 추진함.
4. 품질, 성능, 원가면에서 국제경쟁력을 유지함.
5. 이익 위주의 경영체질을 구축하여   사업자금을 스스로 산출함(자율경영).
6. 현지종업원의 육성에 노력함.

일본의 제조업체들이 서구 지역에 최초로 투자 진출한 것은 1921년으로, 호소가와 미크론사가 독일에 플라스틱 필름 제조기계 공장을 설립한 때부터이다.

그 후 1994년 말 현재 720개의 일본 제조업체들이 서구지역에서 공장을 운영하는 등 일본의 해외투자는 지속적으로 늘어 왔다. 이같은 일본 업체들의 서구지역 투자 진출 역사는 1980년대 초 처음으로 서구 지역에 현지 생산공장을 가진 우리보다 무려 반세기 가량 앞선 것이다.

일본 기업들은 현지 경영이 본궤도에 진입하면서 현지에 연구개발 시설을 보유하는 경향을 보이고 있는데 현지 투자업체 중 상당수 업체가 연구개발 시설을 보유하고 있다.

구조조정의 효과와 성장 잠재력의 회복

1990년대 장기 불황기간 동안 일본 기업들은 점진적인 구조조정을 통하여 고정비용을 축소하는 노력을 해왔다. 이를 위해 전통적인 사원관리시스템의 핵심인 종신고용과 연공서열을 폐지하고 인력감축을 단행하였다.

2001년 이후에는 대규모의 인력을 삭감하는 작업을 진행하였다. 닛산을 시발점으로 하여 마쓰시타전기가 2001년 한 해에만 1만 3천 명을 감원하는 등 전기전자 및 철강 업종에서 대대적인 인원감축을 실시하였다.

뿐만 아니라 일본 기업들은 대외경쟁력과 수익성 향상을 위해 다른 기업을 인수하거나 합병을 통해 저수익 사업체나 비효율적인 공장들을 정리하였다. 이와 같은 구조조정을 통해 일본 기업들은 버블기에 생성된 과잉설비, 과잉부채, 과잉고용 등을 처리하면서 저성장 하에서도 수익을 창출할 수 있는 구조를 확립하였다. 제조업의 경우를 보면 경상이익율이 2001년 2.5%에서 2004년 4.2%로 상승하였다.

무엇보다 일본 기업들이 현재의 대외경쟁력을 회복할 수 있었던 데는 구조조정 및 인력삭감과 함께 연구개발 분야에 지속적으로 투자하여 생산성 향상을 도모했기 때문이다. 디지털 가전 등 연구개발의 성과로 일본 기업들이 국내외 생산에 대한 자신감을 회복하면서 해외에 있는 생산라인을 본토로 이전하였고, 이것은 내수시장을 회복시키는 데 상당한 기여를 하였다.

공공분야에서 일본 정부는 특수법인의 정리 및 합리화를 통해 정부의 불필요한 재정지출을 삭감하여 작고 효율적인 정부를 추구하였다. 이를 위해 정부산하 법인 163개 중 136개에 대한 폐지, 민영화, 독립법인 등을 추진하여 최근(2005년 기준) 4년간 1조 5천억 엔의 재정지출이 삭감되었다. 또한 정부가 독점하던 공공서비스를 민간에 개방함으로써 서비스의 질과 비용 절감을 동시에 추구하고자 하였다.

금융분야의 구조조정에 있어서는 공적자금의 투입보다는 부실채권의 처리를 통한 금융정상화에 초점을 두었다. 대형 은행의 경우 2001년부터 4년간 총 18조 3천억 엔의 부실채권을 상각하였다. 금융권의 구조조정의 결과로 부실채권문제가 해소되면서 수익력도 회복되었다. 2002년 8.4%에 달하던 부실채권비율이 2005년 4.0%로 감소되었고, 2004년부터는 은행의 이익구조가 흑자로 전환되었다.

일본 경제가 회복하는 데 중요한 역할을 한 것은 10년의 경기침체로 상실된 성장잠재력을 재생한 것이다. 그러한 잠재력의 하나가 일본의 기업들이 높은 기술력을 바탕으로 주요 부품과 소재 분야에서 세계시장을 석권한 것이다. 즉, PDP, LCD, ELP 등과 같은 평면 패널 디스플레이의 생산은 한국, 대만, 일본에 의해 지배되었지만, 그것의 생산에 필요한 제조시설과 부품의 대부분이 일본에 의해 공급된 것이다. 이러한 분야에서 일본의 기술우위는 한국과 중국이 협력관계를 통해 수출을 확대하는 데 있어 중요한 고려 대상이 되었다.

한편, 평균적인 일본 가계의 재정상태가 거품붕괴 이후 상당 부분 개선됐기 때문에 계속된 경기침체에도 안정된 수준을 유지하고 있었다. 이처럼 일본 가계의 건전한 재정상태의 유지는 경제적 불안이 해소되자 소비를 촉진시키는 역할을 하였다. 이것은 일본 기업들의 신제품 출시를 유도하였으나, 시장에 출시된 모든 제품이 기업들의 생산증대로 연결된 것은 아니었다. 이는 일본시장에서 소비자의 엄격한 기준을 통과한 맞춤형 상품만이 세계시장에서의 경쟁에서도 성공할 수 있다는 인식이 확산되면서 테스트 마켓으로의 역할을 하는 엄격한 시장이 됐기 때문이다.

이러한 일본시장의 역할 변화로 일본 제품의 대외경쟁력은 향상되었고, 기술개발에 대한 투자 역시 확대되었다. 이것이 일본의 또 다른 잠재력의 하나이다. 이와 같은 특정분야에 대한 기술경쟁력의 우위와 일본 시장의 테스트 마켓화로 인한 대외경쟁력의 향상은 일본 경제가 재도약할 수 있는 기반이 되었다.

중국시장의 부상과 수출 증대

중국 경제의 성장과 수출의 증대는 일본경제가 회복하는 데 있어 상당한 기여를 하였다. 실제로 2000년 이후 일본의 대중수출 비중은 매년 평균 약 26%의 성장을 보여 왔다. 이러한 대중수출의 증가와 함께 일본의 세계수출도 2002년 2/4분기부터 확장세로 전환되었다. 2004년 일본의 대중수출은 35.4%를 기록하였다. 2007년엔 전년도(11조 3145억 엔)에 비해 15.3% 증가한 13조 459억 엔이었고, 수입은 2006년(14조 1187억 엔), 2007년 14조 9800억 엔으로 중국은 일본 최대의 무역상대국이 된 것이다.

이처럼 중국경제의 부상에 따른 일본의 수출증대효과는 중국경제가 고도성장을 지속하는 한 부품과 소재산업을 포함한 중간재 공급에 있어 일본에 대한 의존도가 더욱 심화될 것으로 보여 이러한 효과는 앞으로 지속될 것 이다. 이는 일본경제가 부품 및 소재, 기계 산업 등 기반산업에 강해 아직 조립가공 비중이 높은 중국산업의 성장에 있어 중요한 역할을 할 여지가 남아있기 때문이다.

이러한 중국 시장에 대한 부품과 소재산업의 수출 증대는 일본의 무역적자를 2003년 이후 흑자로 전화시키는 데 큰 영향을 미쳤다. 특히, 디지털 가전시장의 호조는 일본의 경기회복을 견인하는데 중요한 원동력이 되었다. 현재 세계시장의 3대 히트 상품인 평면 TV, DVD 재생기, 그리고 디지털 카메라의 수출은 2001년 이후 연평균 50%이상 신장돼 왔다. 그 결과 일본의 전자업체들은 초과이윤이 발생되었고, 이것은 기업들의 설비투자 확대를 유도하였다. 실제로 기업들의 대차대조표는 2001년 2조 엔의 적자에서 2003년 1조엔 이상의 흑자로 전환되었다.

일본 기업의 설비투자 회복의 근본적인 요인은 수출형 대기업을 중심으로 과잉설비, 과잉부채 상황이 개선되어 설비투자 의욕이 살아났기 때문이고, 기업수익 개선과 함께 일본기업이 전략 분야에 대한 투자 여력을 회복했기 때문이다.

또, 일본 기업이 디지털 가전, 하이브리드 자동차 등 새로운 성장 영역의 개발성과를 거두면서 공장을 신설하거나 새로운 설비를 도입했다는 것을 원인으로 들 수 있다. 그리고 소비자 중심의 개선과 디지털 가전 등 신제품에 의한 수요 창출, 고령세대의 소비지출 증가도 일본 경제의 회복세에 한 몫을 했다는 데 있다.

또한 중국의 경제성장과 디지털 가전의 판매 호조는 2002년 하락세에 있던 제조업 분야의 투자를 활성화 하였다. 이와 함께 가계수요의 회복은 생산품 개발에 대한 경쟁을 유도하여 설비투자를 증대시켰고, 이것이 더 많은 수요를 유인하면서 소비심리가 회복되었다. 결국

중국경제 성장에 의한 수출증대와 디지털 가전시장의 호조는 수출뿐
만 아니라 경제성장, 민간소비 등의 증가를 가져와 일본의 경기회복
을 견인하였다.

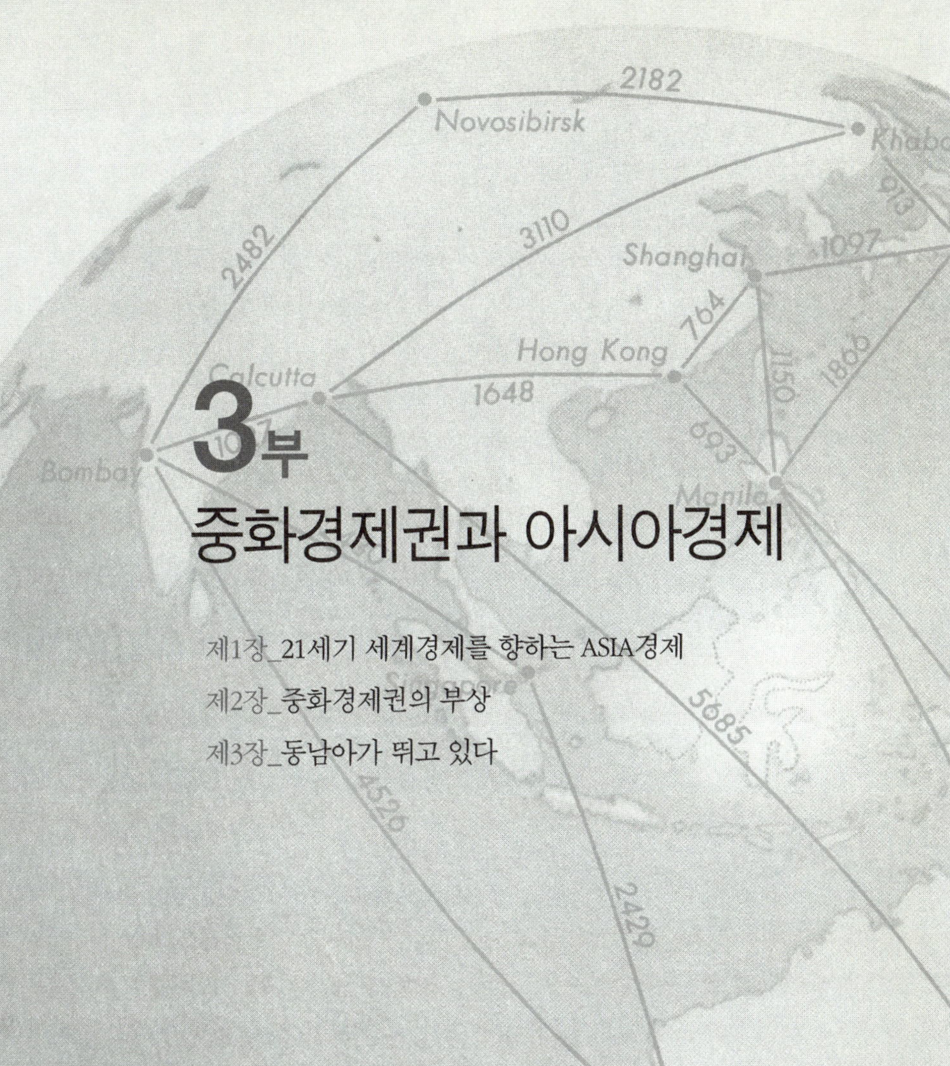

3부
중화경제권과 아시아경제

21세기 세계경제를 향하는 ASIA경제

2000년대 최대 성장지

하루가 다르게 눈부신 발전을 거듭하고 있는 아시아 경제는 이제 세계의 주요 경제권으로 성장했을 뿐 아니라, 이 지역 내 경제적 상호의존관계를 강화해 나가면서 자력 성장하고 있다. 이미 선진경제권에 진입한 아시아 NIEs(Newly Industrializing Economies: 신흥 공업 경제 지역 ; 한국·타이완·싱가포르·홍콩을 위시하여 멕시코·브라질·아르헨티나 및 포르투갈·그리스 등), 제2의 NIEs로 부상한 신흥 경제발전권인 동남아국가연합(ASEAN), 무역 대국으로 성장한 중국을 중심으로 해서 거대경제권으로 급부상하고 있는 중화경제권 등 아시아 경제는 이제 세계에서 가장 다이내믹하고 비전 있는 경제권으로 자리 잡은 것 이다. 여기에 새로이 문을 열고 있는 베트남·인도·미얀마 등 구사회주의권과 서남아시아권까지 포함하여 아시아는 세계 최대의 경제발전권역을 형성하게 된다.

1993년 아세안자유무역지대(AFTA)가 창설되었고, 1996년에는 멀리 있는 유럽과 연계망을 구축하기 위해 ASEM(아시아·유럽정상회의)까지 개최됨으로써 세계적으로 이목을 집중시켰다.

향후 2000년대에는 세계 최고의 고도성장 지역으로 아시아 지역이 꼽히고 있는데 아시아 경제지역 블록의 형성과 함께 세계 최고의 경제 및 무역시장으로 부상할 것이 분명하다는 견해가 지배적이다. 대부분의 세계적인 경제 전망기구와 전문가들은 한결같이 아시아가 앞으로 2000년대까지 세계 타 지역보다 2~3배 이상 높은 고성장을 이룩할 것으로 내다보고 있다.

세계적인 미래학자 존 나이스비트는 최근 그의 저서《메가트랜드 아시아》를 통해 1990년대에 접어들면서 아시아의 시대가 열렸음을 선언하면서 앞으로 아시아, 특히 동아시아는 경제 정치 문화면에서 세계에서 가장 발전된 지역으로 부상할 것이라는 아시아 르네상스를 예고하고 있다.

현재 아시아 경제를 구성하고 있는 NIEs, ASEAN, 중국의 수출입 규모는 같은 아시아권에서 선진경제권으로 따로 분류되는 일본보다도 훨씬 많고, 1991년부터는 이미 미국을 능가하고 있다. 2007년 세계 컨테이너항의 취급량 순위에서도 1위가 싱가포르, 2위 상하이, 3위 홍콩, 4위 선전에 이어 5위 부산으로, 상위는 아시아의 항만이 모두 차지하고 있어 이 지역의 활기찬 경제활동을 반증해 주고 있다. 미래의 전망을 가늠케 하는 국가경쟁력에 있어서도 아시아국들은 다수 국가가 상위를 점하고 있다.

동남아 국가들의 경쟁력 향상은 세계 중요국 시장에서 시장 점유율이 크게 높아진 것에서도 드러난다. 세계 최대시장인 미국시장에서 시장 점유율이 10%선에 육박하고 있으며, 일본과 유럽연합(EU)시장에서도 비슷한 추세를 보이고 있다.

수출 품목에 있어서도 아세안 국가들은 단순히 의류나 신발 등 노동집약적 상품만 수출하는 것이 아니라 퍼스널컴퓨터 및 주변기기, 컬러 TV 등 전자제품의 수출에도 주력하고 있다.

1985년을 기점으로 이들 국가 전체 수출에서 1차상품의 비중이 60.5%에서 1992년에는 36.5%로 감소해 제조업 위주로 수출구조가 고도화되고 있음을 보여주고 있다. 아세안에 대한 외국인의 투자도 저임금을 통한 노동집약적인 투자에서 1990년 이후 화학 · 전자 · 기계 등과 금융 · 통신 · 반도체 등의 분야에까지 확대되고 있다.

이렇게 아시아가 경제적으로 급부상하게 된 것은 미국의 그늘 속에서 종속적 경제구조였던 아시아 각국들이 과거와는 달리 자력성장력을 갖추고 세계의 주요시장으로 부상했기 때문이고 각국의 지도자들이 앞장서서 경제발전을 주도하기 시작하면서이다.

1985년을 기점으로 아시아에서 미국 경제의 영향력은 급속하게 약해지고 있는 반면에 동남아시아 각 국가들의 교역량은 급격히 증가하고 있는 실정이다.

아시아 각국의 경제적 격차가 심해 아직은 1인당 GNP가 일본의 4만 4,000달러부터 가장 낮은 곳으로 중국의 수백 달러, 그리고 ASEAN 국가들의 1,000달러 내외, 아시아 NIEs의 1만~2만 달러의 수준 등으로 극단적인 편차를 보이고 있지만, 향후 이들 지역의 경제수준은 전체적으로는 미국과 유럽을 능가할 것이라는 것이 대부분의 전망이다.

수년 동안 7% 이상의 고도성장을 구현해 온 ASEAN은 외형상 경기과열을 우려할 정도가 되어 진정책 사용을 고려하는 실정이다. 특히 ASEAN의 신규 회원국으로 가입한 베트남과 비교적 역내후발국으로 분류되는 인도네시아 · 필리핀 등이 발전의 대열에 합류하기 시작하면서 ASEAN은 대부분의 국가들이 성장의 궤도에 들어서기 시작했다.

ASEAN의 활기는 미국 유럽에의 수출증대, AFTA의 당초 계획을 앞당겨 시행하는 역내의 무역자유화 조치로 인한 수출 수요의 증대, 활발한 대내외 민간투자에서 기인되고 있다.

ASEAN 각국의 경제규모 (2001년 통계)

국가	명목GDP(억 달러)	인구(100만 명)	1인당GDP(달러)
ASEAN	5,805	517.8	1,121
라오스	17(2000년)	5.3(2000년)	324(2000년)
말레이시아	875	23.8	3,679
미얀마	66(2000년)	47.7(2000년)	137(1999년)
베트남	313	78.5	399(2000년)
브루나이	55(1996년)	0.3(2000년)	13.777(2000년 추정치)
싱가포르	856	4.1	20,730
인도네시아	1.450	209.5(2000년)	723(2000년)
캄보디아	32(2000년)	12.0(2000년)	267(2000년)
태국	1,148	63.1	1,818
필리핀	714	77.9	916

*자료: 세계은행, 아시아 개발은행, 국제금융정보센터

특히 ASEAN에 7번째로 합류한 베트남의 약진은 실로 눈부신 데, 풍부한 인적 물적 자원에 과감한 개혁 개방정책을 펴 온 두모오이 서기장의 정책이 실효를 보고 있는 것이다.

앞으로 미얀마 · 라오스 등을 겨냥한 외국인 투자의 급격한 증가와 미국 등 선진국의 최혜국 대우 수혜를 기대하는 경공업 부문의 투자 확대에 힘입어 ASEAN 각국들은 평균 10%대의 고도성장을 이룩할 것으로 보인다.

중국

거인의 기지개 - 중국 경제

아시아 지역에서 중국 경제의 성장은 마치 '잠자던 곰이 깨어난듯'한 추세로 그 영향력이 갈수록 확대되면서 과거 일본이 아시아에서 주목의 대상이었다면 이제는 중국이 그 자리를 대신하고 있는 느낌이다.

나이스비트는 일본의 경제력이 하강국면으로 들어선 반면, 중국인들은 용龍의 세기를 준비하느라 분주하다고 했다.

1985년 이후 '아시아 경제의 뉴 프론티어'로 등장한 중국은 종래의 사회주의 계획경제 대신에 대외개방에 의한 시장경제적 구조로 발전하고 있다.

여기에 아시아의 새로운 신흥공업국 대열을 이끌고 있는 말레이시아 태국 등 주요 동남아시아 국가에 있는 약 400만 명의 화교가 중국 본토의 빠른 경제성장을 외곽에서 견실하게 받쳐 주고 있는 가운데, 12억 인구의 중국은 엄청난 힘으로 생산기반을 넓혀가고 있다.

2005년경 중국이 구매력 평가기준으로 세계 1위의 경제규모를 갖는 국가로 부상할 것이라는 통계적 예측이 현실화되고 있다. 연속 4년간 두 자리 대의 고도성장을 지속해 온 중국 경제는 안정 위주의 거시조정정책과 9.5계획(1996~2000) 시안에 따라 의도적인 성장률 낮추기에 들어갔으나 1995년에도 9% 이상의 고성장을 달렸다. 개인주의에 기초한 서구의 가치관과는 달리 공동체의식이 강한 아시아에서, 특히 화교상권은 중국을 직·간접으로 지탱해주는 파이프 라인이 되고 있다.

중국은 지난 30년간 개혁개방을 추진해온 결과 낙후된 농촌사회에서 현대적인 상공업 사회로 탈바꿈했다.

덩샤오핑이 1978년 12월 개최된 제11기 3중전회(제11기 중앙위원회 제3회 전체회의)에서 개혁개방 노선을 선언한 후 중국 경제는 연간 10%이상의 고속 성장으로 질주한 결과 오늘의 중국을 일궈냈다.

1978년 개혁개방을 시작한 이후 2006년 1인당 국민총생산(GDP)은 2천 달러로 약 40배 증가했고, 1978년 206억 4천만 달러에 불과하던 대외무역액은 2007년 경제규모가 미국, 일본에 이어 세계 3위로 올라섰다. 또한 중국은 1조4천억 달러에 달한 막대한 외환보유고를 바탕으로 국부펀드를 설립한 후 미국의 2대 투자은행인 모건스탠리 지분 9.9%를 확보할 정도로 해외자산을 대거 사들이고 있다.

21세기로 접어들면서 중국경제에 나타난 가장 주목할 만한 변화는 국제화이다. 2001년 12월 세계무역기구(WTO)가입이 결정적 계기였다. 중국은 1조 4000억 달러가 넘는 외환보유액을 무기로 세계 자원·기업·금융상품사냥에 나서고 있다.

세계 인구의 5분의 1을 차지하고 광대한 국토와 자원을 보유한 중국은 이제 마치 거대한 곰이 겨울잠에서 깨어난 듯 아시아 태평양 지역의 새로운 경제대국으로 일어나고 있다.

후진타오 중국 공산당 총서기 겸 국가주석은 2007년 10월 15일 공산당 제17차 전국대표대회(17전대) 개막식에서 행한 정치보고서에서 중국의 위대한 중화 부흥의 꿈의 실현을 선언했다.

2010년에는 미국과 일본에 비해 전체 경제규모는 더 커진다는 전망과 함께 새로운 경제강국으로 부상하리라는 것이다. 특히 중국과 홍콩·대만을 합한 중화경제권을 볼 때 2000년대에는 미국과 일본을 앞설 뿐 아니라 21세기가 경제적으로는 중국의 시대임을 수치적으로도 예상하게 한다.

한국식 성장전략 – 시장경제에 사회주의식 통제

중국 경제가 이처럼 고속 성장세를 유지하고 있는 것은 소위 중국식 사회주의 시장경제체제로의 이행이 신속하게 이루어지고 있다는 점이다. 중국 정부의 성장우선 정책과 세계경제 무역환경의 개선이 맞물려 대외교역이 활기를 띠고 여기에 외국인 투자가 순조롭게 유치되어 국내 자본 부족과 기술 낙후성의 문제를 해결하면서 중국은 단기간에 대외성장적인 경제전략을 성공할 수 있었다.

특히 부족한 자본문제 해결을 위한 중국 정부의 고정자산 투자가 32%대에 달하는 데다 외국 기업의 실질투자액이 20% 이상 늘고 있어, 대외 개방에 따른 자본부족 문제를 쉽게 극복할 수 있었다. 이점이 사회주의를 유지하면서도 시장경제체제가 자리 잡을 수 있는 요인이 되었다.

각국의 대중 투자업종도 질적으로 고급화되어 가고 있어 기술적으로 중국이 성장할 수 있도록 하는 요인이 되고 있다. 미국은 중국의 정책적 육성 분야를 중심으로 자원 개발, 화학, 하이테크 자본재 관련 중공업 분야와 중국 내 내수시장을 겨냥한 일부 경공업, 체인점을 선두로 한 유통업 진출이 두드러지고 있다.

일본의 경우 섬유 · 식품 및 전기 · 화학 · 철강 · 기계 등의 중화학공업과 비제조업 분야, 특히 유통부문에의 투자가 가속화되고 있다. 한편 싱가포르는 주택 및 부동산과 관련된 투자가 중심을 이루고 있으며, 홍콩과 대만은 섬유 · 전자 · 신발 · 피혁 · 플라스틱 · 공예품 ·

완구 등 다양한 경공업 분야에 진출하고 있다. 대만은 기존의 노동집약적이며 수출지향적인 제조업 편중에서 점차 자동차 부품, 석유화학, 컴퓨터 등 자본 및 기술집약적 분야와 부동산·금융·관광·농업분야 등으로 투자영역을 넓혀 가는 추세이다.

중국 국가 통계국이 발표한 자료를 보더라도 1993년 세계 500대 기업 중 대중투자 기업은 52개에 불과했으나 2008년에는 480개로 96%의 기업들이 중국투자에 참여하고 있다.

그리고 대부분 대형 프로젝트, 하이테크산업, 산업기반 시설에 대규모 투자가 이루어져 대중투자의 질이 급속도로 높아지고 있는 것으로 나타나고 있다.

19994년 서구적 개념의 중앙은행시스템이 발족하는 등 개혁·개방의 질을 높이는 작업이 이뤄졌다. 상하이上海와 선전深圳에 주식시장이 들어서고 민영기업 육성 방안도 나왔다.

1990년대 중국 경제는 국제시장으로 진출하기 위한 내부체제를 갖춘 시기였다. 이 시기 대부분의 중국 주요기업들은 글로벌 기업으로 성장할 수 있는 토대를 마련했다. 중국은 1990년대 말 이미 완구·의류 등 임가공제품뿐 아니라 냉장고·컬러TV·컴퓨터 등 고급제품 분야에서도 세계 1, 2위 시장 점유율을 기록하였다.

중국은 이제 아시아 최대의 투자 및 비즈니스, 정보의 집합지가 되면서 아시아 영업의 거점지로 변화하고 있다. 이 같은 변화에 따라 최근 중국 정부에서 밝힌 바에 따르면, 10년 동안 중국은 기초시설 건설에만 5,000억 달러의 투자가 필요할 것으로 예상되며, 통신시장 규모 역시 예측을 불허할 정도로 급속도로 확대될 것으로 보여 우리 기업의 진출이 기대되고 있다. 이제 중국 정부는 경제구조의 내실을 위해 투자 중심에서 1995년 이후부터는 사회간접자본과 농촌을 제외한 고정자산투자를 줄이는 등 안정성장을 유지하기 위한 대책을 중점적으로 실행하고 있다.

등소평鄧小平의 개혁 개방경제

등소평의 경제개혁과 개방정책은 사회주의 경제체제의 일대 혁신을 가져왔다. 1979년 이후 등소평은 보수파들의 강력한 반대에도 불구하고 중앙집중식 경제를 포기하고 자본주의의 상징인 개방경제체제를 도입함으로써 세계 모든 국가와 경제, 무역, 기술교류, 수출과 유치의 증대를 꾀하였다.

등소평은 대약진·문화대혁명 등으로 나락에 빠진 경제를 구하기 위한 전략으로 '방권양리放權讓利' 정책을 실시하였다. 국가가 장악하고 있던 기업과 농가의 경영권을 경제주체에 넘기고, 일정부분 이상의 이익을 그들에게 주는 것이었다.

등소평이 가장 먼저 실시한 경제개혁의 정책은 시장기구의 도입으로 우선 농업에서 시작되었다. 1982년 4월 인민공사를 해체하여 농산물의 도급제를 채택하였는데 도급은 개인이 행하는 것과 가정이나 그룹으로 행하는 것으로 도급한 책임생산량을 달성한 후 생산물을 자유롭게 판매하도록 인정했다. 부업으로 수입을 올리는 것도 장려하는 정책변화로 생산성이 급격하게 높아졌다. 농업의

자유화 결과로 만원호가 속속 생겨나게 되었는데 만원호라는 것은 연수 1백만 원의 부자 농가를 말하는 것이었다.

이어 공업 부문에도 시장경제의 도입으로 기업경영자의 이윤 처분의 자주권이 강화되었다.

1949.10	화인민중화국 설립
1958	대약진운동
1976	마오쩌둥 사망(문혁 종식)
1978.12	중국공산당 '제11기 3중전회' (제11기 중앙위원회 제3회 전체회의). 덩샤오핑(鄧小平)4개 현대화 노선 및 개혁개방 방침 발표. 경제특구 설치 방침 마련
1979.4	제5기 全人大(전국인민대표대회)상임위15차 회의.
1980.8	'광동성경제특구조례' 통과. 선전(深圳) · 주하이(珠海)등 경제특구 지정 샨터우(汕頭)및 푸젠성(福建) 샤먼(廈門)은 10월, 하이난(海南)은 1988년 4월 지정
1982.3	대외경제무역부 설립: 대외무역부, 대외경제연락부, 진출구관리위원회, 외국인투자관리위원회를 통합
1982.9	제12차 전국대표대회(12전대) 주보론(主補論)체제를 공식 이론으로 천명
1982.11	제5기 전인대 5차 회의에서 제6차 5개년계획 확정, 중공업보다 경공업 발전과 대외무역 확대 및 기술개발 중점 천명
1984.4	연해개방도시 시책. 상하이 · 칭다오 등 동남부 14개 연안도시 개방
1984.10	제12기 3중전회. '경제체제의 개혁에 관한 당중앙의 결정' 발표. 사회주의 경제체제를 그대로 유지하면서 일부 자본주의 경영방식 도입(85.1 시행)
1985.1	연해경제개방구 확대, 창장(長江)삼각주, 주장(珠江)삼각주 및 샤먼(廈門) 일대를 잇는 삼각지대 개방.
1986.1	'중외합자경영기업법' 개정: 합자기간 연장
1986.10	'외국기업의 투자장려에 관한 규정' 공포, 시행
1987.10	제13전대에서 제기된 가격개혁 실시로 기록적 물가상승 기록, 치리정돈(治理整頓)정책 실시 결정. 요동 · 산동 반도, 태 · 창 · 탕 · 발해만 일대를 대외 개방키로 결정. 천안문사태 발발, 장쩌민 집권
1989.6	치리정돈에 따른 심각한 경기침체와 실업증대로 긴축정책부분적 완화.
1989.12	상해 포동지구의 종합개발계획 발표
1990.4	'중외합자경영기업법' 수정 상하이 증시 설립
1990.12	제8차 5개년 계획 착수
1991.1	국민경제, 사회발전 10개년계획 발표
1992.2	덩샤오핑, 남순강화(南巡講話)통해 개혁개방 가속화 역설, 개혁개방 정책 및 경제특구 정책 비판론자 간접 비난 14전대 헌법 개정과 사회주의 시장경제 공식화
1992.10	공산당 중앙위원회 '사회주의 시장경제' 시행 관련 헌법
1993.2	개정안 전인대 상무위원회 제출.(3월 헌법개정안 채택) 중앙은행체제 설립, 금융계획 시작
1994	제9차 5개년 계획 착수
1996.1	덩샤오핑 사망으로 장쩌민 주석 시대 본격 전개

1997.2	제9기 전인대 2차회의. 사유제 격상 등을 골자로 한 헌법개정안 통과
1999.3	WTO 가입
2001.12	후진타오 집권
2002.10	16전대. 장쩌민이 제창한 3개 대표론 당장 삽입으로 자본가들의 공산당
2002.11	입당 허용
2003.3	사유재산 보호, 헌법 개정
2004.3	제10기 전인대 2차 전체회의. 사유재산권 보호조항 헌법 삽입
	상하이 푸둥(浦東)신구 개혁시험구 지정
2005.6	위안화 환율시스템 개혁
2005.7	톈진(天津)빈하이 신구 개혁시험구 지정
2006.4	제10기 전인대 5차 전체회의. 물권법 통과, 사유재산을 국유재산과 똑같
	이 보장.
2007.3	17전대. 후진타오 총서기의 '과학적 발전관' 당장 삽입.
2007.10	국무원, 후베이(湖北)성 우한(武漢)일대와 후난(湖南)성 창사 일대 등 2
	곳 환경경제특구 지정
2007.12	제 11차 5개년 발전계획이 진행 중 (2006~2010)

*자료: 연합뉴스그래픽

과거 중국에서는 이윤상 납제를 채택하여 국영기업은 그 이윤을 나라에 바쳤는데 이를 납세제로 바꾸어 이윤의 55%를 나라에 바치고 남는 것은 설비개선, 복지시설 충실, 보너스 지불 등에 사용하도록 기업경영자에게 맡기게 했다. 그리고 기업경영자의 이윤 처분의 자주성을 높이는 외에 생산, 경영계획, 제품의 판매, 가격, 자재의 구입, 자금의 운용, 자산의 처리, 기구, 인사 노무관리, 임금과 보너스, 경영의 연합이라는 10항목에 대해 기업의 권한을 강화시켜 주었다.

또한 적자국영기업의 민영화를 추진하고 국유기업의 경영혁신을 꾀하여 만성적인 경영적자에 허덕이는 국유기업의 현대화 작업을 단행하였다. 소비재 상품의 수요 부족을 타개하기 위해 독점생산체제를 해제하고, 가격자유화를 단계적으로 단행하는 등 완전 시장경제로의 이행을 착실히 수행해 나갔다.

다음으로 중요한 것은 개방화였다. 개방화의 교두보는 광주의 남쪽에 있는 선전으로, 1980년 8월 선전에 특구라고 부르는 자유무역지대를 설치했다. 자유무역지대라 하지만 면적은 싱가포르의 2분의 1 정도로 여기에 외국 자본과 외국 기업을 유치하여 수출 확대와 기술 도입의 기지로 만들었다. 선전에 진출하는 기업은 합작기업만이 아니라 외자 100%의 기업도 가능했으며 이 특구에서는 고용이나 임금 등의 결정을 포함해 기업활동이 자유화되었다.

선전에는 '시간은 금전이요, 효율은 생명이다' 라는 포스터가 붙을 정도였으며, '정보는 자본이다' 라는 유행어도 생겨났다. 그 덕분에 가난한 농어촌이었던 선전은 급격하게 발전하여 매년 배에 가까운 성장을 하였다. 특구는 선전 외에 세 지구가 만들어졌으며 이의 성공에 자극되어 중국에서는 대련·청도·상해 등 14개 도시를 개방구로 지정하여 그곳에 외국 기업을 유치, 경제발전의 거점으로 삼았다.

이후 폭발적인 경제성장으로 중국 경제의 규모는 1992년을 기점으로 총 GDP가 공식환율 기준 4,340억 달러로 세계 10대 경제대국에 진입하였으며, 2007년에는 PPP기준 7조억 달러로 미국에 이어 세계 제 2의 경제대국이 되었다.

등소평 개방정책

	실시 전	실시 후
코카콜라 소비(연간)	0병(78년)	1억 병(93년)
텔레비전(인구1백명당)	0.3대(78년)	19.5대(92년)
택시(북경내)	1천5백 대(78년)	6만 대(93년)
수출액(연간)	97억5천만 달러(78년)	1천5백30억 달러(96년)
외국인 직접투자	17억7천만 달러(79~82년)	3백77억 달러(95년)
미국 유학생	28명(78년)	4만 5천2백80명(95년)
인구	9억 6천3백59만 명(78년)	12억 1천7백60만 명(96년)

특히 선전은 경제특구 1호로 지정된 이후 28년 만에 1천만 명의 인구, 선전 시민의 1인당 GDP가 8천619달러로 전 중국에서 가장 현대

적이고 부유한 도시로 변모하였다. 지난 27년간 연평균 경제성장률이 28%에 달하는 기적 같은 성장을 하게 되었다.

결국 중국식 사회주의 경제개혁은 중앙집권적인 계획을 지양하고 시장화를 추구하는 시장경제의 확대의 결과이다. 여기에 국가에 의한 과도한 소유집중, 소유의 사회화, 사적 소유의 부분적 인정 및 광범한 사유화의 필요성을 인정하는 입장을 상호 절충하여 공적 소유와 사적 소유의 적절한 균형을 유지하였다. 이에 따라 자원 배분문제는 점진적 시장화를 통하여, 소유권 문제는 새로운 사적 소유부문의 발생과 성장을 허용하고 국영기업을 포함한 국유 부문의 부분적 사유화와 집단소유화를 단행하는 전략을 채택하였다. 또한 국가경제의 중추 역할을 담당해 온 전인민소유 기업은 국유제를 유지하면서 소유와 경영의 분리를 통한 자율경영의 신장이라는 방식을 도입하였다.

중국 경제의 딜레마

중국의 개혁은 대성공이었지만 많은 문제점도 갖고 있다.

경제적인 문제에 있어서 사회주의 경제의 자본주의 경제로의 전환이 가져오는 극심한 인플레 현상으로 1993년에는 소비자 물가상승률이 20% 이상을 웃돌았을 정도로 심각했다. 장기적인 시점으로 경제의 통제가 잘 이루어지지 않아 중국 정부는 경제 과열을 식히고 인플레를 억제하기 위해 성장을 억제하려 했지만 재정·금융제도의 정비가 늦어지고 있기 때문에 어려움을 겪었었다. 재정 적자를 메우기 위해 중앙은행은 통화를 증발하는 경우가 잦고 지방정부의 힘이 강해 지방은행이 중앙의 지시를 무시하여 대출을 하는 것도 거시적인 통제가 잘 이루어지지 않는 이유이다.

중국 경제의 발목을 잡고 있는 물가는 1995년 평균 16~17%로 높은 수준을 보였으며 물가는 도시와 농촌간 소득격차 확대와 맞물려 중국의 사회 안정상 시급히 해결해야 할 과제 중의 하나가 인식되어 왔다.

따라서 중국 정부는 성장 인플레를 억제하기 위해 투자를 축소하는 한편 시장 가격화에 따른 개혁인플레를 잡기 위한 규제품목 리스트를 늘리고 있다. 다행히 2000년대에 들어서서는 안정적인 물가상승율을 유지했으나 최근 들어 소비자 물가상승율이 8% 이상 치솟으면서 (2008년 2월 기준) 인플레이션은 여전히 중국 경제에 치명적인 위협요인으로 자리하고 있다.

경제개방이 안고 있는 또 하나의 심각한 내적 문제점은 도시와 농촌, 임해지역과 내륙지역의 소득 격차의 심화로 이 때문에 농촌지역으로부터 도시지역으로의 노동력이 대폭 이동되는 '맹류盲流' 라고 불리어지는 사회문제가 심각히 대두되고 있다. 도농간의 소득격차와 분배의 불균형으로 사회불안이 야기되면서 농촌 노동력의 이농현상이 두드러지고 있는데 1년에 3개월 이상 도시로 이주해 노동에 종사하는 농민공은 전체 중국 인구의 15%에 달하는 2억 명을 넘어서고 있다.

개혁 · 개방이 가속화되는 가운데 도시 주민의 소비패턴도 빠른 변화와 함께 새로운 모습으로 나타나고 있다. 북경과 상해 1,000가구를 대상으로 실시된 표본조사 결과 월 4백 원(한국 원화 약 4만 원)이상을 지출한 주민의 비중이 1993년의 11%에서 1994년에는 70%나 되었으며, 1995년에는 75%선에 육박하는 것으로 나타났다. 특히 8백 원 이상을 소비한 주민의 비중이 배 이상 증가, 소득 고저에 따른 소비격차가 확대되고 있다.

일반적으로 학력이 고졸 이상인 청 · 중년은 고소득층으로, 교육수준이 낮은 장 · 노년은 저소득층으로 분류되는데, 고 · 저소득층간에 소비수준의 양극화 현상이 심화되고 있다. 이른바 '부익부 빈익빈' 현상이 사회주의 이념을 표방하는 중국에서 형성된 것이다.

여기에다 공업 중심의 경제개발정책에 따른 농업투자 부진과 농지의 산업용지 전환 등에 따라 1980년대 중반 이후 중국의 곡물생산량은 정체상태를 벗어나지 못하고 있다. 매년 1천 5백만 명에 달하는 인구 증가로 식량 수요는 큰 폭으로 늘어나고 있다.

또, 농촌 출신 젊은이들의 도시 유입이 유행처럼 번지고 있으며, 과거 공산주의정권에 의해 이미 근절되었다고 여겨지던 구걸행위와 매춘 등 각종 사회 병폐들이 대도시를 중심으로 급속도로 확산되고 있어 중국 정부는 골치를 썩고 있다. 도시-농촌간, 연해지역-내륙지역간 소득격차, 실업 확대, 식량부족 문제 등 고도성장 과정에서 누적된 모순들이 성장의 걸림돌로 작용하고 있을 뿐 아니라 농민과 노동자 등 사회계층의 동요를 야기시키는 요인으로도 작용하고 있다.

실제로 중국에서 가장 부유한 도시 중의 하나인 광동시에서조차 전체의 30분의 1에 해당하는 20만 명 이상이 불과 19달러(약 1만 5천원) 정도로 한 달을 빠듯하게 살아가고 있다.

세계은행의 추산에 따르면, 중국 본토 전체를 두고 볼 때에 2007년 기준으로 약 3억의 중국인들이 하루 1달러 미만의 소비수준으로 살고 있으며, 약 47%의 주민들이 하루 2달러 미만의 빈곤상태에 놓여 있는데, 그 대부분이 농촌과 내륙지역에서 발생하고 있다.

무엇보다도 중국 정부가 경제개혁에 있어 한계점을 보이고 있는 부분은 국영기업의 적자 문제로, 1995년 만성적자를 보이고 있는 기업 비중이 전체 국유기업의 46.8%에 달하고 있다. 물론 이 같은 수치는 이전보다 많이 호전된 것이기는 하지만, 아직도 삼각채들로 기업의 자금이 묶여 있어 신규투자가 어려운 데다가 사회주의식 주인 없는 회사 형태로 운영되고 있어 국유기업 개혁에는 상당한 진통이 따르고 있다.

국영기업이 갖는 큰 어려움은 자금압박이다. 중국에서는 아무리 좋은 상품을 생산하는 기업이라도 이를 마음대로 시장에 내다 팔기가 힘든데, 이는 유통체계가 갖추어지지 않고 있기 때문이다. 생산된 상품을 제때 팔 수 없기 때문에 원자재 대금은 '지표' 로 불리는 종이로 결재된다.

원자재를 공급하는 업체도 사정은 마찬가지이다. 따라서 농민 등 원료 생산자에게 외상수표를 발행할 수밖에 없는 것으로, 이런 구조가 바로 뿌리 깊은 중국의 '삼각채' 이다.

중국 정부는 정부와 기업을 분리하고 사회보장제도를 도입해 기업 부담을 경감하는 한편 대기업 그룹화를 추진하는 등 개혁정책을 강력히 추진하고 있다. 기업이 육성돼야 늘어나는 정부의 재정 부담을 해소할 수 있기 때문이다.

특히 중국 정부의 의료 · 퇴직 · 실업보험제도는 지금까지의 종신고용에 종지부를 찍는 획기적인 조치로 평가되고 있다. 또한 기업의 조직을 정비하고 고용과 임금 결정을 자율화하는 계약고용제를 외국 기업체에까지 확대해 나가고 있다. 그러나 기업은 사회주의라는 장막 속에서 치열한 경쟁자가 없는데다 생산효율이 낮아 실질적인 개혁이 어려운 상태이다.

대외적으로 중국 경제의 딜레마는 1990년대 후반부터 국내외의 개방 압력이 증폭됨에 따라 시장개방이 불가피하다는 점이다. 특히 2001년 WTO가입 이후 관세인하와 수입제한 조치철폐, 지적 재산권, 인권, 환경, 무역수지 불균형 확대 등의 문제를 둘러싸고 외국과의 통상마찰이 증대되고 있다.

한·중 교역

중국은 한국의 최대 수입 대상국으로 부상하고 있다.

2006년 중국으로부터의 수입액은 485억 달러로 전년대비 25.5% 증가하였으며, 무역 흑자액은 209억 달러로 감소하였다. 이와 같은 추세가 지속된다면 중국은 일본을 제치고 한국의 최대 수입 대상국이 될 것으로 전망하고 있다.

중국에서 한국의 바람은 거세다. 한·중 수교가 이루어진 지 몇 년 되지 않지만 한국 기업의 진출은 북경을 비롯한 청도·상해·대련·연길 등 대륙의 오지까지 파고들고 있다. 한국 기업이 주로 진출한 산동성과 요령성 지역은 한국말이 통할 정도로 변하고 있으며, 지방 중소도시에도 한국 식당이나 노래방이 한국 기업인과 관광객을 대상으로 성업 중에 있다. 불과 2~3년 전만 해도 외국인 상가에서 일본말을 흔히 들을 수 있었으나, 이제는 '안녕하세요?'라는 말을 쉽게 들을 수 있다.

중국에 개설된 4백여 개의 한국기업 지사 가운데 3분의 1가량이 몰려 있는 북경 시내 동북부 지역은 코리아 타운이 형성되고 있다. 거리에는 현대와 대우차가 넘치고, 한국 음식점이 몇 집 건너 하나씩 있다. 우리 기업의 진출이 두드러진 산동성 청도와 천진·대련 등 발해만 인근 지역에는 한국 특수를 겨냥하여 우리말을 배우려는 열기가 대단하다. 한국 기업이나 유학생을 찾아와 한국어를 익히는 사람들 중에 조선족도 상당수 끼여 있다.

지난 1995년 한국은 중국의 교역상대국 5위로 부상할 만큼 중요 교역 대상국이 되었다. 중국도 한국의 교역상대국 순위에서 3위를 차지함으로써 한국 수출산업에 절대적인 위치를 차지하고 있다. 중국은 주로 강철·섬유용 원자재·의류·석탄·원유·전기설비 및 제품·

면화 · 신발장화류 등을 한국에 수출하고, 플라스틱 제품이나 전기설비 및 제품 · 철강 · 유기화학물 및 종이 등을 수입하고 있다.

중국에 대한 한국인의 투자도 눈에 띄게 증가하고 있다. 통계에 따르면 한국의 세계 투자대상국 중 중국이 1위인 것으로 나타나고 있어 한국기업의 중국 진출이 일반화되고 있는 추세이다. 그러나 중국 시장을 지나치게 만만하게 보고 진출하여 실제 세 개의 업체 중 한 업체 꼴로 재미를 보고 있는 수준에 머무르고 있어 좀더 세밀한 준비가 필요한 것으로 나타났다.

한 · 중 교역이 폭발적으로 늘어난 것은 무엇보다 양국 산업구조가 상호보완적이라는 점이 잘 들어맞기 때문이다. 중국은 개도국으로 비교적 경제성장 초기단계에 있고, 한국은 선발개도국으로 선진국 진입 단계에 있어 산업발전 단계가 달라 부문별로 서로 협력할 수 있는 입장이다. 또한 중국은 석유 · 가스 · 유연탄 등 자원이 풍부한 반면, 한국은 자원이 거의 없어 원자재 분야에서 협력 가능성도 크다.

특히 한국이 1990년대 들어서 고임금, 고지가 시대로 접어든 데다 선진국의 자국시장 보호정책으로 수출시장이 위협받고 있는 상황에서 한 · 중 수교는 중국이 좋은 생산기지와 시장으로 등장하는 계기를 마련하였다. 실제로 우리나라가 중국에 수입한 품목들은 곡물 · 광물 등 1차 생산품과 섬유 완제품 등으로 원 · 부자재이거나 가격경쟁력이 낮은 제품이 대부분이다.

반면 중국에 수출하는 품목은 합성섬유, 철강, 석유화학, 일반 기계 등 중화학 제품인 것을 볼 때 양국 산업구조의 상호보완성을 단적으로 반증하고 있다. 중국이 세계무역기구 가입을 추진하면서 단계적인 관세 인하와 비관세 장벽 완화 조짐을 보이고 있어 향후 중국과의 교역 여건은 더욱 좋아질 것으로 전망된다.

국내 기업으로는 삼성·현대·대우·엘지그룹 등 대기업들이 중국에 대거 진출하기 시작함으로써 건당 1억 달러를 넘는 투자가 이루어지는 등 투자 규모가 대형화되고 있다. 최근 들어선 대기업들이 전자·시멘트·중장비·철강 등 기간산업 분야에 투자를 늘려가고 있다.

최근에는 중형 항공기, 고선명 텔레비전, 전자교환기, 자동차 등 한·중 산업협력이 구체화되면서 양국간 공동개발, 생산, 판매 등 한국과 중국을 하나의 시장으로 묶고 공동으로 세계시장으로 진출하는 새로운 형태의 투자가 이뤄지고 있다.

중화경제권의 부상

중화경제권

중국의 급속한 성장과 함께 최근에 우리의 주목을 끌고 있는 중화경제권은 1980년대 중반 중국·홍콩·대만의 상호교역이 활발하게 이루어지면서부터이다.

중국의 자연자원과 노동력, 홍콩의 국제금융과 항구, 그리고 대만의 자본과 제조 기술이 서로 혼합되면서 이 지역을 중심으로 하는 화남경제권은 서서히 진행되었다. 여기에 동남아시아의 화교경제권이 합세하면서 대중화공동시장, 혹은 대중화경제블록이라는 용어가 만들어졌고, 대중화권이 아시아에서 가장 역동적인 성장지역으로 떠오르면서 세계 경제의 중심축 중 하나로 부각되고 있다.

13억 인구의 중국 본토는 물론 세계 4대 금융 중심지의 하나인 홍콩·대만·싱가포르 그리고 전 세계에 깔려 있는 중국인의 경제적 결집에 세계의 눈이 쏠리고 있다. 동서냉전이 끝난 후 세계 경제는 크게 미국·유럽·아시아라는 세 개의 경제권으로 나눠졌다. 이 가운데서도 가장 역동성을 보이고 있는 경제권이 아시아경제권이며, 그 중에서도 중화경제권은 태평양시대의 중심경제권으로 부상하고 있다.

OECD(경제협력개발기구)의 보고서도 비슷한 전망을 하고 있는데, 중화경제권은 2030년에 세계 GDP의 12%, 세계무역액의 20%를 차지하게 될 것이라는 전망이다. 세계적인 석학들의 분석도 17세기 산업혁명 이후 세계의 중심이 유럽에서 미국으로, 다시 일본을 거쳐 중국으로 옮아간다는 것이다. 따라서 21세기 중화권의 거대한 움직임에 초점을 맞추고 있다.

종교와 문화 기후가 다른 지역에 산재한 중국인들은 같은 민족이라는 동질성 때문에 공동의 커뮤니케이션을 형성, 자연발생적으로 경제교류를 이뤄내고 있다. 중화민족의 경제권은 북미와 유럽국가가 형성하고 있는 지역적인 경제 블록화와는 달리 동양적 개념의 화인 자본주의를 출현시키고 있다.

우선 중화경제권의 중심인 중국은 1990년대와 2000년대 들어 연평균 10%이상의 경제성장률을 기록하면서 인접 중화경제권의 국가들의 경제성장과는 다른 파장을 일으키고 있다. 홍콩 · 싱가포르 · 대만 등 인구와 면적이 적은 도시국가의 고도성장과는 질적이나 양적으로 다르다.

작은 고기는 좁은 어항에서 쉽게, 그리고 빨리 회전할 수 있지만 큰 파랑은 일으키지 못한다. 13억 중국의 변화는 세계 경제는 물론 정치적 군사적으로도 아시아권은 물론 세계에 큰 충격을 주고 있다.

거대한 대륙인 중국의 본토는 앞으로 더 늘어날 것인데, 그보다 더 크게 늘어날 것은 경제권이다. 중국은 1997년 6월 30일 자정부터 홍콩의 주권을 영국으로부터 되찾고, 1999년 12월 20일에는 포르투갈령 마카오의 주권을 건네받았다. 사회주의 국가 내의 일정 지역에 자본주의 체제를 인정하는 역사상 초유의 1국 2체제의 국가가 등장한 것이다. 40여 개 다민족 국가의 통합을 실현한 중국이 다시금 다른 체제를 수용하는 시험대에 올라선 것이다.

여기에 대만의 자본기술, 관리경험, 홍콩의 중개(판매) 서비스가 결합되어 중국 중심의 중화경제는 이상적인 경제구조가 될 것이다. 이 외에도 싱가포르와 동남아에 산재되어 있는 화교 역시 이 네트워크에 포함되어 천연자원·노동력·자본·기술·내수시장 등이 자체적으로 확보되는 거대 중화경제권이 탄생할 것이다.

중화경제권의 핵 — 화남경제권의 약진

중화경제권의 중심지역으로 대두되고 있는 화남경제권은 일반적으로 광동성과 푸젠성, 하이난섬과 저강성까지를 포함하는 중국의 남부 지역과 대안으로 국경을 사이에 둔 홍콩·대만을 포함한 광역경제권이다. 이 지역에 걸쳐 홍콩·대만을 포함하고 있어 중국을 대상으로 하는 지역경제권 가운데 가장 수준이 높은 경제권이다.

'확대 홍콩'으로 상징되는 화남경제권은 다른 지역과는 달리 이미 노동력 물자 자본의 교류 확대와 일정한 분업관계가 성립되어 있다. 홍콩과 대만의 발전에 중국이 자연스레 가세함으로써 경제적으로 통합 과정에 들어선 이들 3개국의 생산력과 무역량은 이미 강대국 수준에 도달하여 2007년 기준으로 화남경제권은 세계 3위의 무역대국이되었다. 여기에 홍콩과 대만을 합치면 미국 다음으로 2위로 올라서게된다. 또 이 세 나라의 외환보유고를 합치면 2008년 4월 기준으로 일본의 2배, 미국의 29배를 상회한다.

화남경제권이 형성된 요인을 몇 가지로 정리하면 다음과 같다.

먼저 지리적 근접성이다. 화남경제권을 이루고 있는 지역들은 중국의 남부 지역(복건성 · 광동성 · 해남성 · 광서자치구), 홍콩 · 대만으로 하나의 해협과 육지로 이루어져 있기 때문에 이들 사이에 사람의 왕래, 기업, 자본의 유동이 빈번하여 국경을 초월하는 초국경대도시를 구성하고 있다.

다음으로 이들은 비록 약간의 차이를 가지고 있지만 공통된 언어를 사용하고 있고, 문화적 배경도 유사하다. 예를 들면, 대만의 한족 중에서 80% 이상이 복건성 출신이며, 복건성의 방언 중의 하나인 민남어가 대만의 주요한 언어로 되어 있다. 또 이와 유사하게 광동성과 홍콩도 긴밀한 유대관계를 가지고 있다.

홍콩에서는 광동어와 영어가 주요한 언어로 되어 있는데, 영어보다는 광동어가 더 많이 사용되고 있다. 또 원래 홍콩은 광동성의 한 부속도서였기 때문에 양 지역 사이의 긴밀한 유대는 오래 전부터 경제적 유대로 이어져 왔다.

세 번째 요소로 아시아 · 태평양지역 경제에 있어서 비교 우위의 변화이다. 즉 선전이나 광동에 비해 5배나 높은 홍콩의 노동임금 때문에 홍콩은 노동집약적인 제조업을 그 동안 광동으로 이전하여왔다. 화남경제권이 발전하게 된 구체적인 계기도 홍콩의 중소기업이 활발하게 이전하면서부터이다.

1980년대 후반 홍콩은 토지가격이나 임금이 상승한 데다 ASEAN이나 대만 · 한국의 추격이 격심해 새로운 투자 지역이 필요하였다. 때마침 중국이 경제특구를 비롯한 대외 개방정책을 활발하게 진행시키면서 이를 잘 이용한 홍콩기업이 중국에 진출하여 값싼 노동력과 토지를 활용하여 수출경쟁력을 회복한 것이 화남경제권 발전의 원동력이 되었다. '상점'의 역할을 하는 홍콩에 대해서 중국은 '공장'의 역할을 수행하는 이상적 결합을 보여주었던 것이다.

중화경제권의 중심은 화교 상인

중화경제권을 움직이는 것은 홍콩과 대만의 화교자본이다.

중저가 경공업 제품의 생산기지로 명성을 날리던 홍콩과 대만이 1980대 중반부터 풍부한 노동력과 저렴한 토지를 찾아 광동 복건 해남 지역으로 생산라인을 이전하기 시작함으로써 의류·신발·완구 등 경공업 제품은 물론 표준형 대량기술제품도 중국 대륙으로 넘어갔다.

1989년 천안문사태 때 미국을 비롯한 서방 국가들이 중국 정부에 대한 항의로 경제제재를 가했지만 중국이 1990년대 들어 10% 이상의 고도성장을 한 것도 화교자본 때문이었다. 전 세계에 산재한 차이나타운의 거상들은 쌓아 둔 자본을 조국 건설에 쏟아 붓기로 묵계했고, 이 자본이 중국에 들어간 것이다.

1993년 말 당시 외국인의 중국투자를 보면 허가기준으로 홍콩 마카오가 110,212건으로 전체 176,056건 중 63.3%, 대만이 20,982건으로 12.1%를 각각 차지하였다. 금액으로는 홍콩 마카오가 1천3백억 달러, 대만이 1백20억 달러로 역시 64.3%와 5.8%를 점하고 있다. 홍콩과 대만이 중국의 경제성장을 이끄는 주요 자본을 형성하였던 것이다.

중화권 경제통합의 동인력인 홍콩과 대만·싱가포르의 보유외환을 합치면 2008년 5월 기준으로 6천2백5십억 달러로 이는 중국과 일본에 이은 세계 3위의 수준이다. 여기다가 중국의 외환보유액을 합치면 2조 4천2백2십억 달러라는 막대한 액수에 달한다.

현재 세계 전역에 흩어져 있는 화교들의 자산은 2~3조 달러나 그 이상을 상회하는 것으로 추정되고 있다. 화교를 하나의 집단으로 보았을 때 이들이 지닌 경제력 규모는 미국과 일본 다음의 세계 3위를 차지하는 것으로 나타나고 있다.

특히 중국과 인접한 동남아 경제는 대부분이 화교에 의해서 움직이고 있는데 이들은 대개 해당국의 인구 3~5%를 차지하면서도 해당국의 70% 이상의 부를 점하고 있다. 필리핀 100대 기업 중 68%, 태국 경제의 90%, 인도네시아 민간기업의 75%가 화교자본이다.

기업자산은 더욱 엄청난데 화교인은 아시아 전체 인구의 6%에 불과하나 각국 전체 자산의 70% 이상을 주무르고 있다. 역내 상위 1천 개 회사 중 화상기업은 517개에 달하고 시가 총액은 중시시가 총액의 41% 수준에 이르고 있다. 이들 기업의 유동자산도 최소한 2조 달러가 넘고 있는데, 이는 일본을 포함한 아시아 1천대기업 연간매출액의 절반에 이르는 것이다.

홍콩 · 대만 · 싱가포르 등 화교국 트리오는 외환보유고에서 뿐만 아니라 대아시아 직접투자에서 일본을 능가하였다. 1993년 당시 아시아 직접투자도 일본이 37억 달러를 기록한 반면, 화교국 트리오는 260억 달러를 아시아에 뿌렸다.

그래서 서방의 경제 분석가들은 '아시아는 화교연방공화국' 이라는 말을 서슴지 않는다. 이 연방의 총 GDP는 2007년 기준으로 1조 2천억 달러, 여기에 중국의 GDP(미화 6조 9천9백억 달러)를 합친 중화경제권은 일본 (4조 2천9백억 달러)의 엔블록 구상을 창백하게 만들고 있다.

중국은 홍콩 · 마카오 · 대만 등 3개 지역 화상들의 본토 투자를 삼포三胞자본이라고 부른다. 해외동포들의 애국심이 담겨 있는 만큼 다른 외국인 투자와는 다르다는 점을 강조하고 있으나 더 큰 이유는 이것이 중국의 경제엔진을 돌리는 최대의 자금줄이기 때문이다. 삼포자본은 1994년 대중 외국인 투자 중 64% 이상을 차지하였다.

신화통신이 1995년 4월 발표한 1994년도 외국인 투자 내도액 집계에 따르면, 홍콩과 마카오가 2백2억 달러(60%)로 1위, 대만이 33억 9천만 달러로 2위, 싱가포르가 11억 8천만 달러로 5위를 차지하고 있다. 중국이 무역대국을 꿈꾸고 있는 것은 전적으로 그들이 동포의 자금이라는 것을 강조하는 '삼포자본' 덕분이다.

중화경제권의 주역은 아시아 전역의 5천5백만 화교 기업인들로 이들 화교상인은 아시아를 세계 경제의 중심으로 부상시키고 있는 '보이지 않는 손'이다.

화상들의 재력은 상상을 초월하고 있다. 브루나이를 제외한 아세안 5개국의 유력 경제인들은 90%가 화교 내지 그들의 2세들이다. 이들 5개국, 5대 화상의 개인재산만 합쳐도 최소한 6백억 달러가 넘으며, 홍콩과 대만의 5대 화상재벌들의 지갑까지 더하면 1천억 달러를 훨씬 넘어 2조 달러에 이른다고 한다. 여기에 2008년 5월 기준으로 중국 홍콩·대만이 보유하고 있는 외화보유고 3조4백7십억 달러를 합치면 미국과 일본의 외화보유고를 합한 1조7십억 달러를 훨씬 넘어서는 것이다.

동포애로 뭉친 화교 상인들

화상들은 새로운 지역에서도 차이나타운을 형성하여 스스로의 질서를 유지하고, 언제나 본토로의 회귀본능을 가지고 있다. 홍콩과 대만의 자본이 중국 본토에 투자되고 전 세계에 걸쳐 있는 화교상인 네트워크가 홍콩을 거점으로 형성되고 있는 것도 이 회귀본능에서 나온다.

세계 각국에 산재한 차이나타운의 지하금융은 일시적으로 세계 금시장의 가격을 폭등시킬 정도로 막강하다. 전 세계가 경제권을 중심으로 통합되고 있는 현실에서 경제 네트워크는 국제경제체제의 핵심이 되고 있는데 이는 지금의 국제경제가 국가간의 상거래보다는 기업과 개인간의 연결로 이루어져 가는 추세를 보여주고 있기 때문이다. 때문에 화교들의 경제 네트워크는 그 비중이 커질 수밖에 없다.

귀소본능을 중심으로 화교기업의 특징은 대략 다음과 같다.

첫째, 의사결정이 매우 집중화되어 있다.

둘째, 시장을 개척하는 방법으로 박리다매薄利多賣 전략을 중시한다.

셋째, 재고 관리를 철저히 한다.

넷째, 화교 네트워크를 활용하여 비즈니스 비용을 줄인다.

다섯째, 자본은 될 수 있는 대로 내부에서 조달한다.

동남아시아를 중심으로 세계 각지에 퍼져 있는 화교들 가운데 사업에 성공한 상공인들은 '세계화상회의' 라는 이름의 전체회의를 개최한다. 이 회의는 2년마다 개최되며, 선조의 출신과 관계없이 세계 각국의 모든 화교상인이면 참석이 가능하다. 따라서 이러한 집단의식을 중심으로 친족 중심의 경영구조가 화교상들의 특징이 되고 있다.

따라서 화상들의 강점은 우선 의사결정이 신속하다는 것으로 돈냄새를 맡는 즉시 돈보따리를 들고 현장으로 달려간다. 서방기업들이 의사결정에 시간을 허비하는 동안 화상들은 이미 계약서에 서명을 한다. 소유와 경영은 창업주의 손에 있는 만큼 결정은 즉각 실행되며, 누구도 이의를 달지 않는다.

또 서방기업들처럼 분기별 손익계산에 신경 쓸 필요도 없고 저조한 경영실적에 따른 인책도 없기 때문에 일단 투자를 하면 돈을 벌 때까지 기다릴 수 있는 이점이 있다.

이에 비해 약점도 많다.

첫째는 장기적인 경영전략의 부재로 화교상법은 눈앞의 이익을 추구하는 '치고 빠지기(hit and run)'의 전형이다. 화상들은 인플레 등 경제리스크를 최대한 줄일 수 있는 신흥시장의 부동산에 투자한 뒤 경제성장 후 부동산 차익을 쓸어가는 데 주력해 왔다. 홍콩 등 동남아 화상들의 중국 부동산 투자도 투자자금의 조기 회수를 노린 투기다.

둘째는 족벌경영의 문제로 화상 창업주들은 거의 나이가 70~80대의 영감님이다. 그럼에도 상당수가 사업일선을 지키고 있다. 일부는 아들이나 사위에게 경영권을 물려주고 있으나 전문경영인 영입에는 인색하며, 주요한 의사결정이나 사업 추진은 가족, 혹은 측근에 의한 상의하달식으로 이루어진다. 동족뿐 아니라 동향간의 인맥을 중요시하기 때문에 화상간의 거래는 인맥이나 정보의 정도에 의해 좌우된다는 말이 있다.

이러한 중앙 집권식 경영으로는 엄청만 자본과 경영 노하우를 요구하는 기업 환경에서 살아남기 어렵다. 특히 아시아 각국이 대외경쟁력 제고를 위해 탈규제와 시장개방, 민영화를 추진함에 따라 화상들의 사업 입지도 점차 좁아지고 있다. 또한 미국과 유럽 일본의 다국적기업들이 역내 산업-금융시장에 진출하고 있어 경쟁도 치열해지고 있다.

셋째는 화상기업에 대한 거주국 내부의 뿌리 깊은 불신이다. 동남아 각국에선 화상들이 중국 투자와는 달리 국내 사업에 무관심하다는 불만이 고조돼 왔다. 지난 1994년 4월 인도네시아 수마트라의 메단 폭동 당시 주민들이 화상 가게들을 파괴한 것이나 필리핀에서의 화상 납치 등은 이들의 부에 대한 현지 주민들의 반감을 잘 보여주고 있다. 화상들이 독자적인 사업을 꺼리고 외부에 극도로 폐쇄적인 것도 현지의 눈총을 의식하기 때문이다.

통합되는 중화경제권

　중국 경제는 이미 개혁 개방정책을 통하여 홍콩 경제 및 대만 경제와의 교류협력이 강화되고 있다. 1997년에는 홍콩이 중국에 귀속되었기 때문에 광동성을 포함한 남부지방의 경제발전은 더욱 가속될 전망이다. 지난 1세기 동안 홍콩을 중심으로 구축된 동남아 화교경제권과 서방국가와의 경제무역 및 국제금융 등의 조직과 기능이 1997년도에 중국에 그대로 귀속되었기 때문에 최신 경영기법, 무역기법, 금융기법 등의 경제 효과가 중국 전역에 파급되어 왔다.

　또한 한국 기업과 일본 기업 및 서방 기업 등이 적극적인 자세로 경제교류 협력을 확대해 나가고 있기 때문에 중국인들의 상술은 새로운 모습으로 그 잠재력을 유감없이 발휘할 수 있는 기회를 맞고 있다.

　중화경제권의 통화도 통합의 흐름을 타고 있다.

　1994년 1월부터 중국 정부의 환율단일화 조치로 중국 인민폐, 홍콩 달러가 하나로 뭉쳐지고 장기적으로는 대만 달러마저 하나로 통일될 전망이다.

　추계에 따르면 홍콩에서 발행된 홍콩 달러의 약 30%가 중국에서 유통되는 것으로 나타났다. 그런가 하면 1994년 초부터 인민폐가 홍콩에서 공식 화폐로 통용되고 있으며, 또 복건성에는 대만 달러가 유통되고 있다.

　결국 남부지역을 중심으로 하는 중국과 홍콩·대만 사이의 지리적 근접성, 긴밀한 인적 물적 유대, 비교 우위의 변화, 그리고 중국 자체의 경제공동체 형성을 위한 노력 등은 인위적으로 나누어진 이들 지역 사이의 경제적 협조체제를 앞당기고 있다.

　중국·대만·홍콩의 풍부한 노동력과 앞선 기술력, 그리고 강력한 자본과 정보의 혼합을 의미하는 중화경제권의 부상은 한국에게는 상당한 압박 요인으로 작용할 수 있다.

이와 같은 중화경제권은 한편으로 기술집약적이면서도 다른 한편으로는 노동집약적인 산업을 발전시키는 단위체가 될 것이기 때문에 우리의 비교 우위는 그만큼 줄어들 수밖에 없다.

따라서 우리의 경제교류도 중화경제권이라는 전체적 맥락에서 접근되어야 할 것이다.

중국인들의 경제 철학 – 근검 성실 신의

일반적으로 중국인은 사후세계나 미래에 대한 집착보다는 현실에 충실할 뿐만 아니라 현재를 대단히 중시하기 때문에 경제적 활동을 자연스럽게 받아들이며 그에 대한 애착도 강하다. 그러나 대부분 검소한 생활습관과 내풍외빈內豊外賓의 국민성을 지니고 있다.

중국인들은 거의 쉬지 않고 일 년 내내 열심히 일하는데 마음 놓고 쉬는 때는 고작 설 연휴 때뿐이다. 그리고 일상생활에서도 일반적으로 매사를 주위 여건과 자신의 능력에 의해 순리적으로 적응하거나 해결하려는 경향이 있다. 따라서 불평불만이나 원망을 표출하기보다는 긍정적이고 숙명적으로 수용하는 경향이 많다.

중국인들의 '돈벌이' 앞에는 어떠한 어려움이나 역경도 존재할 수 없는데 그들은 돈벌이만 된다면 어려움이나 역경 따위는 강인한 정신력으로 거뜬히 극복할 수 있기 때문이다. 화교들은 대부분 근검절약과 성실한 자세로 경제활동과 기업경영에 임하고 있다. 동시에 자신의 경제력과 경영 능력에 알맞은 규모로 기업을 경영하면서 기업 성장을 추구해 나가는 점이 특색이다.

대만 기업과 홍콩 기업은 물론 동남아 화교 기업의 대부분은 매출

규모에 비하여 상식 이하로 협소한 사무실과 적은 인원으로 업무를 처리해 나간다. 심지어는 자택의 응접실을 사무실로 겸용하면서 가족과 몇몇 직원들로 구성된 중소기업이 연간 수백만 달러에 달하는 각종 상품을 수출하는 사례도 많다.

또한 이들 중소기업들은 자기 자본 비율이 대부분 높기 때문에 금융비용 지출이 적으며 동시에 원가절감을 통한 수출상품의 국제경쟁력 또한 경쟁국에 비해 상대적으로 유리한 편이다.

이와 같이 중국인은 선천적으로 투철한 직업의식과 경제활동 참여의식을 지니고 있기 때문에 일이 없다는 사실은 부끄러운 일이다. 대만 사회의 경우 사회적으로나 경제적으로 만족스러운 수준에 처해 있는 주부들도 자신의 능력에 알맞은 직장에 종사하는 것이 너무나도 당연한 것으로 인식되어 있다. 따라서 가사에만 전념하는 주부에 대해서는 오히려 무능력자로 오해할 소지가 있을 정도이다.

이러한 자립심은 기업에도 그대로 나타나 대부분의 대만 기업들은 스스로의 힘에 의한 자생력을 강화해 나가는 동시에 정부에 대해 특혜금융이나 과보호정책을 기대하지 않는다. 그러므로 기업들은 치열한 자유 경쟁화에서 오직 기술개발을 통한 신제품 생산과 원가절감에만 주력하게 됨으로써 적자생존의 법칙이 그대로 적용되기 때문에 경영체질 개선이 더욱 촉진될 수 있다.

일반적으로 대부분의 중국인은 대인관계와 무역거래 및 행정업무 등의 처리에 있어서도 특별히 자신의 체면을 중시하면서 처리하려는 경향이 있다.

가령 대화나 상담·담판·행정처리 등의 중요한 안건이나 이해관계 업무를 처리하는 경우, 상대방의 인격과 체면을 손상시키지 않도록 적절히 배려하면서 진행시키면 비교적 원만히 해결될 수 있다. 특히 공개석상에서는 타인의 단점보다는 장점만을 부각시켜 얘기하는 습관이 있다. 즉 상대방의 인격과 체면의 손상 여부에 따라 최종 결과가 판이하게 나타나는 경우가 많기 때문이다.

중국인은 일반적으로 의리가 있고 신용도가 높은 것으로 평가되고 있다. 가령 현금수수의 경우 국내 거래나 국제 거래를 막론하고 상대방을 완전히 신용하거나 신임할 때에는 영수증이나 인수증을 요구하는 대신에 간단한 메모 형식을 취하는 경우가 많다. 중국인과의 교우 관계나 무역거래 및 교류 협력은 상호 이해를 필요로 하는 초기단계에서 만일 성실한 자세와 인내로 대처한다면 밀접한 대인관계가 비교적 쉽게 구축될 수 있다.

다른 한편으로 중국인은 타인에 대한 의심도 많아 대부분의 중국인들은 전통적으로 가부 의사를 즉석에서 회답하기보다는 유보 상태에서 표현하는 경우가 많다. 또한 거절의 경우에도 상대방의 입장과 체면을 고려한 나머지 기분이 상하지 않도록 감정 표현과 표정 관리를 잘한다.

대만

상부상조의 대만 경제

대만은 대만 섬과 팽호 군도의 64개 섬, 기타 15개 섬 등 모두 79개의 섬으로 이루어진 도서 국가이다. 면적은 약 3만 5천 킬로 평방미터로 중국 총면적의 0.3%에 불과하다. 인구는 2,300만 명을 조금 넘고 있으며, 이 중 84%가 본성인(本省人: 대만 국적)이며 16%가 국민당이 건너올 때 함께 건너온 외성인(外省人)으로 구성돼 있다. 인구 밀도는 609명으로 홍콩이나 싱가포르를 제외하고 인구 1,000만 명 이상으로 방글라데시에 이어 세계 제2위의 초밀도 국가이다. 언어는 한어의 북경어가 표준어지만 민남어를 쓰는 사람이 많다.

대만은 1912년 1월 1일에 수립된 아시아 최초의 공화국인데, 이는 중국에서 성립된 중화민국의 정통성을 이어받았다는 것이다. 대만 경제는 수출지향적 산업구조와 중소기업의 성공으로 특징된다. 1994년에는 수출액이 1,000억 불을 넘어서면서 2007년에는 수출입액이 4,400억 달러 고지를 돌파하였다. 또한 지속적인 무역흑자로 세계 5위의 외환보유국이기도 하다.

대만 발전의 원동력은 중국인 특유의 근면성과 함께 검소한 생활철학으로 경제발전의 모델은 개발 독재로 특징지어지는 한국의 발전 모델과 완전히 다른 일본의 민·관 협조체제에 가까운 편이다. 기업과 근로자의 관계에서도 이러한 현상이 나타나고 있는 대만에서는 노사관계를 대립관계로 보는 시각은 과거에도 없었고, 현재도 없으며, 노사가 극단적인 분쟁으로 인해 사회적 긴장이 조성된 적도 없다.

대부분의 노동쟁의 발생 건수 중 99% 이상이 협조 또는 조정방식으로 해결되고 있다.

사회적으로도 대만은 손문의 균부均富사상의 구현을 위해 소득분배의 평준화에 노력한 결과 저소득층과 고소득층의 격차가 세계적으로 낮은 나라로 평가받고 있다.

대만 경제의 발전 과정

대만 경제는 섬으로 제한된 지리적 여건상 경제발전은 국제적인 협력에 의존할 수밖에 없었고, 자원도 별로 없기 때문에 대외 교역중심의 경제구조가 형성될 수밖에 없다. 따라서 대외 환경변화에 대한 기민한 적응이 요구된다. 1970년대 석유파동과 세계적인 경제 침체 속에서 대만은 기간산업infra-structure계획과 천연소재산업, 중화학공업, 정밀산업의 향상에 중점을 두어 경제발전의 기반으로 삼았다.

1980년대에 들어와서는 전통적인 노동집약적 산업이 노동비 상승과 신대만 달러의 가치 상승으로 경쟁력을 상실하기 시작했다. 이에 대만 정부는 무역진흥과 함께 자본자유화를 유도하는 한편, 시장잠재력과 고부가가치 부문, 첨단기술 수준을 전략산업으로 육성하였다.

특히 대만은 장거리통신, 정보, 가전, 반도체, 신소재, 항공우주, 정밀기계 및 자동차, 정제 화학제품 및 제약, 보건, 오염방지 등 10대 전략산업을 미래의 중심 산업으로 정해 이 부문에 대한 지원활동을 강화시켜왔다. 과학기술의 기반으로 힌슈산업공원Hsin - chu industrial park을 1980년에 설치했으며, 1984년에는 14개 주요 사회간접시설 계획을 시작했는데, 이러한 노력이 이후의 장기 경제발전의 기반이 되었다.

노동비용 상승, 부동산 가격 상승, 산업부지 확보의 어려움, 노동집약 산업의 퇴조 등의 내적 도전도 많다. 이와 함께 세계적으로 진행되고 있는 지역 경제의 블록화, 강력한 국제경쟁, UR타결로 인한 좀더 자유로운 경제무역체계 등의 외적 도전도 만만치 않다. 하지만 대만은 이러한 도전에 대응하기 위해 '산업향상법Statute for Upgrading Industries' 을 통해 면세 장려와 저리 금융혜택, 연구 개발 장려 신계획 개발, 생산자동화 개발, 인력교육 등을 통해 무역자유와 국제화 정책을 강화하고 있다.

현재 아시아 태평양 지역은 세계에서 가장 역동적인 경제권으로 부상하고 있는데 대만은 무역, 연구 개발, 제조, 금융, 수송 등의 분야에 있어서 다양한 기능을 담당하는 아시아 태평양 지역의 중심 센터가 될 것으로 전망되고 있다. 이러한 점에 있어서 대만은 양호한 지리적 여건, 편리한 해상, 육상, 항공수송체계, 풍부한 자본, 우수한 인력을 갖고 있다. 또한 인력, 기술, 정보, 자본의 자유로운 유통이 원활해 이러한 모든 것이 대만의 기술력을 향상시키고 경제 규모를 확대시키고 있다.

'중소기업의 천국' 인 대만 경제

중소기업 하면 대만을 연상할 정도로 대만은 중소기업이 많은 나라이다. 2천만 인구에 기업체가 약 95만 개에 달하고 있으며, 그 중 97.5%가 중소기업들로 구성되어 있는 벌 떼들의 군단을 이루고 있는 것이 대만 경제의 가장 큰 특징이다. 이 개미군단은 수출 총액의 55%, 총고용의 69%를 떠맡고 있다. 이들 중소기업의 평균 고용인 수는 4.5인이니, 대만에선 사람 한둘만 만나면 기업이 하나 만들어지는 셈이다.

대만은 대자본 및 기술이 형성될 여건이 되지 않았기 때문에 혈연 중심의 유교문화 전통 속에서 저렴한 노동력을 배경으로 한 가족기업 형태의 종소기업 문화가 꽃 피울 수 있었다. 여기에다 정부의 적극적인 육성이 주효하여 중소기업이 성장하는 데 많은 도움을 주고 있다.

정부는 중소기업의 어려운 자금난을 덜어주면서 정부주도로 국내 기업과 외국 대기업 또는 다국적 기업과의 전략적 제휴를 추진하고 있다. 소위 '책략연맹策略聯盟' 이라고 부르는 이 계획을 통해 선진 외국기업과 국내 관련기업들과 상호 연결 지어 자연스럽게 신흥 산업의 발전을 촉진시키며 주요기술 및 부품 제품개발을 유도하여 선진국과의 기술 격차를 축소시켜 나가는 것이다.

세계 PC시장을 리드하고 있는 HP,Dell, 컴팩 등 미국기업들의 PC는 대부분 대만에서 OEM형식으로 공급하고 있다. 대만의 노트북 생산량은 세계 생산량의 50%를 넘었고, 파운드리 반도체 역시 세계시장의 70%를 장악하고 있다. 대기업과 중소기업간의 협력관계를 대만은 '중심-위성분공' 시스템이라고 부른다. 최종 조립업체, 무역업체 등을 중심기업이라 부르고 여기에 부품 기계설비를 공급하는 업체를 위성공장이라고 부른다. 이 시스템은 대기업과 중소기업 관계를 수평적으로 보는 관점에서 출발한다.

따라서 대만의 산업정책은 중소기업을 중심으로 이루어지고 있으며 부가가치도 우리나라와는 달리 대기업보다 중소기업이 높다. 종소기업 중심의 경제성장이 이루어진 결과로서 소득분배 면에 있어서도 우리나라에 비해 나은 성과를 거둘 수 있었다.

대만의 중소기업은 수출시장 개척을 경영의 기본 이념으로 하고있다고 해도 과언이 아닐 정도로 대외적 활동을 지향하고 있다. 특히 대외 환경변화에 대한 탄력성이 매우 커 신속한 대응력을 보여주고 있다. 즉 사업의 장래가 불투명할 경우 현재 업종에서 즉각 다른 업종으로 전환한다든지 호경기 때 경영 규모를 확대했다가 불경기 땐 신속하게 축소하는 등 변화하는 환경에 신속한 대응력을 보여주고 있다.

싱가포르

작고 깨끗하고 잘 사는 나라

동남아시아 말레이 반도 끝 적도 부근의 섬에 자리 잡은 싱가포르는 도시국가로, 전체 면적이 서울보다 약간 넓은 636평방킬로미터이고, 인구는 450만 명가량 된다. 그러나 싱가포르는 세계에서 가장 깨끗하고 잘사는 나라로 손꼽힌다.

나라는 작지만 다인종으로 형성된 국가로 중국계(76.3%), 말레이계(15%), 기타(2.3%)로 구성되어 있는 싱가포르는 1965년 8월 말레이시아 연방으로부터 분리, 독립했다. 이 같은 사회 성원 비율은 얼핏 갈등과 혼란을 연상시키고 있지만, 독립 이후 지금까지 리콴유 전 총리가 이끄는 '인민 행동당' 이 계속 집권하면서 오히려 가장 안정적인 정치체제를 이루고 있다.

싱가포르라는 국명은 말레이 원어로 '사자의 항구' 라는 뜻이다. 13세기에 명명된 이 이름에서 나타나듯 싱가포르는 지리적으로 남방무역의 관문을 차지하고 있어 동서 교역을 잇는 요지이다, 이 나라가 남방 무역의 중심지로 본격적으로 개발되기 시작한 것은 19세기 무렵이다. 19세기 초에는 네덜란드의 영향권 아래에 있었지만, 1891년 영국이 말레이시아의 '조호' 왕국과 조약을 체결, 무역 중개항으로 각광받기 시작했다.

또 싱가포르는 '동양의 영국' 으로 불리우는데, 이는 아시아 국가중에서 가장 유럽적인 사고방식과 제도, 법률 등이 정착됐기 때문이다. 싱가포르는 1959년까지 140여 년 동안 영국의 식민지였으며, 그 중

1942년부터 1945년까지는 일본군에게 일시 점령되기도 했다. 그러나 싱가포르는 영국 문화권 나라로 볼 수 있으며 독립 후 영연방에 가입했다.

싱가포르는 1959년 영국으로부터 독립했지만, 건국 초기에는 말레이시아 연방에 가입하는 것이 국가의 최대 목표였다. 당시 첫 총리에 취임한 리콴유 총리는 싱가포르가 말레이시아 연방에 머물기를 강력히 희망, 직접 이를 간청하는 외교를 폈다. 이에 따라 1963년부터 약 2년 동안 말레이시아 연방에 머물렀으나 1965년 8월 9일 완전 독립했다.

싱가포르의 권력구조는 의원내각제를 취하고 있으나 독립 후 리콴유 총리가 사실상 '1인 지배' 방식으로 이끌어 왔다. 국부로 추앙되는 이 전 총리는 1990년 총리직을 사임한 후에도 영향력을 행사하고 있다. 1965년 독립 당시 1인당 국민소득은 400달러 정도였으나, 그가 퇴임한 1990년대는 1만 200달러로 30.5배로 불리는 저력을 발휘하였다. 고촉통(1990~2004)을 걸쳐 지금은 리콴유의 아들인 리셴룽(2004~)이 총리로 있다.

싱가포르는 독립 이후 경제발전을 국가의 최우선 목표로 설정하고, 국가 주도의 개발정책과 정부의 적극적인 시장개입을 통해 눈부신 경제성장을 이룩할 수 있었다.

싱가포르는 경제성장을 위해 정치적 자유의 대부분을 희생해 온 나라다. 특히 사회의 주요 엘리트들이 공직사회로 진출, 이에 기반을 둔 탄탄한 관료 조직을 바탕으로 경제성장을 주도해 온 점이 특색으로 꼽히고 있다. 정치와 경제 등 주요 분야는 다수 인종인 중국계가 장악하고 있지만, 소수 민족인 말레이계와 인도계 사람들에게도 공직을 고루 배분, 불만의 소지를 사전에 막고 있다.

싱가포르는 강력한 통제 사회로 유명하며 범법 행위에 대한 엄벌주의가 특히 인상적인 나라이다. 도시 미화를 이유로 '껌' 의 판매를 막거나, 담배꽁초 하나를 잘못 버려도 엄청난 벌금을 부과하는 등 모든 공공생활에 제재가 가해진다. 그리고 언론과 지식사회 역시 강력한 통제 속에서 움직이고 있다.

이 같은 정치적 통제 수단을 바탕으로 싱가포르는 높은 경제성장을 구가하고 있다. 싱가포르의 주요 산업은 제조업(정유, 석유제품, 전자제품), 금융 서비스업과 관광 등이다. 전통적으로 동서 교역의 지리적 요충지에 있기 때문에 항만·공항·유통 등 풍부한 사회기반 시설을 바탕으로 자유 무역항으로 아시아 최고의 물류 집하장 역할을 하고 있다.

싱가포르는 주택문제가 없는 세계 유일의 나라이다. 이 나라의 국민들은 정부가 공급하는 아파트에 입주, 30년 이상 상환하는데, 이 같은 공공 아파트가 전체 주택 거주 형태의 90% 가량을 차지하며, 주택 보급률 역시 90%를 상회하고 있다. 좁은 국토 면적 탓인지 건물들은 대부분 20층 이상의 고층인데 이 건물들은 공공 아파트를 제외하고는 같은 모양의 건축물을 다시 짓지 못하도록 규제하고 있다. 도시 미관을 고려한 조치로 그만큼 인공적인 조형미에 신경을 쓰는 나라다.

싱가포르는 1970년대 초에 이미 '완전고용' 을 실현했을 뿐만 아니라 현재 국민소득도 2만 9700달러로 선진국 수준 이상의 삶의 질을 누리고 있다. 무엇보다도 청렴한 공무원이 가장 중요한 국가경쟁력이 되고 있는데 이것은 실질적으로 공무원에 대한 강력한 제도적 뒷받침이 있기 때문에 가능한 것이다.

싱가포르 경제의 성공 요인

ASEAN의 주도적 국가인 싱가포르는 1971년에 '경제전략'을 세운 후 1981년에는 '10개년 계획'을 통해 10년간 경제구조를 고도화하고 8~10%의 성장을 구가해 왔다. 좁은 국토, 적은 인구, 전무한 자원에도 불구하고 동남아 요충지에 위치하고 있어 동남아 최대 자유무역항으로서 또한 국제 금융센터로서 급속한 경제발전을 추진하여 왔다.

연안 어선에서부터 초대형 유조선, 컨테이너선 그리고 호화여객선에 이르기까지 600여 개가 넘는 해운회사가 싱가포르를 중심으로 활동하고 있다.

싱가포르는 수요 이전에 시설을 확장하는 장기 계획 하에 사회간접자본이 투입된다. 사회간접자본 개발은 곧 싱가포르 국민 개발로 장기적인 계획 하에 입안되고 실행된다. 30년 계획을 완수하려면 매년 30분의 1씩을 진척시켜야 하는데 이는 무엇보다 정치 사회적인 안정이 바탕이 되기 때문에 가능한 것이다. 땅이 좁기 때문에 흙을 인도네시아에서 수입하여 바다를 메워서 항구를 건설하며, 자동차를 생산하지 않고 지하철을 우선 건설하여 대중교통 중심의 교통체계를 갖고 있다.

싱가포르는 부존자원과 자본이 부족하고, 기술수준도 낮은 국가였다. 그러나 지정학적 특성을 이용하여 유연한 외교정책을 바탕으로 중계무역과 외자유치 및 공업화를 효율적으로 추진함으로써 아시아의 대표적인 금융시장 및 자유무역항으로 크게 발전해 가고 있다. 이미 무역·자본 및 외환의 자유화를 실시하여 우루과이 협상에 탄력적으로 적응해 왔다.

싱가포르는 물류, 금융, 비즈니스의 중심지로 성장했으며 이를 지속적으로 교육과 의료 분야까지 확대하고 있다.

국민성은 대부분은 중국인들이기 때문에 영국 식민지 시대에 중국 본토에서 온 이민 화교의 후예들로서 근면 검소하며 절약적이다. 교육수준이 높아 노동생산성이 높고, 서구의 개인주의 성향과 동양의 국민주의 성향을 강하게 지니고 있어 국가 경제발전에 크게 기여할 수 있었다.

특히 싱가포르의 관리들은 정부 사이에 팀플레이 하듯이 업무협조가 기민하게 이루고 있으며, 기업마인드를 가진 공무원들이 많다. 이런 결과는 현재 재무장관이 정보통신장관을 겸직하고 있거나, 기업에 크게 기여한 공무원들에게 이익기여평가제를 실시하여 포상하고 있는 제도에서도 잘 나타나고 있다.

세계 최고의 경영천국, 싱가포르

싱가포르는 1965년 말레이시아로부터 독립한 이래 짧은 기간에 세계적인 중개무역기지이자 국제금융센터로 성장하였다.

내수 규모가 적기 때문에 기본적으로 외국인 기업을 유치, 경제성장을 도모하는 전략을 추진해 왔다. 또한 가공수출 위주의 정책을 바탕으로 한 수출정책을 펴 오고 있다. 서울시 크기의 도시국가로서 부존자원이 거의 없는 불리한 여건 하에서 수출입의 자유를 최대한 보장하는 중개무역기지, 국제금융센터로 발전해 온 것이다.

싱가포르의 '국내시장에서의 국제화' 실태를 보면 우선 상품무역은 특정 품목을 제외하고 수출입이 완전 자유롭다. 대부분의 수입상품은 일부 주류 품목 이외는 무관세이다. 수입관리제도는 교역의 활성화에 초점을 맞추고 있어 규제가 거의 없고, 통관절차가 간편하며, 교역관리를 위한 전산시스템을 체계화하여 수출입 절차가 효율적으로 이루어질 수 있도록 적극 지원하고 있다.

둘째, 외환과 자본 이동이 비교적 자유롭다. 싱가포르는 동남아지역의 무역금융센터로서 외국인 투자를 촉진하기 위해 외환관리를 1978년 이후 전면 철폐하여 외환 시세의 결정이 시장에 의해 자유롭게 결정되고 있다. 이에 따라 모든 형태의 외환거래가 완전 자유화됨으로써 해외로부터 투자가 용이해졌다.

셋째, 외국인 기업의 국내 유치를 적극 개방하여 자본집약적 산업 구조로 경제성장 전략을 추진해 왔다. 싱가포르 경제에서 차지하는 외국 기업의 비중은 매우 커서 부가가치액에 있어서는 45%의 높은 비중을 차지하고 있다. 특히 자체 수출액을 기준으로 외국 기업과 내국 기업의 점유율이 각각 85%, 15% 정도를 나타내고 있어 외국 기업이 싱가포르 경제에서 주도적인 역할을 담당하고 있다.

싱가포르 경쟁력의 원천은 정부

싱가포르의 경쟁력의 원천은 다음과 같다.

첫째, 깨끗하고 효율적인 정부다.

싱가포르 정부의 가장 큰 강점은 능력 위주의 행정 운영이다. 공무원들의 생활을 철저하게 보장해 주는 대신에 정부 부처간 치열한 경쟁을 통해 생산성을 극대화하고 있다. 공무원에게 최상의 대우를 하면 가장 우수한 인력을 확보할 수 있을 뿐만 아니라 부패를 근절시킬 수 있다는 원칙을 실천하고 있는 나라이다. 장관들의 평균 연봉이 한화로 2억5천만 원을 보장하고 있다. 따라서 싱가포르 공무원은 국내에서 가장 우수한 인력이면서 세계에서 가장 국제화 수준이 높고 양질의 행정서비스를 제공해 주고 있다.

정책적인 면에 있어서도 중개무역기지와 국제금융센터로서의 기능을 높이기 위해 사회간접자본에 대한 투자와 정책원칙을 철저하게 지켜 정책에 대한 신뢰도가 높다. 기업에 대한 지원에 있어서도 될 수 있는 한 기업의 어려움을 도와주려는 입장에서 행정서비스를 제공하고 있기 때문에 정부가 기업의 효과적인 자문 역할을 하고 있다.

다음으로 실용적인 교육제도에 의한 양질의 전문 인력과 풍부한 사회간접자본 시설, 다양한 투자지원과 세제감면 혜택 등이 국제경쟁력의 원동력이 되고 있다. 특히 양질의 전문 인력이 필요한 금융부분은 싱가포르의 총 GNP 중 27%를 차지하는 전략산업으로 경제성장의 주도적인 역할을 담당하고 있다. 또한 아시아의 주요 금융 중심지 중 한곳인 싱가포르는 130여 개의 은행, 24시간 전신 및 전화시스템, 최신시설의 위성망을 갖추고 있다.

홍콩

1997년 7월 1일, 홍콩의 주권 반환이 이루어졌다.

홍콩은 추악한 아편전쟁(1840~42년)의 산물로, 영국은 그 땅을 돌려줌으로써 제국주의의 잔재를 청산하였다.

1984년 중 · 영 공동선언으로 홍콩의 주권 반환이 결정된 뒤 홍콩인구의 8%에 달하는 50만 명이 해외로 이주하였다. 특히 전문직업인의 해외 이주가 한때 심각한 수준을 기록하는 등 반환 초기 사회주의 중국의 통제로 경제 자유도의 하락과 금융기능이 시들어버릴 거라는 우려도 있었으나, 2006년 홍콩증시는 412억 달러의 자본을 조달해 런던과 뉴욕의 기업공개 규모를 제치고 1위를 차지하였다. 또한 여전히 홍콩은 FDI 투자처로서의 위상을 유지하고 있다.

1국 2체제一國兩制는 하나의 국가 안에 자본주의 체제와 사회주의 체제를 공존시키는 것을 말한다. 반환 당시 중국은 외교 · 안보 등 대외적인 주권행사와 관련된 사항만 중국정부가 관할하고 자본주의체제 등을 비롯한 다른 모든 사항은 향후 50년간 홍콩인들이 직접 다스리도록 하였다. 영국과의 협약에서도 이를 보장하고 있기 때문에 홍콩은 주권반환 후에도 아시아 지역의 금융 비즈니스 센터로서 그 역할을 지속할 것으로 전망되었다.

중국도 영국 통치보다 못하다는 평가를 피하기 위해서도 의도적으로 홍콩의 발전을 지원 강화해야 할 입장이다. 특히 북경-홍콩을 잇는 경구철도京九鐵道의 개통과 중국 경제의 발전은 무역, 금융, 물류, 인력 교류를 확대시키고 홍콩 경제의 대중국 의존도를 더욱 높일 것이다.

홍콩은 안으로는 중국에 우수한 자본과 인프라를 제공하고, 밖으로
는 아시아에 산재한 화교 자본과 연계하는 청구로서의 역할을 계속
할 것으로 보인다.

특히 지금껏 동남아 거대 화교 자본의 중심지 역할을 해 온 홍콩 자
본이 쉽사리 해외 탈출을 하기보다는 잠재력 있는 중국 대륙에 투자
될 가능성이 크다. 앞으로 홍콩의 미래는 중국 대륙의 교두보적인 역
할을 수행함과 동시에 중국 경제의 잠재력을 일깨워 주는 촉매제가
될 것이 분명하다. 국내 기업도 대중국 진출의 발판을 홍콩을 통해서
마련하는 것이 필요한 시기이다.

반환 이후 10년간 홍콩의 GDP 성장률 및 대중무역 의존도

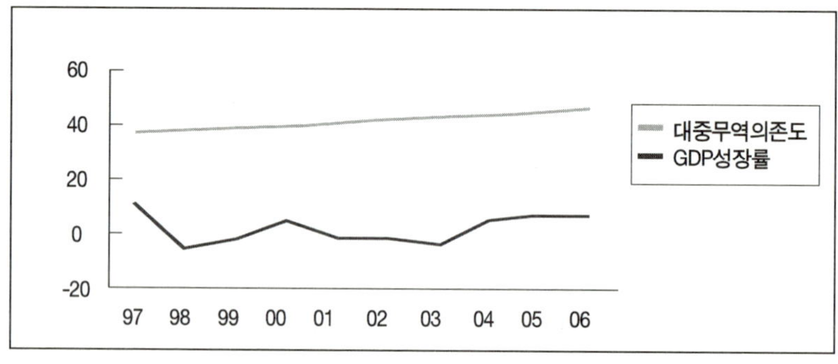

*자료: 홍콩특별행정자치구 정부 홈페이지

제3장
동남아가 뛰고 있다

동남아 경제의 고도성장

동남아시아는 인도차이나반도와 그 남동쪽에 분포하는 말레이제도로 구성되며, 베트남, 라오스, 캄보디아, 미얀마, 말레이시아, 싱가포르 인도네시아, 필리핀, 브루나이 등이 포함된다.

1990년대 전반기에 동남아 5개국(싱가포르, 말레이시아, 태국, 인도네시아, 필리핀)들이 6~8%대의 높은 경제 성장세를 보이는 한편, 필리핀 · 베트남 등 후발개도국들도 경제개혁과 시장개방을 통해 본격적으로 경제개발을 시작하였다.

동남아의 역동적인 경제성장은 외국인 투자가 집중되면서 수출지향적 공업화에 성공하였기 때문이다. 외국인 투자가 동남아에 집중된 것은 동남아 지역이 그만큼 안정적인 투자환경을 제공하는 동시에 성장잠재력이 크기 때문이다. 1990년대 후반에도 동남아 지역은 연평균 7%대의 높은 경제성장을 보일 것으로 예상되고 있으며 나아가 2천 년대에는 세계에서 가장 활기찬 경제활동 지역이 될 것으로 전망되는 곳이 바로 동남아 지역이다.

1990년대 중반까지만 해도 동남아시아 국가들은 싱가포르와 말레이시아를 제외하고도 더운 날씨 때문에 원유 농산물 등 1차상품의 생산에 의존하여 저개발 상태에서 벗어나지 못했었다. 그러나 1980년대 중반부터 이들 국가들은 엔화 강세에 힘입은 일본 기업들의 투자 및 진출로 자국의 생산이나 고용이 늘었고 역내 무역 및 교역이 활발해졌다.

이 같은 여건과 정책이 맞물려 태국은 10%이상, 말레이시아도 10%이상에 달하는 고성장을 이룩하였다.

태국 · 말레이시아 외에 ASEAN으로 대표되는 인도네시아 · 필리핀 등도 1987년부터 1994년까지 연평균 7.4%에 달하는 고도성장을 지속하였다. 풍부한 자연자원과 싼 인건비, 성장에 대한 의욕마저 갖추게 된 동남아시아 나라들과 한국과의 경제 격차는 놀라운 속도로 좁혀지고 있다.

이 지역 내 지도자들은 장기 국가비전을 제시, 정부 관료들은 새로운 정책개발 수립과 이의 효율적인 수행을 위해 기업가처럼 세계시장을 누비고 있다. 장관을 비롯한 정부관료는 물론 기업들, 국민들도 경제지상주의를 내세우고 정신없이 일하고 있다. 스위스의 국제경영연구원이 발표한 개발도상국 경쟁력 순위에서 이미 싱가포르 · 말레이시아 · 홍콩 · 인도네시아의 국제경쟁력이 10위권 내에 진입하였다.

한국과 동남아 국가들 간의 교역도 급격히 증가하고 있다. 1989년까지만 해도 우리나라 전체 수출에서 아세안 국가로 향한 수출액 비중이 6.4%에 불과하였다. 당시 우리 수출 중 미국이 33%, 일본 22%, 유럽공동체 EU가 12%를 차지하였다. 그러나 동남아 국가에 대한 한국의 수출 비중이 매년 증가하더니 1984년부터는 한국의 아세안 수출 비중이 EU를 능가하고 있다. 우리나라의 동남아와의 교역량 증가는 아시아 지역의 새로운 경제블록 형성이 더욱 가속화되는 것과 일치한다. 따라서 APEC 등의 새로운 지역경제공동체의 결성이 동남아시아 지역의 새로운 경제 질서를 갖추는데 결정적인 계기가 될 전망이다.

그러나 8,90년대의 장기호황 이후 동남아시아 경제는 위기를 맞이하게 되는데 1997년 외환위기와 함께 태국을 중심으로 동남아의 수출경쟁력이 급속이 저하되기 시작하였다. 중국의 세계경제 편입으로 인한 동남아의 경쟁력 저하, 자체 기술기반이 취약한 가운데 장기호황 과정에서 비효율적 과잉 투자 등이 주요 원인이었지만 세계화, 특히 금융의 세계화를 잘 관리하지 못한 체제의 문제도 있었다.

국제통화기금의 프로그램이나 자체 프로그램을 통해 동남아는 구조조정을 추진했다. 여기에 미국의 정보기술(IT)경기도 호조를 보여 동남아 경제는 1999~2000년 일시적으로 회복되는 듯했으나 2001~2002년 기간 9.11 테러와 IT버블의 붕괴로 다시 큰 타격을 받았다.

그러나 2003년 수출 붐과 함께 시작되어 오늘에 이르고 있다. 홍콩을 포함한 중국에 대한 동남아 선발 5개국의 수출비중은 2002년 11.6%로 미국의 17.7%, 일본의 12.3%에 미달했으나 2006년에는 15.4%로 미국 13.7%, 일본 10.4%보다 높아졌다. 또한 동남아의 수입에서도 중국은 최대의 수입대상지로 부상했다.

동남아 경제의 세계화와 통합은 중국과의 통합이라는 특징을 갖는다. 1997년 외환위기를 거치면서도 2005년도 ASEAN 각국의 평균 성장률이 5.6%에 달하는 지속세를 보이고 있다. 2007년 PPP기준으로 GDP규모가 3조 4천3백억 달러에 달하고 있으며, 확대 강화되고 있는 역내 자유무역시장의 추진으로 말미암아 동남아시아의 경제수준은 지속적으로 높아질 것으로 예측된다.

아세안의 도약

현재 아세안은 인구 5억 7천5백만 명에 GDP 약 3조 4천억 달러의 고성장을 보이며 주요한 세계시장으로 떠오르고 있다. 특히 GNP보다 무역액의 비중이 더욱 높아 이들 국가들이 수출 주도정책으로 세계시장에서 새로운 무역국들로 부상하고 있음을 보여주고 있다.

이와 같은 성장을 배경으로 하여 이제 아세안 국가들은 1993년 아세안 자유무역지대(AFTA)라는 경제통합체를 결성하여 공동성장을 모색해오고 있다. 정치 군사적 이유로 1967년 결성된 아세안(ASEAN)이 경제통합체로의 변화를 시도하게 된 것이다.

아세안 자유무역지역은 아직은 EU나 NAFTA만큼 중요성이 높지 않아도 미래의 발전 가능성에 있어서는 세계로부터 주목을 받고 있다. 경제적 활력이 넘치는 동남아 지역의 개발도상국들이 주도적으로 지역경제 통합을 추진한다는 점에서 새로운 '발전의 중심축' 으로 부상하게 된 것이다.

아세안 국가들은 한 걸음 더 나아가 베트남 · 라오스 · 캄보디아 · 미얀마 등 인도차이나 국가들은 아세안으로 끌어들였다. 이들 국가와의 협력을 강화하여 과거의 '전장' 을 '시장' 으로 바꾸고 있다. 과거 공산주의로의 도미노 위협에서 벗어나 자본주의로의 역도미노 바람을 불러일으키면서 아세안은 이제 인도차이나 국가까지 포함하는 새로운 광역 동남아 경제공동체 결성을 꿈꾸고 있다.

최근 아세안 국가들은 이러한 성공을 바탕으로 '하면 된다' 는 의욕으로 가득 차 있다. 1980년대 후반 이후 세계 최고의 성장률을 기록할 정도로 고도 경제성장을 지속하면서 자신들이 가지고 있는 역량에 대해 자신감을 가지기 시작하였다.

특히 각국의 지도자들은 스스로 세일즈맨임을 자처하며 경제적 비전을 제시하고 선두에 서서 이끌고 나가고 있어 아세안 국가들의 활력이 전 국민적인 공감대를 형성하면서 진행되고 있음을 실감케 한다.

경제적 발전을 추구하면서도 지도자들이 솔선해서 검약한 생활을 실천하고 있어 정치적인 발전과 상호 보완되면서 진행되고 있다.

리콴유 전 수상이 앞장서서 이끌어 온 싱가포르는 일찍이 이러한 자각을 하고, 싱가포르 경제뿐만 아니라 아세안 경제 전체의 발전방향을 선도하고 있다. 독립 이후 줄기차게 대외 지향적 공업화를 추구해 오며 아세안 국가들도 세계시장에서 두각을 나타낼 수 있음을 실증해 보이고 있다. 싱가포르는 앞으로 20~30년 후의 싱가포르 경제를 전망하고 이를 달성하기 위한 기본 전략을 담은 '전략경제계획'을 1991년 말 발표하였다.

이 계획은 2020년까지 싱가포르가 선진국의 일원으로 진입하는 것을 목표로 경제적 활력유지, 풍요한 생활 확보, 국민적 일체감 형성, 세계 도시로의 부상 등을 주요 비전으로 제시하고 있다. 1인당 국민소득을 2020년에는 네덜란드를, 2030년에는 미국을 추월하는 것으로 되어 있다. 이러한 목표와 비전을 달성하기 위해 인적 자원 개발, 국제화 지향, 기술혁신, 국민의 팀웍 촉진 등을 전략으로 채택하고 있다.

독자적인 아세안의 발전을 강조하여 주목을 받고 있는 말레이시아의 마하티르M. Mahathir 수상도 1991년부터 향후 30년간에 걸쳐 연평균 7.0%의 성장을 달성하여 2020년에는 말레이시아를 선진국에 진입시킨다는 '비전 2020Wawasan 2020'을 추진하고 있다. 이것은 말레이시아의 경제적인 면뿐만 아니라 사회 정의, 정치안정, 정부체제, 생활의 질, 사회적·정신적 가치의식 등 모든 분야에 걸쳐 말레이시아를 선진사회로 진입시킨다는 비전이다.

말레이시아와 묘한 경쟁관계에 있는 인도네시아 역시 1994년 4월부터 제2차 25개년 장기계획(PJP II)을 추진하고 있는데, 특히 'APEC 2020'은 21세기에 맞추어 장기 비전으로 밀어붙이고 있다. 인도네시아는 이 계획을 통하여 경제적 발전과 번영을 이루면서 새로운 사회분위기를 창조한다는 계획이다. 이를 위해 고도 경제성장을 지속하며 인구증가율을 현재의 1.66%에서 2020년경에는 0.88%로 크게 낮출 것을 목표로 하고 있다.

앞으로 25년 후의 1인당 국민소득은 현재의 배인 2,600달러(1989/90년 가격)로 높아질 것으로 보고 있으며, 그 밖에 교육, 보건 등 사회복지 부문의 확충에도 노력할 계획이다.

필리핀도 마르코스 독재정권하에서 침체되었던 경제가 라모스F. Ramos 대통령 집권 이후로 시장개방과 개혁을 통해 발전되어 왔다. 1997년 외환 위기로 잠시 주춤하던 경제성장율이 2007년 7.3%에 이르는 등 세제개혁, 공기업의 사유화, 인프라의 확충, 민주화의 지속을 통해 선진국으로 도약하기 위한 노력을 경주하고 있다.

90년대 평균 경제성장율 10%를 보이던 태국은 1997년 아시아 외환 위기의 진원지로 외환위기 이후 마이너스 성장율과 고실업율에 시름하였으나, 2000년대에 들어서는 평균 5%이상의 성장세를 거듭하면서 실업율도 낮추고 새로운 재기를 이루고 있다. 브루나이 역시 기존의 오일과 천연가스 생산에 바탕한 경제구조의 토대 위에 노동과 실업문제를 효과적으로 해결하며 금융과 관광산업을 개발하는 등 새로운 국가발전 비전을 향해 나아가고 있다.

떠오르는 시장, 베트남

　베트남은 인도차이나 반도의 동해안에 위치한 나라로 동남아시아의 사회주의 국가이다. 베트남은 미국과의 전투에서 유일하게 승리했고, 사회주의 정권에 의해 통일을 이룬 나라이다.

　1975년에 통일된 베트남은 오랜 전쟁 탓에 경제기반이 무너져 국민들의 가난한 생활이 계속되었다. 1980년대부터 베트남 정부는 새로운 경제정책을 실시하였다. 현재는 빠르게 경제성장을 하고 있지만 빠른 경제성장의 후유증도 같이 겪고 있다.

　2006년 베트남의 GDP는 446억 달러이며 1인당 GDP는 700달러가 되었다. 경제성장에 필수적인 외국인과 민간 부문의 투자도 급증하고 있다. 특히 외국인 직접투자의 경우 지난 2003년 14억 달러에서 2006년엔 75억 달러로 기하급수적으로 늘고 있다. 이렇게 베트남 경제가 채 30년도 안된 사이에 비약적인 발전을 할 수 있었던 것은 1986년에 '도이모이'로 불리는 개혁 개방정책을 추진했기 때문이다.

　1950년대 후반에 계획경제를 도입했던 베트남은 1980년대에 접어들면서 경제 전반에 걸친 생산량 저하와 높은 인플레이션, 무역수지 악화, 대규모 식량부족 사태 등으로 경제가 최악의 상태가 되었다.

　이를 타개하기 위해 도입된 것이 개혁과 개방을 내세워 중앙 계획 경제체제를 시장경제체제로 전환하는 '새롭게 변화한다'는 뜻의 도이모이 정책이었다. 이를 통해 1980년대 후반부터 식량자립이 이뤄졌고, 1990년대에는 해외 자본유치를 통해 연평균 10%에 달하는 경제성장을 이루며 경공업 분야의 제조업 기반을 마련하였다. 이 과정에서 시장경제가 뿌리를 내리게 되었다.

메콩강 개발 주요 프로젝트

분 야	프로젝트수 및 총예산	주요산업
교통 · 도로건설	34개(1백억 달러)	— 호치민시~프놈펜~방콕을 잇는 도로 건설 　(타당성 조사 완료) — 라오스~태국~베트남 동서도로 건설 　(계획수립 단계) — 캄보디아 주요 공항 확장을 위한 계획 　(확정) — 추승 달리 도로확장공사(시행중) — 치앙라이 쿤밍 도로건설계획 제출 　(타당성 검토 중) — 지역교통포럼 개최
에너지 동력자원	12개 (ADB산정 중)	— 라오스 수력발전소 건설프로젝트 시행 (라오스 정부와 태국의 노르딕그룹 합작: 2억7천만 달러 소요) — GMS 통합 에너지 수송시스템 연구 착수 　(일본 정부 지원) — 미얀마~태국 가스 수송관 프로젝트 — 중국 운남성 수력발전사업 　(태국에 대한 송전시설 포함) — 기존 전력시스템에 대한 연계사업 　(고속 송배전시스템 포함)
통신	18개 (1억 8천만 달러)	— 태국~라오스~베트남 광섬유 케이블 연 결 — 캄보디아~베트남 광섬유케이블 연결 — 태국~캄보디아 광섬유케이블 연결 — 미얀마~태국 광섬유케이블 연결 — 미얀마~캄보디아 광섬유케이블 연결 — 태국~미얀마~중국 운남성 광섬유케이블 연결
인력개발	11개 (ADB산정 중)	— 이동통신사업개발 연구 착수 — 네트워크 운영 지원시스템 연구 착수 — 노동 및 고용에 관한 지역연구 　(연구 추진 중) — UNDP 후원으로 HIV · AIDS퇴치운동　전개
관광	5개 (ADB산정 중)	— 격지 간 교육시스템 개발 — 시장경제 전환 지원교육 프로그램 개발 — 메콩강 관광계획에 대한 연구 진행중 　(ESCAP에서 담당) — 관광자원 보호 및 관광안내에 대한 훈련 프로젝트(준비 중) — 관광 실무그룹(Working Group)회의 개최 　(1995 년 4월 방콕)

| 환경 및
산림자원 | 11개
(ADB산정 중) | – 환경감시 및 정보시스템 프로젝트
　(ADB 지원하에 진행 중)
– 환경관련 훈련 및 조직 강화 프로젝트 (ADB이사
　회 지원 승인)
– 산림자원 관리 프로젝트
　(ADB 지원하에 타당성 조사 중) |
| 교역 및
투자 | 8개
(ADB산정 중) | – 투자환경 개선사항
– 투자실무그룹 회의 개최(1995년 12월)
– 기술표준 통일 및 개선사항 |

베트남의 생산품은 1차 산업으로 통해 얻어진 생산물이다. 특히 쌀은 중국과 미국에 이어 3대 생산국이다. 그 외에 커피와 차를 생산하고 있다. 최근에는 중국과 서방 세계와의 합작으로 이루어진 석유개발을 통해 산유국이 되었다.

1990년대 말의 동남아시아 외환위기는 해외자본 유치의 필요성을 인식시키며 베트남의 경제 개방 일정을 앞당기는 계기로 작용하기도 했다.

무엇보다 베트남의 대외관계 변화는 1995년 8월 아세안에 가입하면서부터 인도차이나 경제의 진출 교두보로 베트남이 각광받기 시작한 것이다.

또한 베트남은 1996년에 유럽연합과 무역협정을 체결하고 2001년에는 미국과의 무역협정이 발표됨으로써 20년 이상 지속된 국제사회의 경제봉쇄에서 완전히 벗어났다. 이를 계기로 2002년부터 베트남의 대미 수출이 폭발적으로 늘어났고, 이제 미국은 베트남의 최대 수출시장이 되었다.

베트남이 향후 10여 년 동안 8% 안팎의 높은 경제성장률을 지속할 수 있을 것으로 보고 있다. 이는 WTO 가입으로 베트남 경제성장의 원동력인 외국인 투자가 급격히 늘어나는 것과 베트남 국내 내수시장의 급성장이 꼽히고 있다. 특히 국민의 63% 이상이 30살 이하의 젊은이들로써, 이들은 앞으로 왕성한 소비주체가 될 것으로 보인다. 또한 1인당 국민소득이 꾸준히 증가하면서 소비 여력이 확대될 것이라는 전망도 내수시장 확대 요인으로 거론되고 있다.

세 번째로는 양질의 노동력을 들 수 있다. 베트남의 문맹률은 2% 미만으로 인적 자원의 질이 우수한 반면에 임금 수준은 상대적으로 낮은 점이 외국인 투자 유치에 매력으로 꼽히고 있다. 이 밖에 세계 기업들이 중국에 대한 의존도를 줄이기 위한 움직임을 보이고 있는 가운데, 베트남이 중국의 대체시장을 주목 받고 있는 점도 지속적인 고도성장을 전망하는 한 요인으로 꼽히고 있다.

문을 연 미얀마 경제

〈아웅산 폭파 사고〉로 우리에게 기억되는 미얀마는 50년대까지만 해도 아시아에서 가장 잘 사는 나라 중의 하나였으나, 미얀마식 사회주의 노선의 고수와 잦은 정변에 의해 지금은 1인당 GDP가 235달러에 불과한 최빈국으로 전락했다. 그러나 미얀마는 성장 잠재력과 개발 수요가 매우 커서 주변 국가들로부터 '기회의 나라' 또는 '아시아의 마지막 투자 지역' 으로 각광을 받고 있다.

1990년대에 들어서 군사정부는 경제난 타개와 국제적인 고립을 탈피하기 위해 적극적인 경제 개방정책을 실시하였다.

신군부는 새로운 경제계획을 수립하여 경제 부흥 정책을 시행하고 은행제도 개선, FEC의 불법 환전 방지와 외국기업의 경제활동 편의를 도모하기 위하여 FEC의 전국 확대 시행하였다. 또한 관광산업육성을 위하여 관광청을 신설하고 1996년을 미얀마 방문의 해로 정하여 유적지 복원 등 관광 인프라 구축에도 주력하였다. 이와 같이 부분적인 개방과 해외 자본 유치 등 시장경제를 일부 도입하면서 1992년 부터 1995년까지 년 평균 약 7%의 높은 경제 성장률을 지속하였다.

그러나 생필수품의 부족과 년 30%를 육박하는 인플레가 발목을 잡았고 만성적인 재정 적자와 낮은 저축률, 사회 간접 자본과 인국영기업의 비효율성 등이 미얀마 경제를 안정 궤도로 진입하는데 큰 장애로 대두되었다.

미얀마 군사정부는 반군과의 평화협정, 아시아국 과들과의 외교관계 개선 등으로 정치적으로 안정되었음을 표방하기 위하여 정부기구를 국가평화발전위원회(SPDC)로 개칭하고 정치적, 경제적으로 국제 신인도를 회복하려 시도하였다. 그러나 미국은 1991년의 대 미얀마 경제제재 조치에 이어 1997년 더 강화하였으며 유럽연합까지 이에 가담하였다.

1997년 아세안 가입 이후 계속적인 경제 개발 정책을 추진하고 있으나, 오랜 사회주의의 폐습, 서방의 경제제재 조치, 군사정부의 경제통제, 왜곡된 금융물가정책, 제도 및 법령정비의 미비 등에 따라 경제개혁의 성과 또한 미비한 실정이다. 특히, 2007년 후반에 발생한 미얀마 승려와 시민들의 민주화시위가 군부에 의해 유혈 진압된 이후 국내, 외적으로 반발을 일으키며 미얀마 정치, 경제에 부정적인 영향을 미치고 있다. EU와 미국을 비롯한 여러 국가들이 더욱 강화된 경제제재를 가하고 있는 실정이다.

그러나 미얀마경제의 미래는 장기적인 가능성으로 볼 때는 국토의 효율적인 관리, 풍부한 자원의 개발, 우수한 인력육성 등을 통한 잠재력은 상당히 좋은 조건을 구비하고 있다. 미얀마경제의 일부를 들여다보면 이런 잠재력이 발휘될 가능성을 발견할 수 있다.

가령, 미얀마에서 가장 성공한 골드 스타(MGS)사의 테인 톤 사장은

'처음부터 사회주의는 믿지 않았다' 고 자신 있게 말하고 있다. 이 회사는 1990년 설립한 미국 펩시 인터내셔널사와의 합작기업을 시작으로 빌딩과 광산을 인수, MGS 산하에 10개의 유력기업을 갖고 있다. 또 국영기업 3사의 경영에도 참여하고 은행도 하나 보유하고 있다.

5년 만에 대규모 복합기업을 구축한 비결에 대해 사장은 '첫째는 마케팅, 둘째는 물론, 셋째는 시장점유율의 확보' 라고 강조하고 있다.

이처럼 미얀마에서는 가격 통제의 철폐 및 민간부문의 진흥이라는 경제자유화 정책이 만들어낸 비즈니스 기회를 잡기 위해 많은 사람이 기업가로 변신하고 있다. 일본 기업과 제휴해서 미용실을 연 젊은 여성, 외국 의상실의 체인점을 개업한 화교 청년, 동남아 국가나 일본ㆍ미국에 수출하기 위해 가구업체를 설립한 전 국영기업 간부 등 사업 규모는 작지만 의욕을 보이는 경영자가 눈에 띄고 있다.

물론 아직 풀어야 할 과제도 많이 남아 있다. 가장 문제시되는 전력 부족이나 항만ㆍ공항 등 인프라의 부족은 경제건설의 최대 애로사항이다. 정부는 도로의 확장 등에 노력하고 있지만 농업 기반을 우선 정비해야 하기 때문에 진척되는 속도가 매우 느리다. 마약산업에 대한 의존도가 높고 사회부패지수가 높은 것도 큰 문제이다.

인권문제를 이유로 미국이 주도하는 경제적 제재도 계속되고 있기 때문에 다른 아시아 국가처럼 국제기관의 융자나 외국으로부터의 정부개발 원조를 받을 수 없다는 점도 큰 고민거리이다. 그런 가운데 일본 주도의 경제적인 혜택을 미얀마는 바라고 있다.

그럼에도 불구하고, 미얀마 경제의 매력은 개발 초기단계에서 오는 다양한 사업 기회의 창출인데, 특히 수출 상품의 다양화와 고급화를 통한 외화 획득정책을 추구하고 있어 제조업 분야의 개발 가능성이 매우 커지고 있다. 지리적으로도 거대 수요 시장인 중국ㆍ베트남

ㆍ태국ㆍ인도등과 국경을 접하고 있어, 중국대륙과 인도차이나 반도 시장 진출의 교두보로 활용할 수 있다.

동남아시아에서 5번째로 많은 인구 보유도 장점이며, 법률ㆍ회계제도도 잘 정비되어 있다. 영연방의 경험으로 회사법, 특별회계법, 외국환 관리법 등 비교적 경제 기본법 및 제도가 충실한 편이다. 인적 자원은 주변국에 비해 상대적으로 우수한 반면 임금은 오히려 낮다. 외국인들을 아무 제약 없이 직접 고용할 수 있으며 외국 투자 절차도 비교적 간편한 편이어서 투자위원회를 통해 신청하면 대개 2~3개월 내에 허가가 나온다. 이외에도 미얀마는 원유ㆍ천연가스ㆍ동ㆍ아연ㆍ주석 및 텅스텐 등의 광물 자원과 금ㆍ비취와 같은 보석이 풍부한 나라이다.

미얀마의 건설업은 1990년대 초반 주택, 산업단지, 인프라, 호텔 및 오피스 빌딩 건설 등 급속히 발전했다. 그러나 90년대 중반 이후 외국인 투자가 감소하고 관광객이 줄어들면서 미얀마 건설업은 침체된 상태이다.

1994년엔 새로운 광산법이 제정되면서 외국 업체의 광물자원개발 사업이 허용되었다. 구리광산은 캐나다와 합작으로 개발 생산하고 있으며, 추후 아시아 지역 최대 구리 생산기지가 된다는 전망이다. 루비와 옥 생산은 미얀마의 주 외화 가득원이다.

또한 천연가스는 Yetagon 천연가스전 개발로 2001년부터 미얀마 최대 수출 품목으로 등장했으며, 향후에도 지속적인 외화 가득원이 될 것으로 보인다. 프랑스, 미국, 태국, 말레이시아, 영국, 일본 등이 개발 사업에 참여하고 있으며, 우리나라도 대우인터내셔날이 인도와 함께 2003년 대규모 천연가스전(A-1) 발굴에 성공하였다.

2007년 현재 미얀마에 진출해 있는 한국 기업은 52개로서 대부분

의류, 봉제업 분야이다. 이는 그간 일본이 대규모 에너지 화학 산업은
물론 종합상사, 농산물, 호텔사업에까지 미얀마를 공략하고 있는 점
과 비교할 때에 매우 미미한 수준으로 보여지며, 장차 미얀마의 정치,
사회, 경제의 상황을 주시하면서 신중하면서도 적극적인 한국기업의
진출이 모색되어져야 하겠다.

미얀마 투자환경

투자가능 분야	농 · 축 · 수산업, 임업, 광업, 제조업(식품가공, 피혁제품, 철강, 제지 · 펄프 등), 건설, 호텔, 관광업
투자 형태	특별한 규제 없음, 1백%외자 가능
세제 우대조치	① 3년간 소득세 면제 ② 이윤을 1년 내 재투자시 이윤에 대한 소득세 면제 ③ 생산제품 수출시 소득세 50% 감면 ④ 외국인 고용자도 미얀마 시민과 같은 소득세 적용 ⑤ 연구개발비의 과세소득 공제
자금조달	외국은행 지점 개설을 인정하지 않음 동산, 부동산을 담보로 현지 금융기관에서 대출 가능
산업용 SOC	① 전기: 양곤 시내에는 전력공급이 안정돼 있음 ② 수도: 지하수를 이용하는 공장이 많음 ① 단순근로자: 월20~30달러
인건비	② 숙련공: 1백 달러 내외 ③ 중간관리자: 2백~3백 달러

*자료: 일본 해외투융자 정보재단

3751
Markovo
2850
1741
cow
1745
2182
Novosibirsk
Khabarovsk
913
1390
Tokyo
1097
3638
Shanghai
1866
1150
2117
Hong
Kong
1648
693
1027
Calcutta
3191
Manila
Bombay
2430
1487
1734
Singapore
3235
557
4526
Djakarta
1872
Perth
5164

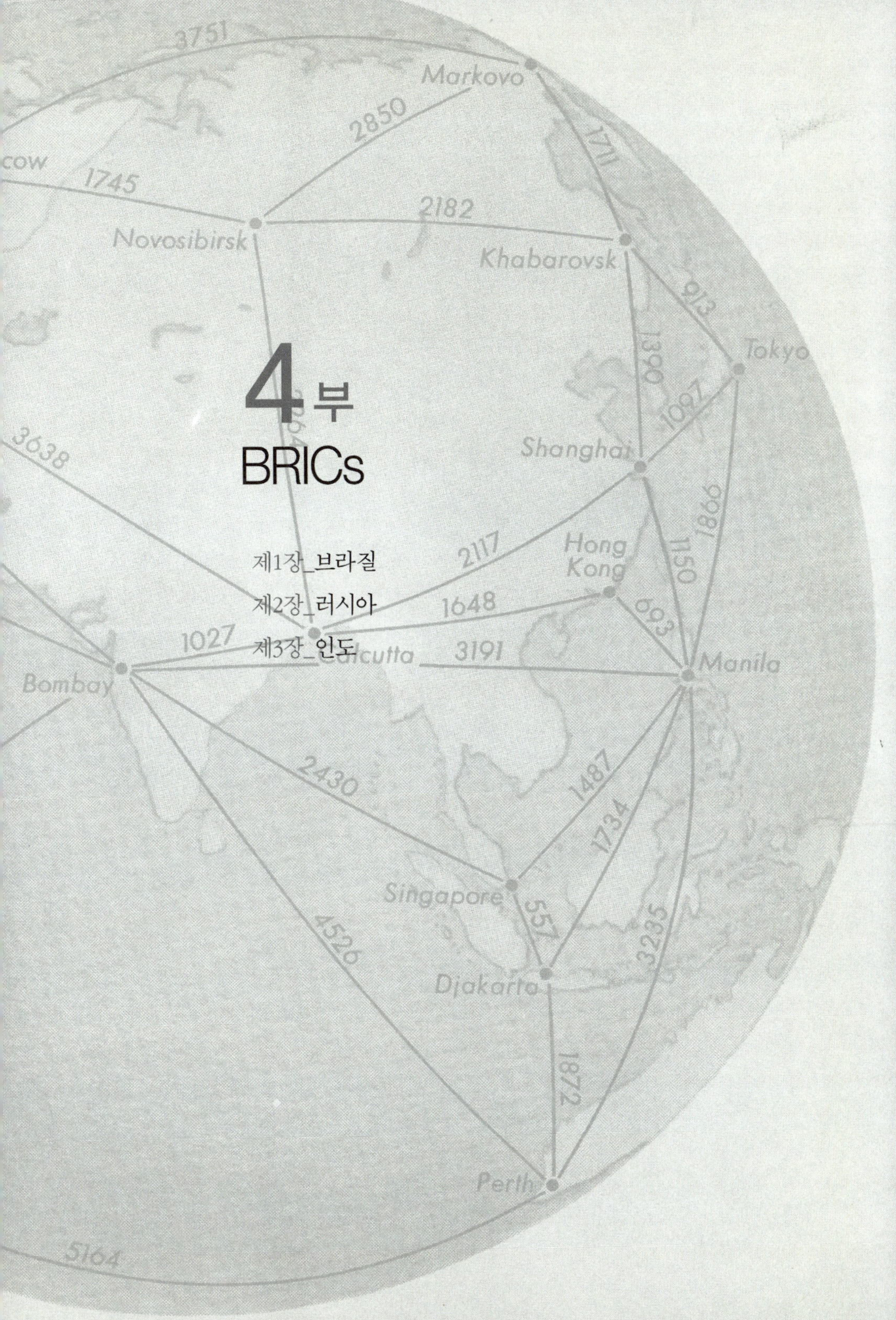

4부

BRICs

2003년 세계적인 투자자문회사사인 골드만삭스Goldman Sachs의
〈Dreaming With BRICs〉 보고서가 발표된 후 21세기의 대표적인 경
제 트렌드로 부각되고 있다.

BRICs란 브라질Brazil, 러시아Russia, 인도India, 중국China의 첫 영문글
자를 따서 만들어진 신조어이다.

21세기 세계경제 변화의 특징은 '다극화시대'가 될 것으로 추정되
면서 미국과 EU, 그리고 동북아시아 경제권이 세계경제의 3대 축을
형성해 나갈 것으로 예측되고 있다. 특히 브릭스 지역이 21세기의 새
로운 세계경제 성장축으로 발돋움할 것이라 전망되고 있다. 또한 중
국과 인도의 경제교류가 증대하면서 이 두 나라를 합한 '친디아Chinda
+India의 경제성장 활력이 급부상하고 있다.

제1장
브라질

　브릭스의 대표주자인 브라질은 중남미 최대 경제대국으로 자리매김하였다. 브라질은 국내총생산 기준으로 세계 10위권에 포함되는 경제대국이다. 2005년 기준으로 총 GDP는 7,960억 달러, 일인당 GDP는 4,321달러를 기록하였다. 그러나 이러한 경제적 지표는 브라질이 갖고 있는 잠재력에 비하면 결코 만족할 만한 수준이 아니다.

　브라질은 남미 대륙의 47%를 차지하며 러시아·캐나다·중국·미국에 이어 세계 제5위에 이를 만큼 광활한 국토 면적을 자랑한다. 북부에는 세계 최대의 수량인 6,300km의 아마존강이 흐르며 강 유역에는 전국토의 45%에 해당하는 광대한 저지대가 펼쳐져 있다. 또한 1억 8천400만 명을 헤아리는 인구, 풍부한 농·축산물과 지하자원, 천혜의 자연관광 자원 등 많은 가능성의 조건을 지닌 대국이다.

　1960년대 말에서 1970년대 초 '브라질의 기적' 으로 일컬어지며 연간 10~12%라는 고도의 경제성장을 기록하기도 했지만, 1970년대 말 제2차 석유 파동 이후 브라질의 경제상황은 1980년대 외채 위기와 관련되어 어려움을 겪었다.

그 와중에 1998년 중반 러시아와 아시아 외환위기 여파로 인하여 커다란 시련에 빠지게 되었다. 이에 IMF는 1998년 11월 금융위기가 남미까지 확산되는 것을 막기 위해 브라질에 대한 415억 달러의 구제금융지원을 승인하였다. 1999년 초 브라질 정부와 IMF는 연간 물가상승률을 10% 이하로 억제하고 재정적자 규모를 축소하며 통화·금융·재정 전반에 걸쳐 구조 개혁정책을 실시한다고 합의하였다.

이러한 구조조정 프로그램은 실용좌파 정부의 개혁정책과 맞물려 일부 성과를 보이기도 했으나, 반복되는 경기의 악순환으로 인해 브라질 경제는 계층간 및 지역간 소득불균형 현상과 극심한 성장 불균형 현상을 겪었다.

그러나 2003년 룰라 대통령 취임 후 브라질 경제는 상승가도를 달리고 있다. 이렇게 브라질이 경제 강국으로 부상할 수 있었던 최대 요인은 룰라 다 실바대통령의 실용주의적인 좌파실험 때문이다. 취임 첫 해 마이너스 0.2%였던 성장률은 2007년 4%를 넘었다. 미국 JP모건에 따르면 지난 5년간 브라질 채권 수익률(191%)은 에콰도르에 이어 세계 2위이다.

노동운동가 출신인 그는 우선 공공부문과 민간부문 간의 연금수급 불균형 해소를 위한 사회보장제도의 개혁, 세제의 개혁, 토지분배의 불균형 해소를 위한 농지개혁 등 새로운 경제구조개혁 정책을 제시하였다. 또한 경제 규제를 대폭 풀면서 외국자본에 우호적인 환경을 조성하며 시장친화주의 정책을 펼쳤다.

이로 인해 1980년대 썰물처럼 빠져나갔던 외국인 투자자들이 돌아오고 주식과 채권시장에 외국인 자본이 몰려들면서 인기 투자처로 급부상했다. 이렇듯 변동환율제, 물가목표제, 긴축재정 등 거시경제 정책의 3대 축을 기반으로 한 시장 친화적 경제정책에 힘입어 브라질

경제의 전반적인 기초여건은 크게 개선되었고 대내외 신인도도 크게 향상되었다.

1990년대 이후 브라질의 무역수지貿易收支는 지속적인 적자를 보여 왔는데, 다양한 구조조정 프로그램의 시행 결과 2006년 기준으로 461억 달러의 무역수지 흑자를 기록하였다. 이는 경상수지에도 영향을 미쳐 2005년 기준으로 142억 달러의 흑자를 기록하였다. 또한 3년(2003~2005) 동안 20%가 넘는 높은 수출 증가율을 보여주었다.

그러나 2003년 룰라정부가 들어서면서 경제안정을 이루었지만 소득불평등, 고금리 및 높은 세제 부담에 따른 기업의 투자 의욕 저하, 지나친 사회분야 투자 확대에 따른 공공인프라부문에 대한 투자 부진 등의 요인으로 저성장에 머물렀다.

이에 2007년 출범한 룰라 2기 정부는 성장촉진계획(PAC)을 발표했다. PAC는 경제성장 촉진, 고용 확대, 브라질 국민의 삶의 질 개선 등 3대 목표 달성을 위해 ① 인프라 투자 확대 ② 공공대출 확대 ③ 투자환경 개선 ④ 세금 감면과 세제 개선 ⑤ 장기 재정정책 등 5개 분야로 구성되었다. 룰라정부는 PAC를 통해 궁극적으로 2008년부터 5% 경제성장을 달성한다는 목표를 세웠다.

최근 수년간 괄목할 만한 성장을 이어온 브라질은 2008년 성장률이 4.5%를 넘을 것으로 예상되고 있다. 전문가들은 브라질 경제가 최소 3~4년간은 4~5%의 실질 성장을 이룰 것으로 전망한다.

특히 무역흑자가 쌓이면서 2008년 1월 외채(1840억 달러)를 추월하여 외환보유액이 1885억 달러로 브라질의 역사상 처음으로 순채권국이 되었다.

농업

브라질에서 농업은 제조업과 서비스업의 성장으로 경제적 비중이 점점 약화되고 있지만 노동 총인구의 40%가 농업에 종사하고 있고, 수출의 41%를 차지함으로써 농업국으로서의 면모를 갖추고 있다. 2002년에 각종 농업육성 정책이 도입됨에 따라 주요 수출 품목의 생산이 큰 폭으로 증가하였다.

생산량을 보면 원당, 오렌지, 커피 등이 세계 1위, 대두와 쇠고기 생산은 세계 2위, 닭고기, 담배, 옥수수 생산은 세계 3위를 차지하고 있다. 또한 수출량에서는 커피, 오렌지, 원당, 대두, 커피, 쇠고기, 닭고기 등이 세계 1위를 지키고 있다.

천연자원

또한 천연자원이 풍부하여 광업 · 임업도 성하다. 브라질 전 국토의 60%인 510만㎢ 가량이 정글 및 산림지역이라 풍부한 임산자원을 보유하고 있고, 이는 세계 산림면적의 10%에 해당된다. 또한 풍부한 수산자원과 30종에 이르는 광산자원을 보유하고 있다.

현재 브라질의 천연자원 생산량 및 매장량은 세계적인 수준이다. 광업 부문에 생산 및 투자 확대가 이루어져 1998년까지 1% 미만이었던 광업의 비중이 2005년에는 11%에 이르는 GDP 성장률을 기록하였다. 세계 1위 니오븀, 2위 철광석, 탄탈석, 알루미늄, 3위 망간, 흑연, 마그네사이트 등 생산면에서 브라질은 세계 5위권 안에 자리해 있다. 특히 철광석은 브라질 최대의 광물 수출품으로 그 비중은 총 수출의 11.7%(2004년)를 차지하고 있다.

에너지원

브라질은 2006년부터 석유를 자급자족하고 있다.

정부의 유전 개발 정책에 따라 석유 매장량은 엄청난 증가율을 보이고 있다. 1998년 42억 배럴, 2003년 130억 배럴, 144억 배럴인 2007년 기준으로 세계 17위 수준이다. 최근(2007년) 브라질 국영 에너지 회사인 페트로브라스는 상파울루즈 대서양 연안의 산토스만에서 50억~80억 배럴의 추정 매장량을 가진 대규모 유전이 발견됐다고 발표했다. 이 유전의 발견으로 브라질 석유 매장량은 200억 배럴을 넘을 것으로 예상된다. 현재 유가를 기준으로 계산하면 250억~600억 달러의 가치를 갖고 있다. 이밖에도 개발 중인 6~8개의 대형 광구에서 추가로 유전이 발견될 경우 석유 매장량을 최대 700억~1천억 배럴 수준까지 늘릴 수 있을 것으로 전망된다. 그렇게 되면 브라질은 곧바로 산유국 세계 톱10에 진입하게 된다. 이를 바탕으로 룰라는 브라질의 석유수출국기구(OPEC) 연내 가입을 추진하고 있다. 세계에서 16위, 중남미 지역에서는 베네수엘라와 멕시코에 이어 3번째이다.

이러한 매장량의 증가로 인해 2005년 기준으로 연간 6억 배럴을 생산하고 있으며, 세계 15대 석유생산국으로 발전하였다. 또한 앞으로 산업생산의 다양화, 민간부문의 소비가 증대될 경우 중요한 에너지원이 될 다량의 천연가스층도 함께 발견되고 있다.

브라질은 현재 전 세계 바이오 에너지 분야를 주도해 나가고 있다. 풍부한 농산물 자원을 이용한 에탄올과 바이오 디젤 등 바이오 에너지 개발 분야에서 미국 및 유럽연합(EU)을 앞서는 경쟁력을 갖추고 있다. 또한 경제성장을 바탕으로 석유자원을 지키기 위한 에너지 안보 차원에서 핵에너지 개발 및 핵 잠수함을 2016년까지 만들 계획을 보이고 있다.

제조업

브라질의 국내 총생산의 38%(2006년)를 차지하는 제조업은 라틴아메리카 제일의 성장률을 보이고 있다. 브라질의 자동차 산업은 철강 산업에 이어 두 번째로 비중이 큰 산업이고, 가장 많은 해외 직접투자를 유치하고 있으며, 중요한 수출 품목이다. 제너럴모터스, 포드, 도요타와 같은 거대 자동차 기업을 유치하고, 메르코수르를 통한 자동차 생산의 효율성을 증진시킴으로써 브라질은 현재 라틴아메리카 최대의 자동차 생산국이 되었다.

2004년을 기준으로 전체 수출에서 1차 상품이 차지하는 비중은 30%에 불과했고, 반제품과 제조품의 비중은 각각 14%와 55%에 달했다. 주요 수출품은 철광 및 정광, 대두, 승용차, 석유, 사탕수수당이며, 주요 수출상대국은 미국(19.2%), 아르헨티나(8.4%), 중국(5.8%)이다. 주요 수입품은 석유류, 전기 및 자동차 부품, 의약품 등이며, 주요 수입상대국은 미국(17.5%), 아르헨티나(8.5%), 독일(8.4%), 중국(7.3%)이다.

항공 산업

브라질은 항공 산업 분야에서 세계 4대 항공기 제조국으로 발돋움했다. 현재 30~120인승 중소형 항공기 제작 분야에서 세계적인 경쟁력을 갖고 있다. 항공기는 브라질의 최대 수출품의 하나로 지금까지 약 3,900대가 판매되어 세계 65개국에서 사용되고 있다.

브라질의 항공산업은 국영항공사인 엠브라엘를 중심으로 이루어지고 있는데, 제 2대 수출업체의 위치를 점유하고 있다. 운수·통신 기관은 다른 라틴아메리카 여러 나라에 비하면 절대량에서는 앞서 있지만, 광대한 국토를 연결하기에는 결코 충분하지 못하다.

전체 교통수단에서 철도가 차지하는 비율은 낮다. 해운(海運)은 비교적 잘 발달되어 있고, 항공은 라틴아메리카 제일을 자랑한다. 리우데자네이루와 상파울루 사이에는 에어버스가 운행되며 그것을 중심으로 하여 방사선 모양으로 항공로가 개설되어 있고, 6개의 국제공항을 통해서 북미 및 유럽의 주요도시와 연결된다.

브라질의 IT 첨단국가로 국제경쟁력 면에서 세계 18위로 급부상하고 있다.

연구기관인 IDC는 브라질 IT 시장이 2003년 93억 달러, 2004년부터는 연평균 6.5% 성장해 2008년에는 127억 달러에 이를 것으로 전망했다.

브라질은 통신시장의 민영화 및 시장개방 등을 통해 통신시장의 선진화를 이룩하고 있다.

러시아는 면적이 1708만km²로 미국이나 중국의 2배이며, 인구 1억 5천만 명으로 중국 · 인도 · 미국 · 브라질 · 인도네시아의 뒤를 이어 세계 6위이다. 이를 바탕으로 21C 거대한 제국으로 거듭 태어나고 있다.

세계 최대 핵 보유, 첨단 우주항공 기술, 철강산업, 광활한 영토, 풍부한 천연자원, 우수한 인적 자원, 문화산업기반 등을 지닌 러시아는 G8에 입성한 후 새로운 강국으로 부각되고 있다.

1917년 러시아 10월 혁명이 발발하자마자 러시아 공화국이 수립되었으며, 1922년 12월 소련에 속한 연방공화국이 되었다. 1991년 12월 소련이 해체되자 소련을 구성했던 다른 공화국들과 연합하여 독립국가연합(CIS)을 수립했다.

세계 공산주의 사회를 이끌었던 구소비에트 연방공화국이 고르바초프 대통령을 끝으로 '사회주의종언' 을 선언하면서 옐친, 푸틴, 메드베데프 시대로 연결되는 새 시대를 열었다. 그 과정에서 과도기적 정책혼란과 경제적 침체기를 겪었지만, 이제 러시아는 철의 장막이 아닌 글로벌 세계 속에서 풍부한 석유자원을 이용한 국가 발전전략이 서서히 그 위용을 드러내고 있다.

2000년 이후 러시아는 정치적 안정과 고유가를 바탕으로 급속한 경제성장을 거듭하며 2003년부터 본격적인 상승 국면에 접어들었다.

러시아의 WTO 연내 가입

러시아는 수십 년에 걸쳐 독립국가연합(CIS)에 속한 국가들과 연대하여 중앙집권식 계획경제 체제를 1980년대 말까지 실시하면서, 서방국가 등 선진 국가와의 통상협력은 상대적으로 등한시하였다. 그러나 동유럽의 탈소련화와 구소련국가들간의 경제협력 와해로 러시아는 국제경제에 편입하려는 노력을 하기 시작하였다.

1991년 10월 의회에서 옐친 대통령이 시장개혁 노선을 선포하고, 경제개혁과 거시경제의 안정을 지향할 것임을 천명하였다. 그러나 외환 자유화, 무역자유화, 가격 자유화, 상거래 자유화 등 일련의 자유화 조치와 재산의 사유화 정책을 한꺼번에 실시한 급격한 시장경제로의 전환 경제는 러시아 경제에 큰 타격을 주었다. 이러한 경제적 혼란은 기업 민영화 과정에서 발생한 '빈익빈 부익부' 현상, 광산 · 철도 노동자들의 파업사태 등 사회적 혼란으로 번져갔다. 이러한 혼란은 1996년까지 지속되어 실질 경제성장률은 마이너스를 기록하였고, 살인적인 인플레이션이 발생하였다.

그러나 혼란을 거듭했던 러시아경제는 푸틴 대통령의 강력한 리더십과 국제 유가상승에 힘입어 1999년 5%의 성장을 시작으로 2000~05년 연평균 6.8%의 비교적 높은 경제성장률을 보여주었으며, 2007년에도 전년도에 비해 8.1%의 GDP 성장률을 기록하였다. 이러한 성과는 지속적인 국제유가 상승에 의한 무역증대와 소매·음식·통신·물류·자동차 등 서비스 부문의 성장에 힘입은 바 크다고 볼 수 있다.

2007년 고유가가 지속되는 가운데 기후의 온난화로 건설부문 경기가 활황을 보이고 민간소비도 호조를 보임에 따라 GDP성장률이 7.9%에 달하는 등 높은 성장세를 나타냈다.

(단위 : %, 억 루블)

구분 (전년동기 대비)	2003	2004	2005	2006	2007	2008.1~4
GDP 성장률	7.3	7.1	6.4	7.4	8.1	8.3
GDP	132,852	167,788	216,650	267,811	329,874	120,380[주]
산업생산 성장률	-	8.3	4.0	6.3	6.3	6.9

주) 잠정치, 자료출처: 통계청, Economic Expert Group

전체 수출의 60% 이상이 에너지자원 수출로 구성된 러시아는 국제유가의 상승으로 급속한 경제성장을 이루고 있으며, 2007년에는 PPP 기준으로 국내 총생산이 2조 달러를 넘어서 세계 7위의 경제대국으로 자리 잡고 있다.

러시아는 WTO 가입을 위한 가장 큰 걸림돌이었던 미국의 동의를 2006년 11월 19일에 이끌어냄으로써, 2008년 또는 늦어도 2009년까지는 WTO 가입을 바라보게 됐다.

풍부한 에너지 자원과 함께 소득이 급증하고 있는 거대한 소비시장을 지닌 러시아의 WTO 가입은 2001년 중국 이래 첫 대국의 가입으로서 세계경제의 시장 확대를 도모하게 될 것이다.

러시아의 천연자원

러시아는 세계 에너지원의 주된 공급원 역할을 하며 석유·가스 등 에너지자원의 수출을 중심으로 경제가 급속도로 성장할 만큼 에너지산업의 비중이 매우 크다. 또한, 광대한 국토와 풍부한 자원, 우수한 인적 자원, 철강 산업, 항공우주산업 등으로 전망 있는 신흥시장으로 급부상하고 있다.

러시아정부는 1990년대 초반에 체결된 생산물분배조약(PSA)으로 인해 개발 및 소유권이 해외 석유 메이저에 귀속되어 있는 개발자산에 러시아 국영기업이 참여할 수 있도록 해외 석유 메이저들을 압박하고 있다. 이는 국내 주요 에너지 자산에 대해 외국기업의 투자를 제한하고 자국 국영기업의 영향력을 확대하는 자원민족주의의 성향을 보이고 있는 것이다.

러시아의 가스 매장량과 생산량은 세계 1위를 차지하고 있다. 러시아 천연가스 독점기업 가즈프롬이 CIS 국가로의 천연가스 공급가격을 유럽공급가격 수준까지 인상하기로 하면서 러시아와 CIS 국가간 갈등이 심화되었는데, 러시아의 CIS 공급 가스가격 인상은 경제적인 논리와 정치적인 논리가 복합적으로 작용하여 나타난 결과이다. 구소련 시절 러시아와 CIS 국가들의 경제는 상호 유기적으로 연결되어 있었으나, 구소련 붕괴 이후 그 연결고리가 끊어지면서 CIS 국가들은 정치적으로는 독립하였지만, 경제적으로는 러시아에 종속되어 있는 상태를 유지해왔다. 특히 국가 에너지의 대부분을 천연가스에 의존하기 때문에 자국 수요의 대부분을 러시아에 의존해왔다.

가스 공급가 인상은 러시아로서는 국제시장 가격과 일치시키기 위한 정당한 경제적 논리이나, CIS 국가로서는 막대한 경제적 손실을 감수해야 하기 때문에 CIS 국가들과의 갈등은 당분간 지속될 전망이다.

러시아 경제의 강점과 약점

강점	약점
• 광대한 국토와 풍부한 자원 -세계1위의 국토면적 -각종 자원 보유 세계1위 • 우수한 인적 자원 -고등교육 이수비율 68%로 BRCIs 중 최고 -고급의 과학기술 인력 보유 • 항공우주산업, 철강산업	• 석유, 가스 등 에너지산업 의존도 과다 -2003년 총수출의 55%가 석유류 • 극심한 관료주의와 부패 • 정부 규제 과다 등 사회주의 유산 상존 • 비즈니스 환경의 국제수준과 의 격차

* 자료: 조우개(2006), 〈한국기업의 대 BRICs 투자현황에 관한 연구〉 재인용

러시아의 주요 성장 전략

러시아 거시경제의 두 가지 문제점으로 에너지 수출 중심 경제구조로 인해 발생하는 실질환율 절상과 인플레이션 압력 강화가 지적되고 있다.

러시아 경제는 석유 및 천연가스 등 에너지 부문이 GDP의 30%를 상회하고 수출 비중도 2006년엔 66.2%에 달하는 등 에너지 자원 의존도가 높아 국제 에너지 가격 급변 등 대외 충격에 취약하다. 러시아의 2005년 재정수지는 GDP 대비 7.7% 흑자를 기록하였으나, 에너지 부문 재정수입을 제외하면 오히려 -1.5% 적자였다. 인플레이션은 2005년 12.7%, 2006년 9~10%를 기록하며 10% 내외의 높은 수준을 보이고 있다. 이처럼 인플레이션이 높은 원인은 에너지 부문을 중심으로 높아진 임금이 생산성 증가를 초과하는 수준으로 산업 전반의 임금과 실질소득의 상승을 유도하고 있으며, 오일머니가 대량 유입되고 경상수지가 지속적인 흑자를 기록함에 따라 통화량이 증가하기 때문이다.

최근 오일머니의 대량 유입으로 1998년 외환위기 직후 절하되었던

루블화의 실질환율은 높은 절상 추이를 보이고 있다. 이로 인해 제조업의 국제경쟁력이 약화되고 수입의 내수 탄력성이 상승하는 네덜란드병Dutch Disease에 대한 우려를 제기하고 있다.

이에 따라 러시아 정부는 에너지 부문에서 촉발된 경제 활성화를 여타부문으로 확산시키기 위해 석유 수출소득의 일부를 안정화기금으로 적립하는 등 긴축재정 기조를 유지하고 있다. 러시아정부는 안정화기금으로 정부지출을 늘리는 대신, IMF 채무의 일부 및 파리클럽 채무의 전액을 상환하였고, 산업다각화 지원 및 해외 유망자산 투자를 위한 재원으로 사용하고 있다.

또한 지역 균형 개발, 인프라 투자 및 IT 산업을 비롯한 첨단산업을 육성하여 에너지 수출중심의 산업구조를 탈피하고, 산업다각화를 이루기 위해 노력하고 있다. 러시아정부는 IT 산업의 GDP 비중을 2005년 1.5%에서 2010년 5%로 늘리기 위해 2010년까지 10억 달러를 투자할 계획이다. 또한 투자유치를 위해 신경제특구(SEZ)를 지정하고, 투자기업들에게 다양한 특혜를 부여하고 있다.

2008년 5월 대통령에 취임한 메드베데프는 4I '제도 Institute, 인프라 Infrastructure, 혁신 Inovation, 투자 Investment'를 경제 분야의 국정과제로 제시하였다.

메드베데프는 푸틴 시절의 경제적 안정 및 성장을 바탕으로 부의 공정한 분배제도 및 투명성을 통해 경제 시스템을 유럽수준으로 끌어올린다는 계획을 가지고 있다.

OECD 및 IMF 등 주요기관들은 러시아 경제가 고유가 기조 지속, 민간소비 및 재정지출 확대 등에 따라 앞으로도 견고한 성장세를 지속할 수 있을 것이라고 전망하고 있다. 특히 2014년 소치 동계올림픽 개최권 획득은 상대적으로 낙후되어 있는 남부러시아의 성장 및 인프라 기반 확충에 크게 기여할 것으로 전망하고 있다.

GDP성장률 추이

(전년동기대비%)

구분	2004	2005	2006					2007
			연간	1/4	2/4	3/4	4/4	1/4
GDP성장률	7.2	6.4	6.7	5.0	7.0	6.8	7.8	7.9
민간소비	10.7	12.0	11.2	9.6	10.7	11.6	12.6	11.9
정부소비	10.8	2.2	4.2	4.0	5.2	4.4	3.1	4.4
고정투자	2.3	8.3	13.9	5.7	14.8	13.7	17.4	19.8
수출	12.3	6.4	7.2	9.0	6.4	6.1	7.4	3.4
수입	23.5	17.0	21.7	22.9	21.7	19.1	23.2	25.5

주 : 전년동기대비 자료 : 러시아 통계청

중기재정계획(안) (2008~2010)

(단위 : 10억루블, %)

구분	2008		2009		2010	
	금액	GDP 대비	금액	GDP 대비	금액	GDP 대비
세입	6,644	19.0	7,465	18.8	8,090	18.1
석유 및 가스	2,383	6.8	2,352	5.9	2,348	5.2
기타	4,261	12.2	5,114	12.9	5,742	12.8
세출	6,570	18.8	7,451	18.8	8,090	18.1
재정수지	74	0.2	14	0.0	0	0.0
안정화기금(기말잔액)	3,500	10.0	3,969	10.0	4,480	10.0

자료 : 러시아 통계청

인도경제의 안정적 고도성장

영국의 경제주간지 《이코노미스트》는 2005년 세계경제를 전망한 보고서에서 BRICS 국가 중에서도 중국과 인도(친디아:chindia)가 21세기 세계경제를 주도할 것이라고 전망했다. 또한, 엘빈 토플러는 20세기 미국과 유럽이 중심인 대서양 문화가 21세기에는 중국, 인도가 중심인 아시아로 옮겨가고 있다고 단언했다.

328만 7000km²의 면적에 12억의 인구를 가진 인도는 1991년 이후 지속적인 개방 및 개혁정책으로 지난 20년간 5~6%의 성장과 더불어, 최근에는 8%대의 높은 경제성장률을 기록하며, 중국 다음으로 빠르게 성장하고 있다.

그러나, 최근에는 인도경제의 가파른 성장이 개인소득 증대와 함께 금융권 대출 확대, 정부 및 가계지출의 대폭 증가에 의해 소비지출을 확대하고 있으며, 5%대의 물가상승으로 경기 과열조짐이 발생하고 있다.

서비스업은 최근 지속적으로 10%대의 성장을 유지하고 있으며, 특히 IT 분야의 20~30%의 높은 성장은 'IT 서비스'의 세계적인 요충지로 자리하고 있다. 교역, 운송, 통신부문의 동반 성장을 견인하여 인도 경제성장에 기여하고 있다. 이러한 성장에는 우수하고 풍부한 인력자원, 외국인투자 확대, 서비스업을 중심으로 한 산업, 안정적인 정치 등이 주요 원동력으로 작용하였다고 볼 수 있다. 그러나 주로 IT부문 중심의 급속한 성장에 의한 것으로 향후 지속적이고 안정적인 성장을 위해서는 제조업의 동반 성장이 요구되고 있다.

이러한 성장 동력이 있는 반면, 인프라, 교육, 건강보건, 시장 경쟁 및 효율성 등의 미비가 성장의 제약요인으로 작용하고 있다. 가장 중요한 제약요인으로는 재정의 취약성에 따른 인프라 건설지연이다. 인도정부는 이러한 한계를 극복하기 위해 외국인직접투자 유치, 수출 증진, 국제경쟁력 제고 등을 통한 경제성장 및 고용창출 방안의 일환으로 중국의 경제개발구를 모방하여 경제특구제도를 도입하였다.

2003년 이후 BRICs 국가의 일원으로 인도시장의 잠재력이 인정됨에 따라 외국인투자가 확대되고 이와 더불어 인도정부의 증시개방정책도 인도 금융시장 활성화에 큰 역할을 하고 있다.

숙련된 의료진, 첨단의료기기에 저렴한 진료비로 인해 인도를 찾는 외국인 환자들이 급속도로 늘어나면서 인도가 헬스-케어의 허브로 새롭게 부각되고 있으며, 기초과학 분야에서 6명의 노벨상 수상자 배출 및 이공계 교육에 관해서는 세계적인 수준이다. 교육수준도 매우 높아 과학, 공학, 의학 분야에서 인도인들이 세계적으로 뛰어난 역량을 발휘하고 있다. 또한 선진국이 가장 먼저 찾는 IT산업의 아웃소싱 본거지이다.

인도는 세계 4위의 군사·핵무기 대국이기도 하다. 구매력 부문에서는 세계 5위이다.

여전히 국민의 건강·위생·안전 문제에서 자유롭지 않고 빈곤으로부터의 탈피도 더딘 속도이지만 인도자체가 갖고 있는 잠재력은 무궁무진하다.

인도의 IT산업과 소득격차

1991년 라오 총리가 단행한 경제개혁 및 개방정책 시행 이후 IT 서비스산업을 중심으로 수출증가 및 수입확대 등에 힘입어 국내 소비가 늘어나기 시작하였다. 1990년대 말 이후 IT 소프트웨어 및 관련 서비스 수출이 증가하여 IT 붐이 일면서 고용 창출 및 소득확대와 같은 긍정적인 영향을 미치게 되었고, IT를 중심으로 인도경제가 급성장하면서 소득분배 효과도 뚜렷이 나타남에 따라 내수소비가 확대되고, 이러한 내수소비 증가는 인도경제의 성장 동력원이 되고 있다.

인도경제의 성장 잠재력은 중국이나 일본보다 높을 것으로 전망되고 있는데, 서비스산업이 지속적인 실적을 거둠과 동시에 중산층의 소득 증가 및 생활수준이 개선되면서 인도경제가 더욱 활성화되고 있다.

구매력 기준으로 인도는 세계 4위 내수시장 대국으로 부상하여 향후 소비는 더욱 증가할 것으로 보인다. 인도에서 젊은 층과 중산층이 빠르게 늘어나고, 이들이 주도하는 새로운 소비문화가 확대되면서, 미용 및 오락과 같은 개인의 만족을 높이는 서비스 상품에 대한 수요가 인도 소비시장의 중요한 트랜드로 자리매김할 것으로 보인다.

1,700만 명의 세계적인 IT 개발인력을 보유하고 있는 인도 소프트웨어 산업이 전 세계에 차지하는 비중은 7~8%에 이른다. 인도의 IT산업의 발전의 원인으로 풍부한 저임 노동력과 영어 구사능력이 우수

한 고급 연구 인력, 인도정부의 집중적인 IT산업정책, 효과적으로 축적된 기초과학 지식 등을 들 수 있다.

그러나 인도의 IT소프트웨어는 발달된 반면 철도, 항만, 철도 등과 같은 하드웨어 측면은 활성화되지 못하였다.

도로, 철도, 항공, 항만 등 사회간접자본이 취약해 컨테이너 하역 및 수송비용이 선진국에 비해 70~80% 정도 비싸고 전력 투자 부족으로 피크 타임에는 전력 부족량이 10% 이상이며, 전력요금도 경쟁국에 비해 높은 수준이다.

또한, 최근 3년간 연평균 8%의 꾸준한 경제성장을 보임에도 불구하고 도·농 및 지역간 소득격차는 축소되지 않고 있다.

소득 불균형의 주요원인으로는 좌파의 농촌지역운동에 의한 자원개발 저해, 자본과 노동력의 특정 산업 및 지역 집중, 농촌의 높은 인구성장률 등으로 분석되고 있다. 정부의 제조업 육성정책으로 제조업 성장은 가속화되고 있지만, 절대적인 고용창출에는 한계를 드러내는 등 아직도 전체성장 대비 제조업의 비중은 매우 낮은 수준에 머물러 있다. 반면 대부분의 서비스업은 도시에 집중되고 있어 지역간 소득 불균형을 더욱 심화시키고 있고 농촌인구가 70%나 되는 상황에서 농업부문의 저생산이 문제가 되고 있다. 그럼에도 불구하고 좌파적 농촌지역운동 때문에 사실상 개발이 불가능한 상태이다.

인도가 도·농간 소득불균형을 해소하기 위해서는 농민들이 농촌에 머물면서도 농산물 가공 산업이나 서비스 분야 등에 취업할 수 있고, 일자리를 다양화해 농업에만 의존하는 인구를 줄여 나가면서 농촌경제를 발전시켜 나가는 것이 중요하다.

현재 인도에 대한 외국인직접투자(FDI)의 많은 부분이 도시개발에 편중되어 있지만 장기적으로 농촌지역 인프라 확충에 대대적으로 투자하여 농촌경제활동의 다양화를 모색하고, 상업단지로 활용하여 개발해야 할 것이다.

인도는 영국의 식민지시대를 거치면서 제도적 인프라는 선진국 수준이지만 여전히 관료사회는 형식주의가 만연하여 발전의 저해요인이 되고 있다. 또한 개혁, 개방정책이 일관성이 없고 속도가 지체되고 있는 것도 문제점으로 자리하고 있다.

인도 경제의 강점과 약점

강점	약점

• 거대한 잠재 소비인구
   – 세계 2위의 인구 보유국
• 풍부한 저임 노동력과 고급 연구 인력
 (영어구사가능)
• 광대한 영토와 풍부한 자원
   – 국토면적 세계 7위
• 높은 경제성장 추세
• 소프트웨어, 지식기반산업에   강점
• 안정적인 정치
	• 인프라 부족 심각
	   – 도로, 철도, 전력, 용수 등
	• 재정적자와 무역적자
	• 지역간, 계층간 빈부 격차
	• 카스트제도, 종교 관습 등
	   사회문화적 문제
	• 캐시미르 분쟁과 파키스탄과 의 갈등

* 자료: 조우개(2006), 〈한국기업의 대 BRICs 투자현황에 관한 연구〉 재인용

인도의 지속적 경제성장 위한 제조업 육성 확대

현재 인도경제는 IT산업 및 금융 산업 위주의 서비스산업이 중심이 되고 있지만 지속적인 경제성장 및 고용확대를 위하여 제조업을 적극 육성해 나간다는 방침이다.

인도의 GDP 대비 제조업 비중은 16.1%에 불과하다.(2004년)

인도정부는 제조업이 고용과 경제성장을 위한 동력으로 작용하기를 기대하며 경제특구(Special Economic Zone: SEZ)제도를 도입하였다. 경제특구제도는 기존의 IT 서비스산업이 누려왔던 세금면제, 재정 및

인력수급의 편의를 입주업체에 제공함으로써 외국인 직접투자 유치 및 제조업 발전을 도모하기 위한 것이다.

2002~06년 동안 제조업은 8%의 성장을 기록하였으며, 향후 5년 동안에도 9%의 성장을 예상하나 전망은 불투명하다.

제조업이 인도경제 활성화의 기반이 되기 위해서는 부족한 인프라를 개선하고, 현재 추진 중인 개혁과 개방정책을 확대해 나가야 할 것으로 보인다.

인도정부는 2000년 경제특구 도입 후 운영실적 및 외국인직접투자가 부진하게 나타나자, 새롭게 2005/6년에 150개 SEZ, 40억 달러 투자 유치 등의 계획을 담은 다양한 인센티브를 제공하는 경제특구법으로 전환함에 따라 2007년 1월 현재 237개의 SEZ가 승인되고 304개가 허가를 기다릴 정도로 SEZ를 선호하고 있다.

인도.중국.미국의 GDP 전망

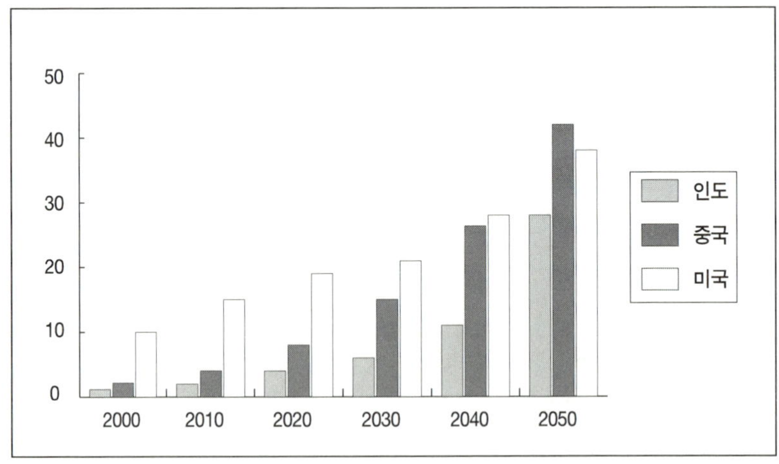

인도 기업들의 해외기업 인수 및 합병(M&A) 본격화

외국인 직접투자 유치는 제조업의 기술역량 확충과 투자 재원 조달을 위해 인도가 역점을 두어야 할 분야이나 외국인 직접투자 누적액의 GDP 비중은 5.4%로 극히 저조한 편이다. 인도의 국내 투자율은 24~25%에 불과하므로 고성장을 위해서는 외국인 직접 투자 유치를 통한 투자율 제고가 시급한 형편이다.

인도의 산업구조가 경공업 중심에서 중공업으로 급격히 변화해가면서 다양한 형태의 기업 인수 및 합병이 이루어지고 있다. 최근 인도 기업들이 글로벌 기업 인수가 본격화되어가며 다국적 기업들의 인도내 회사 인수보다는 인도 회사들에 의한 해외 인수가 더 많아지고 있다.

인도의 철강산업은 1991년 개혁 · 개방 정책의 시작으로 서서히 발전양상을 보이기 시작하여 세계 경제질서의 한 부분으로 흡수되어가면서 인도의 대표적인 산업으로 성장하고 있다. 가장 최근에는 인도 타타철강(Tata Steel)이 2007년 1월 세계적인 유럽의 철강기업인 코러스(Corus)를 인수하였다.

타타철강이 철강업계의 선두주자로 성장할 수 있었던 주요 원인은 최고의 경쟁력을 바탕으로 공격적 M&A전략을 추진하여 해외의 유수 철강기업을 성공적으로 인수 · 합병하였기 때문이다.

골드만 삭스는 인도의 GDP는 2015년 1조 달러, 2020년에는 2조 달러를 돌파할거라고 예측하면서 인도의 장기적 성장 가능성을 중국에 비해 더 뛰어나다고 평가하고 있다.

제도적 근대화, 개방의 진전 등을 통해 인도가 제조업과 서비스 산업의 균형발전을 이루고, 정치적 민주화로 사회적 안정이 달성되며 인도로 다국적기업의 투자가 크게 증가할 거라고 전망하고 있다.

5부

한국경제의 현실과 과제

선진국이냐 추락하는 용이냐의 갈림길

수출의 시대 - 질적 선진국으로

2007년에 우리나라는 상품 수출액이 전년에 비해 14% 늘어난 3천 720억 달러를 기록해 2006년에 이어 수출액 규모로 세계 11위의 위치를 기록하였다. 2007년 상품 수입액은 전년대비 15% 증가한 3천 570억 달러로 2005년부터 3년 연속 13위를 차지하고 있다.

WTO가 발표한 '2007년도 국제무역 통계' 잠정보고서에 따르면, 유럽연합 27개국 회원국 내부의 교역을 제외할 경우 우리나라는 전년에 이어 2007년에도 상품수출에서 6위, 상품수입에서 7위에 자리했다. 2006년 교역 규모(11위)로 볼 때 이제는 한국도 선진국 자리에서 있다고 해도 무방할 정도로 괄목할 만한 성장을 이루어 왔다.

한국무역협회가 유엔, 세계무역기구(WTO), 경제협력개발기구(OECD), 세계은행 등의 자료를 종합한 '208개 경제, 무역, 사회지표로 본 대한민국 2006'의 보고서에 따르면 한국은 국토면적(세계 223개국 중 108위)과 인구(27위)에 비해 경제규모(13위), 교역규모(11위)는 높은 순위를 기록했다. 세계 시장 점유율 1위 품목 수는 59건(17

위)이고, 세계 100대 브랜드에 포함된 기업은 삼성, 현대, LG 세 곳(8
위)이었다. 500대 기업엔 삼성전자와 LG전자, 현대자동차 등 12곳(12
위)이 포함됐다.

산업 분야별로는 선박과 D램 반도체, TFT - LCD, 항공사 화물운송
등이 세계 1위를 유지했다. 조강 blister steel, 화학섬유, 자동차, 타이어
생산량과 산업용 로봇 보유대수는 세계 5위권이었다.

정보기술(IT) 강국의 위상도 여전했다. 초고속 인터넷 가입자수가
세계 1위였고, 인터넷 이용자수는 세계 6위, 인구 100명당 54.5대의
PC를 보유해 세계 15위였다. 이에 따라 국가 정보화 지수가 3위로 뛰
었다. 하지만 국제 경험과 국가 이미지 면에선 갈 길이 멀었다.

영어 교육 열풍에도 불구하고 토플 점수는 300점 만점에 평균 215
점으로 조사 대상 147개 국 중 93위에 머물렀다. 외국 문화에 대한 수
용도 역시 조사대상 61개국 가운데 55위로 바닥권이었다. 정부나 업
체 상위 관리자의 국제 경험은 61개국 중 41위, 국제 경쟁력은 41위,
그리고 국가 이미지는 34위로 각각 평가됐다.

그럼에도 불구하고 한국의 대표 기업에 해당하는 삼성전자, 포스
코, SK텔레콤이 국제신용평가기관인 무디스Moody' s로부터 A1, A2의
신용등급을 받았다. 한국의 국가신용등급이 A3인 것을 고려할 때에
민간기업들의 신용등급이 정부보다 앞선 것이다. 이러한 결과는 민
간기업의 경쟁력이 정부보다 낫다는 것을 의미한다.

1996년도에 경제협력개발기구(OECD)에 가입하면서부터 외형상
한국은 선진국 대열에 합류했다고 볼 수 있다.

그 당시 일본의 한 경제신문은 각국의 경제력을 인간의 나이에 비
유하여 평가한 적이 있었는데, 영국을 52세로, 미국을 49세, 일본을
38세로 한창 왕성한 장년으로 비유한 반면, 한국을 23세의 젊은이로

평가하고 있어 희망적이고 미래를 지니고 있음을 보여주었다.

그러나 아직 선진국으로 불리기에는 질적으로 부족한 점이 너무나 많고 개발도상국으로 남아 있기에는 쫓아오는 국가들의 기세가 너무나 거센 형편이다. 따라서 선진국과 개도국 사이에 샌드위치식으로 끼어 있어 선진국으로부터는 개방 압력을 받고 있으며 후발개도국으로부터는 주요 경공업 시장을 잠식당하고 있는 실정이다.

대외 개방성과 관련해서 선진국으로의 진입이란 생산·소비·유통 등 여러 가지 측면에서 선진국과 경쟁할 수 있을 만큼 사회제도나 기술면의 합리성을 확보함을 의미하는 것이다. 국내 제도나 관행이 국제적 기준과 규칙과도 맞아야 한다. 또한 물리적 풍요에 대한 평가보다는 정신적 풍요, 제도적 개선과 소프트웨어가 고평가됨을 의미하기도 한다.

경제성장을 지탱하고 지속적으로 발전시켜나갈 수 있도록 정치적, 사회적, 문화적인 발전이 병행되어져야 한다. 지구 온난화, 환경보호, 저개발국의 발전문제, 국가간 빈부격차의 문제등 국제경제와 관련된 주요 이슈들과 관련하여 보다 많은 관심과 참여를 보여줌으로써 세계 여러 국가들과 공존하려는 노력이 인정받을 수 있는 수준이 되어야 하는 것이다.

국민소득 2만 달러 시대 - 선진국 진입의 기점

우리나라는 2007년 1인당 국민소득이 2만 45 달러를 기록하였다.

전쟁 직후인 1953년의 1인당 국민소득 67달러에 비하면 개인의 살림살이 규모가 300배나 늘어난 것이다. 경제개발이 본격화된 1961년을 시작으로 17년째인 1977년에 국민소득 1천 달러 시대가 열렸고,

다시 18년이 지난 1995년에 1만 달러를 돌파 후 12년 만에 2만 달러 시대를 개막함으로써 세계사에 전무후무한 초고속 성장을 이룩하였다. 참으로 피땀 어린 국민의 노력과 희생이 일구어 낸 자랑스러운 결실이라 아니할 수 없다.

세계은행이 209개국에 걸쳐 2006년도 1인당 국민소득을 집계한 결과 룩셈부르크가 7만 6천 달러로 1위를 차지했으며, 100달러를 기록한 부룬디가 꼴찌로 발표되었다. 그리스가 2만 1690달러로 40위였으며, 우리나라는 1만 769달러로 49위 수준이었는데, 2007년에 이르러 2만 달러를 넘어섰기에 현재 세계 40위 권내에 머무는 것으로 추정해 볼 수 있다.

1980~90년대에는 1인당 국민소득이 2만 달러를 돌파하면 선진국 수준으로 평가 되었지만 지금은 최소한 3만 달러를 넘어야 선진국 대열에 낄 수 있다.

이와 관련하여, 세계적 권위를 자랑하는 모건스탠리의 2003년 보고서에 따르면, 한국은 2012년도에는 1인당 국민소득이 3만 7000달러에 도달할 것이라는 예측을 하고 있다. 모건스탠리가 2007년 한국의 국민소득이 2만 달러를 돌파할 것이라고 예측했던 것이 정확하게 맞았던 것을 볼 때에, 한국으로서는 미래에 대해 장밋빛 희망을 가질 수 있는 대목이다.

그럼에도 불구하고, 한국경제가 나아가야 할 길 위에는 아직까지 해결해야 할 많은 과제들과 새로운 도전들이 놓여 있다고 하겠다. 화려한 성장의 이면에는 대기업과 중소기업간 불균형한 발전을 가져다 준 경제구조의 부실이 자리하고 있고, 과거 정경유착의 고리에서 발생되어 온 후진적 기업관행과 비리가 사회 곳곳에 남아 있으며, 높은 물가상승률과 실업률, 버블경제에 대한 우려는 경제 전반에 걸쳐 불

206

안한 평가를 하게 만들곤 한다. '고물가', '고성장' 의 개도국형 경제 성장 구조와 정책이 지속되고 있는 데다가 임금과 노동의 시장구조가 탄력적이지 못해 산업구조 조정이 어렵다. 어떻게든 돈만 벌면 최고라는 천민자본주의적 사고가 외환위기를 거치면서 더욱 팽배해졌으며, 급격히 진전된 빈부격차의 확대는 정부와 국민들, 고소득층과 빈민층간 불신과 반목의 골을 확대시켰다.

세계화의 진전에 따른 시장개방과 경쟁의 심화와 확대는 자칫 국민 복지와 건강과 같은 중요한 부문들에 있어서 주권의 상실이나 약화를 가져오는 것은 아닌지에 대한 우려가 확대되고 있다. 해방이후 늘 한국사회전반에 걸쳐 지대한 영향을 미쳐 온 북한관계의 향유 변화도 예의주시하여야 한다. 한마디로 말해서 2만 달러 시대에 접어들었다고 해서 자만할 상황이 아닌 것이다.

무역적자와 외채에 대한 상존하는 우려

우리나라 총외채는 단기 외채를 중심으로 빠르게 늘어 2005년 말 1879억 달러에서 2008년 3월 4125억 달러로 2년 만에 두 배 가량 증가했다.

대외채권에서 대외채무를 뺀 순대외채권은 150억 달러로 외환위기 이후 최고치였던 2005년 말 1207억 달러에 비하면 아직까지 10분의 1 수준에 불과하다. 하지만 최근 외채규모가 부쩍 늘어남에 따라 2008년 상반기 중 순채권국에서 순채무국으로 돌아설 것이라는 우려가 높아지고 있다. 특히, 1997년 외환위기 당시 경상수지 적자가 이전 수년에 걸쳐 누적되어오고 있었음을 상기한다면 최근 경상수지적자가 이어지고 있다는 사실은 불안감을 가져다준다.

국민소득 1만 달러 돌파가 채 1년이 되지 않은 1996년 당시 한국은 230억 달러의 기록적인 경상적자를 기록했고, 97년에도 83억 달러의 적자를 이어갔다. 그 뒤 경상수지는 흑자로 돌아섰으나 2008년에 다시 100억 달러 이상의 적자로 돌아설 전망을 보이고 있다. 이런 이상 증후는 외환위기 때와 유사한 점을 보인다.

외환위기(1997년)	내역	현 재(2008년)
-681억 달러	순채권(총대외채권-총외채)	149억 달러(3월 말)
36.6%	총외채 중 단기 외채 비중	42.8%
127억 달러(11월 말)	외환 보유액	2581억 달러(6월 말)
과잉설비투자, 금융사 부실 증가	단기외채 증가 원인	조선업체 선물환 매도, 외국인 채권투자 증가
83억 달러	경상수지 적자	71억 달러(1-5월)

자료: 한국은행 · 기획재정부

외채 급증은 몇 년 간 이어진 조선업체들의 호황과도 관련돼 있다. 선박 수주가 크게 늘자 조선업체들이 나중에 받을 수주대금을 미리 선물환으로 내다 팔았고, 은행들이 이에 응하면서 달러를 단기로 대거 차입했던 것이다. 또한 해외투자 펀드 열풍도 관계가 있는데 자산운용사들이 해외에 투자하면서 환율변동 위험을 피하기 위한 환헤지 거래를 하였고, 이 과정에서 은행들이 달러를 빌렸다. 그리고 외국은행 국내 지점들이 본점에서 달러를 빌려 금리가 높은 국내 채권시장에 투자를 하면서 외채를 늘렸다.

우리나라는 1980년대 후반기를 제외하고는 일반적으로 무역수지 적자국에서 벗어나지 못하고 있었으나 1997년 외환위기 이후 1998년과 1999년 모두 무역수지 흑자를 기록하였다. 이는 수출이 크게 증가하였다기보다는 투자와 소비 등 내수경기가 크게 부진하여 자본재 등의 수입이 크게 감소했기 때문이다.

그러나 외환위기 극복 이후 무역수지 흑자 폭이 점차 감소하다가 2002년부터 다시 증가하기 시작하였다. 관세청 기준으로 2007년 우리나라는 무역규모 전체 7,283억 달러를 기록하였다. 1960년 3,300만 달러의 수출을 한 이래 2007년에는 3,717억 달러, 수입은 3,568억 달러로 전체 146억 달러의 무역수지 흑자를 기록하였다. 이 수치는 신고수리 기준으로 작성된 것으로 수출은 전년대비 14.1%가 감소를 하였고, 수입은 15.3%가 증가를 하여 2006년 전체 대비하여 무역수지는 14억 달러가 감소한 것으로 나타났다.

우리나라의 무역 추이

연도	세계(10억 달러)		한국(백만 달러, %)				
	수출	수입	수출	순위	수입	순위	무역수지
1960	122	130	33(0.03)		344(0.3)	-311	
1970	298	314	835(0.3)		1,984(0.6)		-1,149
1980	1,921	1,999	17,505(0.9)	23	22,292(1.1)	19	-4,787
1990	3,378	3,4676	5,016(1.9)	11	69,844(2.0)	11	-4,828
1995	5,074	5,150	125,058(2.4)	12	135,119(2.5)	11	-10,061
1996	5,290	5,391	129,715(2.4)	12	150,339(2.6)	11	-20,624
1997	5,528	5,626	136,164(2.4)	12	144,616(2.5)	11	-8,452
1998	5,349	5,360	132,313(2.5)	12	93,282(1.7)	16	39,031
1999	5,611	5,876	143,685(2.6)	12	119,752(2.0)	14	23,933
2000	6,431	6,711	172,268(2.7)	12	160,481(2.4)	13	11,787
2001	6,176	6,466	150,439(2.4)	13	141,098(2.2)	14	9,341
2002	6,424	6,685	162,471(2.5)	12	152,126(2.3)	14	10,345
2003	7,482	7,765	193,817(2.6)	12	178,827(2.3)	14	14,990
2004	9,123	9,458	253,845(2.8)	12	224,463(2.4)	13	29,382

주: ( ) 안은 세계비중
자료: 한국무역협회, 주요 무역동향지표, 2006.

한편, 우리나라의 10대 수출상품을 보면 1970년에는 섬유류, 합판, 가발 등 노동집약적인 경공업제품들이 상위권을 차지하고 있다. 1980년에는 철강판, 선박, 음향기기 등이 부상했고, 2005년에는 반도체, 자동차, 선박, 석유화학제품 등 중화학 제품들이 선두를 형성했다.

지난 30여 년간 우리나라의 수출 주종상품은 노동집약적 경공업제품을 거쳐 자본과 기술집약적인 중화학공업제품으로 변천되어 왔다. 석유제품의 수출은 17.5%가 증가하였고, 선박수출이 24%, 기계류 및 정밀기기가 24.8%가 증가세를 보였다.

우리나라의 10대 수출상품

순위	1970년	1980년	1990년	2005년
1	섬유류	의류	의류	반도체
2	합판류	철강판	반도체	자동차
3	가발	신발	신발	무선통신기기
4	철광석	선박	영상기기	선박
5	전자제품	음향기기	선박	석유제품
6	과자제품	인조장섬유직물	컴퓨터	컴퓨터
7	신발	고무제품	음향기기	합성수지
8	연초및 동제품	목재류	철강판	철강판
9	철강제품	영상기기	인조장 섬유직물	자동차부품
10	금속제품	반도체	자동차	영상기기

* 자료: 한국무역협회, 2006.

제2장
한국의 산업구조

불안전한 경제구조 - 양극화 현상

경제의 지속적인 성장에도 불구하고 한국은 불안전한 경제 구조를 지니고 있어 성장의 명암이 업종별, 기업별로 지나치게 차이가 나는 취약점을 보여주고 있다. 특히 최근에는 경기 양극화 현상이 두드러져 한국 경제의 질적 안정성이 문제되고 있다.

한국의 산업 성장 추이를 보면 최근 20년 동안 가장 높은 성장을 기록한 것은 제조업이다. 과거의 고도 성장기에는 거의 두 자리 수의 높은 성장률을 보였고, 1990년대 후반에서 지금까지도 대략 7% 정도의 높은 성장률을 기록하고 있다. 하지만 제조업 내에서도 양극화가 심해져서 중화학 부분은 상대적으로 더 높은 성장을 지속하고 있고, 경공업은 2000년대 이후로 마이너스 성장이 이어지고 있다.

전체 수출에서 반도체, 자동차, 무선통신, 조선, 철강 등 5대 수출 주력상품의 비중이 갈수록 커지면서 수출산업내의 양극화가 진행되고 있다. 또 중간재 수입 의존도가 높고, 고용창출 효과가 낮은 정보기술 중심으로 산업구조가 재편된 것도 수출-내수간 연관관계를 약화시키는 요인으로 작용했다.

특히, 1998년 이후 우리 사회는 '양극화' 현상이 점점 심화되어 가고 있다. 이는 외환위기 이후 한국경제가 큰 구조적 변화를 겪으면서 산업, 소득, 고용 등 여러 경제 부문에 걸쳐 양극화 현상이 심화되었기 때문이다.

산업연구원 발표한 자료에 따르면 최근 국내경제가 수출-내수, 중화학공업 - 경공업 및 IT산업 - 비IT산업 등 부문별로 양극화 현상을 보이고 있는 가운데 지역별로도 산업구조의 차이로 인해 차별적인 경기 양상을 나타내고 있다고 하였다. 수출-내수의 문제와 관련해서 볼 때에, 기업들은 수요부진, 과잉설비 등을 이유로 국내 설비투자를 기피하고 있으며, 기업의 안정성 위주의 보수적 경영행태와 더불어 우리 경제가 발전의 성숙단계에 진입함에 따라 새로운 투자 기회가 감소하였다는 점도 내수산업 발전의 한계를 설명하고 있다. 또한 기업들이 외부자금 조달을 통한 적극적인 투자를 기피하고 가용내부자금 범위에서 소극적으로 투자를 원하고 있다는 점도 발전제약의 한 요인이기도 하다.

반면, 수출과 관련해서는 우리나라의 10대 수출품목이 4년째 변하지 않은 가운데 이들 품목의 비중도 매년 늘어 수출의 편중 현상이 갈수록 심화되고 있다. 10대 수출 품목은 반도체 · 자동차 · 무선통신기기 · 선박 · 석유제품 · 컴퓨터 · 평판 디스플레이 · 합성수지 · 철강판 · 자동차 부품으로 2003년 이래로 변하지 않고 있다. 이들 반도체 등 10대 품목이 우리나라 전체 수출에서 차지하는 비중이 2003년 이후로도 매년 꾸준히 늘고 있으며, 2006년에도 전체 수출의 58.8%에 이르는 등 그 비중이 계속 커지는 가운데 품목 자체가 4년째 변함이 없다. 특히, 반도체 산업은 1990년대 이후 초고속 성장을 지속해 오면서 한

212

국 경제의 효자 노릇을 하고 있는 대표적인 업종으로 알려져 왔다.

그러나 반도체 수입을 고려한 무역수지에서 종합해보면 이야기는 조금 달라진다. 2008년 반도체 전체 세계 시장규모는 총 2260억 달러에 이른다. 2007년 우리나라는 반도체 수출 규모가 195억 3000만 달러였지만, 수입도 213억 2000만 달러에 이르러 적자 폭은 17억 9000만 달러에 달했다.

무역적자의 근본적인 이유는 비메모리 반도체가 취약하기 때문이다. 핵심 설계기술 등 원천기술은 선진국의 40~60% 수준밖에 미치지 못하여 비메모리 분야는 선진국에 비해 매우 취약한 실정이다. 하지만 삼성전자가 최근 들어 비메모리 사업 강화를 위해 IBM과 전략적 제휴를 맺는가 하면, 매그나칩이 하이닉스로부터 분리 독립되면서 국내 비메모리 반도체 산업은 일대 전환기를 맞게 되었다.

세계 최고 수준의 메모리 기술을 보유하고 있으며 제조기반이 튼튼하고 시스템 산업이 발달하고 있다는 사실들은 한국의 국가 경쟁력이 어느 정도 확보되어있음을 보여준다. 그러나 문제는 대기업 중심으로 특정 품목 위주의 수출이 이루어지고 있다는 사실에 있다.

우량 대기업은 급속한 기술진보에 대응하여 여러 분야의 투자를 통해 자체 기술수준을 높이는 데 주력하고 있으나, 중소기업들은 인력부족, 신용제약 등의 요인으로 기술개발 투자에 어려움을 겪고 있는 것이다. 더구나 내수부진이 계속될 경우 수출산업 (IT산업, 중화학공업, 제조업)과 내수의존 산업 (비IT산업, 경공업, 서비스업)간의 양극화가 더욱 심화될 것이다.

경제 양극화는 대내외 환경변화에 경제주체들이 적응하는 과정에서 불가피하게 발생하는 면이 있으나, 경제 구조적 요인들에 의해 양극화가 지나치게 증폭된다는 점에 문제가 있으며, 한 부문에서의 양

극화가 다른 부문에서의 양극화를 초래하거나 심화시킬 수 있다는
점에서도 문제의 심각성이 존재한다.

시장과 경제 시스템에 의하여 양극화 현상이 쉽게 개선되지 않고
오히려 심화된다는 사실은, 정부의 거시 경제 정책 및 산업 정책이 단
기 처방 위주로 흐르게 될 환경을 조성함으로써 국가의 장기 경제 발
전 전략에 차질을 빚게 할 수 있다.

국가경제의 미래가 일부 대기업의 사활에 지나치게 영향을 받는다
거나 경제발전의 전략이 일부 한정된 산업부문에 지나치게 의존한다
는 사실은 국가경제의 유연성에 제약을 가하고 위기상황 시 대처능
력에 취약함을 드러나게 한다. 따라서 주력산업의 발전도 중요한 일
이지만 균형 있는 산업구조의 형성과 산업부문간, 대기업과 중소기
업간 조화롭고 균등한 발전을 이루는 것은 선진국으로 발돋음 해가
려하는 한국의 입장에서 추구해야 할 중요한 전략이라 하겠다.

재벌의 소유 집중

재벌이라면 우선 그들에 대한 부정적인 시각을 지니고 있는 것이
한국 사람들의 일반적인 감정이다. 특히 거대한 자본력을 바탕으로
장사가 되는 모든 부분에 개입하고, 이익을 챙기려고 한다면 이는 게
임의 공정성에도 문제가 되는 것이다.

사실상 한국의 재벌들 대다수는 거대 자본을 바탕으로 하여 돈이 된
다면 무조건 판을 벌리는 문어발식 확장을 통해 이익을 확보하고 재
생산해 왔다는 비판을 받아왔다. 문어발 확장을 좀 더 세련된 용어로
비관련 다각화로 표현하는데 이러한 경영을 하는 주된 이유는 첫째,
여러 업종에 걸쳐 사업을 벌여 놓음으로 인해 업종별 경기의 부침에

따른 위험부담을 줄인다는 의도로 한국의 재벌이 문어발식 경영을 계속하는 주원인은 위험의 분산에 있다. 각기 다른 업종에 투자를 해서 경기 흐름에 따라 이익을 많이 보는 업종으로 이득을 적게 보는 업종을 보완케 하여 기업의 리스크를 줄이겠다는 의도이다.

둘째는 자금동원이 용이하다는 것이다. 상호 출자를 규제하고 있지만 규제만 없다면 계열기업간의 상호 지원은 새 사업에 진출하는데 도움을 줄 수 있다.

셋째로 기술의 산업간 침투에 따른 범위의 경제를 달성할 수 있다는 점이다. 기술혁신으로 인해 산업 간의 영역이 점차 흐려짐에 따라 여러 산업에 걸쳐 있는 기업이 단일 기술에 의지하는 것보다 유리할 수도 있는 것이다.

그러나 규모의 경제가 퇴색하고 있는 세계적 조류에 발맞추어 업종 전문화는 주력기업 자체의 규모 확대가 아니라 주력기업을 중심한 관련 다각화, 수직적 통합 등 소규모 전문기업을 네트워크화 하는 방향으로 추진되어야 한다. 기술의 부가가치를 높이는 질적 연계가 중요하다는 것이다.

존 네이스비트는 《글로벌 패러독스》에서 세계경제규모가 커질수록 최소 경제단위의 힘은 보다 강력해지고 이러한 원칙이 기업경영 분야에 특히 잘 적용된다고 주장하고 있다.

선진국 기업일수록 기업 활동을 특정 분야에 집중시켜 전문화해 나가는 경향이 두드러지고 있다. 전자 · 통신 · 철강 · 자동차 사업 등 첨단산업에서는 이러한 전문화 경향이 뚜렷하며, 금융 · 물류 · 건설 · 의료 등 서비스 분야에서도 기업들이 전문화 · 특화되었음을 널리 알리는 새로운 기업 이미지를 창출해 나가고 있는 실정이다.

미국 · 독일 · 싱가포르 · 대만 등 여러 국가에서는 몇 개의 산업을 지정하여 국가의 자존심을 걸고 세계 일류의 자리를 뺏기지 않거나 새로 차지하려고 노력하고 있다. 이에 따라 급변하는 국제 경제 환경에 대응하기 위하여 많은 기업들은 전문화 · 전략적 제휴를 통해 세계화를 과감하게 추진하고 있다. 다시 말해서, 기업의 중점사업과 관련 없는 업종은 과감히 정리하여 불필요한 몸집을 줄이며, 전략사업의 확장을 통하여 전문화를 꾀하고 경쟁력을 확대시키며, 조직에서도 기능이나 지역별보다는 업종별로 전문화하고 있다. 따라서 국내 기업들은 정부 정책에 연연하기에 앞서 국제 경제 여건의 변화가 강력하게 업종 전문화를 강요하고 있다는 사실을 간과해서는 안 된다.

다음으로 재벌이 안고 있는 문제는 기업을 자신의 사유재산으로 인식하여 대규모 기업군을 소수의 창업부나 그 후계군이 지배하고 있는 현상이다. 이는 경영의 부실과 불투명성을 유발하고 사적 비리가 발생할 수 있는 온상을 제공한다. 이를 시정하기 위해서는 상속 · 증여세와 같은 세법의 정비와 법의 공정하고 엄격한 시행이 이루어져야 한다. 또한, 기업 차원에서의 소유 집중 문제는 자본시장의 발전에 따른 기업공개, 유상증자 등으로서 해결해야 하는데 이와 관련하여 정부가 적절한 여건을 조성하는 것이 중요하다.

대기업의 소유주들은 앞으로는 '기업은 내 것이다'라는 개인적 소유의식을 버려야 한다. 수백억 원의 기업자금이 아무런 흔적 없이 정치자금 등으로 활용되는 것과 같은 과거의 폐단은 더 이상 존재해서는 안 된다. 특히, 한국에 들어와 있는 외국 투자자들에게 비자금 같은 현상은 도저히 이해할 수 없는 것으로 비쳐지고 있다.

한국 회계정보의 공신력에 반신반의하던 외국인들은 비자금 사건으로 각 기업의 구체적인 정치자금이 드러나자 더 이상 회계정보를 믿지 않게 되었다. 결국 폐쇄적인 소유 구조는 국제경쟁력 강화에 결코 도움이 되지 않는다.

이제 한국이 OECD(경제협력개발기구)에 가입하게 된 이상 자본 자유화가 급격히 진전될 수밖에 없는데, 이미 정부는 외국 투자가들의 기업 투자한도를 종전의 12%에서 15%로 상향 조정했다. 앞으로 그 기준은 보다 높아질 것이기에 더 많은 외국 자본들이 한국기업들을 투자 대상으로 고려하게 될 것이다.

외국 자본이 들어오면 기업의 재산관리나 투자정책 등 세부사항들이 이들에게 공개 돼야 하는데 지금과 같은 불분명한 회계처리, 부당한 내부거래, 그룹 기업 간 자본 이동 등은 철저히 규제 받게 될 것이다.

한국의 재벌은 과거 정부의 보호 아래 유망기업들을 인수, 합병해 규모를 늘려 왔으나 이제 업종 전문화는 급변하는 국제 환경에서 기업이 살아남기 위한 총체적 기업 경영혁신의 일환으로 생각되어야 한다.

정부는 기업 스스로가 업종 전환을 선택하였을 때 그 전환이 크게 위험하지 않도록 하는 여건을 제공해 주거나, 업종 전환에 필요한 일부 자금을 객관적 기준을 바탕으로 하여 평가하여 지원해 주는 방식이 좋다.

중소기업이 살아야 국가 경제가 산다.

한국 경제에서 중소기업이 차지하는 비중을 새삼 지적할 필요는 없다. 중소기업이란 종업원수 5인 이상 300인 미만으로, 전체기업 중에서 중소기업은 사업체수로는 98.6%, 고용의 65.8%, 생산은 45.8%를 점유하고 있다.

이와 같이 중소기업은 넓은 분야에 골고루 포진한 독립된 기업들로서 자유 시장 경제가 제대로 돌아가는 데 있어서 없어서는 안될 중요한 역할을 하고 있다. 중소기업은 활발한 창업과 적극적인 사업을 전개하며, 왕성한 독립의욕을 지닌 기업가 정신을 발휘하는 주요한 무대가 된다. 또한 젊은이들에겐 개인의 능력이나 창의력을 발휘할 수 있는 다양한 취업의 기회를 제공한다.

무엇보다도 중소기업은 부의 세습이 아닌 창조의 시발을 제공한다는 점에서 사회적 의미가 크며, 물려받은 재산이 없는 대다수의 사람들에게 꿈과 희망을 실현시킬 기회를 제공해 준다. 동시에 소비자에 가깝게 있으면서 그들의 다양한 요구에 호응하고 서민문화 창조에 기여한다.

지방자치 제도하에서 중소기업은 개성 있는 지역 만들기에 기여할 수 있는 장점을 가지고 있다. 국제화 시대에서 물건·자본·기술·노하우·정보 측면에서 중소기업들이 국제화된다면 엄청난 저력을 사회에 제공할 수 있는 잠재력이 있다.

산업구조에 있어서도 중소기업은 첫째, 높은 투자 효율을 통해 소규모 자본의 효율적 사용에 기여한다.

둘째, 부품·소재 및 자본 재생산 부문에서 주도적인 역할을 수행함으로써 산업관련 효과 및 경영의 자립도를 향상시킨다.

셋째, 새로운 고용 기회를 창출한다.

넷째, 활력 있는 다수로서의 기능을 통해 대기업군의 독과점으로부터 발생하는 비능률 및 경직화를 완화시킴으로써 경제 전체의 효율을 높이는 데 공헌한다.

다섯째, 소량 다품종 생산을 통해 소비자의 다양한 욕구에 부응할 뿐 아니라 소비 패턴에 신속히 적응함으로써 국민생활의 질을 향상시키는 데 기여하게 된다.

이처럼 국가경제에서 중요한 몫을 차지하고 있는 중소기업은 최근 몇 년간 사상 최악의 부도행진을 거듭하고 있다.

더구나 금융자율화 추세가 진전되면서 담보능력이 취약한 영세기업들은 자금을 조달하기가 매우 어려워지고 있다. 아무리 신용 상태가 좋은 중소기업이라 할지라도 담보가 없으면 은행대출은 하늘의 별따기이며, 담보를 제공해도 대출금의 130%를 설정하고 있는 상황이다 보니 대출금 확대에는 한계가 있다.

더욱이 WTO체제의 출범과 한국의 OECD가입은 대기업보다 중소기업에 미치는 부담이 더 크다.

중소기업에 대한 정책금융은 점점 줄어들 것이고, 금융기관의 여신업무는 더욱더 신용평가에 의존하게 되어 대기업보다 불리한 입장에 있는 중소기업의 은행자본 이용은 더 어려워질 것이 확실하다.

중소기업 자금난에 대한 대비책이 없이 금융실명제를 실시한 것도 자금난에 의한 중소기업 부도의 요인이 되고 있다. 그렇다고 은행이 중소기업에 무작정 자금을 지원해 줄 수는 없는 노릇이다. 금융기관의 부실도 막고 중소기업의 어려움도 덜어 주는 보다 확실한 방법은 금융기관들에게 더 많은 자유를 주고 경쟁을 시키는 방법 밖에 없다.

금융기관들이 기업의 위험도에 따라 마음대로 대출 금리를 받게 하는 것이 중소기업의 어려움을 근본적으로 해결하는 길이라는 것이다. 따라서 중소기업은 경쟁력을 갖추어야 대출경쟁에 참여할 수 있게 된다.

이외에 중소기업은 인력난, 기술 부족난, 원가 압박난, 판매난 등 '5난' 에 시달리고 있는 형편이다.

중소기업 육성 정책 - 새로운 내용보다 실천이 필요

중소기업청이 1996년 2월 12일 현판식을 갖고 본격적인 업무에 들어갔다. 정부가 1관 5국 26과의 조직을 갖춘 중소기업청을 신설하기로 한 것은 중소기업을 살리겠다는 정책의지를 표명했다는 데 우선 그 의미가 있다.

중소기업청은 120만여 중소기업에 대한 주요정책 수립에서부터 금융지원 등 각종 지원 업무를 직접 담당한다. '중소기업은 국가가 보호·육성해야 한다' 는 헌법 규정처럼 국가 책무를 이행한다는 측면에서 중소기업육성은 정부가 해결해야 할 중요 과제이다.

이런 관점에서 신설 중소기업청의 소관업무 범위는 부처 이기주의를 넘어 범정부 차원에서 검토·작성되어야 하며 이에 상응하는 조직과 권한을 가져야 한다.

물론 중소기업청 신설이 모든 것의 해결이 될 수는 없다. 청으로 독립할 경우 자칫 집행기관화 되어 정작 중소기업 정책수립 기능에서는 소외되어 효율이 떨어질 우려도 없지 않다.

한국의 중소기업 지원제도는 중소기업 수만큼이나 헤아릴 수 없을 정도로 많아 그 숫자로만 따진다면 세계 어느 나라보다도 많을 것이다. 지원 종류가 너무나 많다 보니 담당 정부관리 조차도 뭐가 있는지 알 수 없을 정도라고 한다.

현재 시·도 등에 설치돼 있는 중소기업 관련기구만 보아도 중소기업지원기관협의회, 중소기업경영애로상담센터, 중소기업 종합지원센터, 중소기업인력정보센터 등등으로 무려 12개 기구가 난립하고 있는 상황이다. 문제는 이를 활용하는 지원제도가 워낙 복잡하고 다양하다 보니 수혜 대상자들 상당수가 어떤 지원 내용이 있는지 제대로 알지 못하는 실정이다.

정부는 중소기업에 관한 2가지 기본 방향을 갖고 있다. '창의적이고 자생력 있는 중소기업을 육성' 해서 '자율과 경쟁을 촉진하는 기반을 조성' 하겠다는 것이다.

무조건적인 지원을 지양하고 될 만한 곳만 골라서 중점적으로 지원하겠다는 뜻이다.

지금까지의 정부 정책은 경쟁력이 없는 중소기업을 일단 무조건 일으켜 세우려는 식이었다. 따라서 경쟁력 없는 중소기업의 과감한 업종 전환에 도움을 주는 방향으로 유도해 나가겠다는 방향은 옳은 것이다. 그러나 정부의 중소기업정책은 아직도 자금 지원의 단발성 정책에 그치고 있다. 올바른 중소기업 지원을 위해서는 당장 필요한 자금 지원도 중요하지만 중소기업이 취약한 기술·정보·마케팅 등의 공통된 사항을 지원해 경쟁력을 갖출 수 있는 인프라를 구축하는 일이 더 중요하다.

중소기업 육성 정책들이 소기의 목적을 거두려면, 대기업과 중소기업 간에 공생형 경영·기술 협력체계를 갖추어야 한다. 대기업에 의한 기술지도, 공동 기술개발, 시장 및 기술정보의 공유, 해외시장 동반 진출, 전용 생산설비 운용의 노하우 등을 공유해야 한다.

중소기업이 어려움을 겪고 있는 근본적인 원인은 경제 환경 변화에 빨리 적응하지 못하는 중소기업 자체의 행태에서도 찾을 수 있다. 우리 중소기업의 주종 업종이라고 볼 수 있는 노동집약적 경공업의 경우 대부분은 수년 전부터 중국 및 동남아시아의 후발개도국에게 넘어갔다.

둘째, 국내의 각종 제도변화가 가져온 진입 규제의 완화 때문이다. 가령, 대표적인 중소기업형 산업이라고 볼 수 있는 건설업과 주유소업 등은 진입규제 완화로 경쟁이 치열해져 취약한 업체들의 부도현상도 높게 나타나고 있다.

마지막으로 소비자 기호의 변화로 정보·통신의 발달로 세계적으로 가장 질 좋은 제품과 서비스가 즉시 국내에 소개되고 있다. 이에 따라 기업도 세계적으로 가장 효율적인 생산체제와 경영기법을 빨리 도입하기 때문에 품질과 서비스의 고급화를 선호하는 소비자의 욕구를 최단 시일 내에 만족시켜 주는 것이다. 따라서 정보에 어둡고 경영에 유연성이 없는 기업들은 어쩔 수 없이 시장을 빼앗기고 마는 것이다.

이러한 경제환경 변화에 적응하기 위해서는 중소기업도 자체 기술 개발에 노력하여 고유 브랜드 개발에 노력해야 한다. 그리고 과학적인 품질관리를 통해 품질 만족을 재고하고, 마케팅 분야에 있어서도 지나치게 대기업에만 의존하지 말아야 한다. 중소기업이 탈피해야 할 10대 속성인 정부 의존적 체질, 전문화·특화의식의 결여, 단기 승부에 대한 지나친 집착, 권한 위임 체계의 부실, 인사관리 및 인력 보존의 미흡, 고과제도의 상부 집중, 노무관리의 부실, 재무 상태의 허약, 연구개발의 부진 및 재고관리 기법의 낙후 등을 탈피하기 위해 노력해야 한다.

대·중소기업의 협력화

한국 중소기업의 70% 이상은 기업경영을 모기업과의 도급관계에 의존하고 있는데 경쟁력 있는 중소기업군을 효과적으로 육성하는 일은 바로 대기업과 중소기업 간의 바람직한 협력관계를 정착시키는 데에서부터 해결의 실마리를 찾을 수 있다.

중소기업과 대기업과의 관계는 크게 경쟁관계와 보완 협력관계로 나누어 볼 수 있는데, 산업구조가 고도화할수록 경쟁관계보다는 보완 협력관계의 중요성이 커지게 된다.

실제로 품목 기준으로 본 국내시장에서의 경쟁 대 협력관계의 비율은 약 4 : 6으로 보완 협력관계의 비중이 크게 나타나고 있다. 그러므로 앞으로의 대·중소기업 관계는 건실한 도급 거래를 기본축으로 하고 자본·경영·기술협력 등이 상호 연계됨으로써 질적 효율성을 높이는 방향으로 발전해 나아가야 한다.

이러한 변화는 품질 위주의 경쟁을 할 수 밖에 없는 대외 경제여건의 변화에서 기인한다. 높은 품질을 유지하기 위해서는 우선 협력업체로부터 납품받는 부품의 품질 수준이 뛰어나야 하고, 적기 수출을 통한 신뢰를 확보하기 위해서는 안정된 납기가 요구된다.

결국 대기업과 중소기업은 치열한 국제경쟁의 격량을 함께 헤쳐가야 할 동반자로 인식될 수밖에 없는 상황을 맞이하게 된 것이다. 대기업과 중소기업과의 협력관계는 기본적으로 대기업에 의해 주도될 수밖에 없는 구조적 특징을 지니고 있는데, 대기업은 관련 중소기업의 문제점을 충분히 파악하고 있을 뿐 아니라, 다양한 지원을 실질적으로 제공할 수 있는 능력을 지니고 있기 때문이다.

과거 한국 경제가 성장기에 있을 때는 유일한 무기인 가격경쟁력을 살리기 위해 대기업은 생산원가 절감에 주력할 수밖에 없었고, 그 부담은 협력업체나 중소기업들에 전가되었다.

대기업은 임의로 납품 단가를 낮추거나 중소기업체들 간의 경쟁을 유도해 가격 낮추기를 일삼는가 하면 법정기간(180일)을 어겨가면서까지 장기어음으로 결재하는 것이 상례였다. 이같은 상황에서도 중소기업들은 그나마 납품처를 잃을 것이 두려워 불공정 거래 행위를 감수할 수밖에 없었다.

이러한 전례에 비추어 볼 때 납품 결재의 현금 결재 비중을 높여주는 것은 중소기업의 가장 큰 애로사항인 자금난 완화에 큰 도움이 된다.

현재 중소기업 매출의 75%는 어음 등 '비현금' 의 형식으로 지불받고 있는 실정이다. 이에 대해 재벌 총수들이 점차적으로 중소기업에 대한 현금 결재의 폭을 넓히고 어음 기일을 짧게 하겠다는 조치를 발표한 것은 바람직한 일이다. 그럼에도 불구하고 실무진에서는 하청업자에 압력을 가하여 대금청구서를 늦게 받는 방법을 통해 신속한 현금지급을 미루곤 한다. 또한 소액청구서를 내면 현금 지불을 하지 않고 여러 건을 한 건으로 만들어 어음 결재로 바꾸어 버리는 '편법' 을 쓰고 있다. 결국 말과 실천이 아직은 따로 놀고 있는 셈이다.

대기업과 중소기업의 해외 동반진출도 대기업과 중소기업의 협력관계를 실현시킬 수 있는 좋은 기회가 된다. '국경 없는 경제전쟁' 이 확대일로를 치달음에 따라 이를 이겨내기 위해 해외 직접 진출을 강화하고 있는 대기업들이 국내 중소기업을 파트너로 해외 전진기지를 구축하는 새로운 전략이 필요하다.

금융정책의 개혁 - 개방과 자율

한국 금융시장의 고질적 문제라면 정부가 지나치게 금융에 개입한다는 측면과 금융산업이 스스로 각종 규제 속에 안주함으로써 독자적 산업으로서의 경쟁력을 갖지 못한다는 측면이다.

전자는 과거 고도성장기의 지배적인 생각이었던 '금융은 경제성장을 지원하기 위해 자원동원을 극대화하고 동원된 자원을 중점 개발부문에 배분하기 위한 하나의 도구' 라는 시각에서 탈피하는 문제라 할 수 있다.

그리고 후자는 주어진 자원을 효율적으로 동원 및 배분할 수 있는 하나의 중추 조직인 금융산업의 독자적 위치를 인정하는 새로운 시각을 필요로 한다.

과거 개발경제 시대에서 정부 주도형 금융정책은 한국의 고도성장 과정에 중요한 역할을 하였으나, 다른 한편으로는 기업의 재무 구조를 악화시키고 금융산업의 건전한 발전을 저해하기도 하였다. 관주도형 금융정책은 구조적으로 시장원리에 입각한 금융제도를 발전시킬 수 없었던 것이다. 대내적으로 전반적인 시장 기능이 성숙되어가고 기술 후진국에서 벗어나 독자적인 기술개발을 필요로 하는 경제 발전 단계에 접어들면서 중앙집권적인 각종 금융 규제는 시장의 비효율성을 확대시켰다. 또한 기업의 기술혁신 활동을 보좌하는 금융기관 고유의 역할을 약화시키고 있다.

대외적으로는 WTO체제의 출범과 OECD 가입에 따라 요구되는 기준들로 인해 국내 금융시장에 대한 개방 압력과 투명성 요구가 증대하고 있다. 따라서 앞으로는 정부의 과도한 정책적 개입을 배제하고 규제를 과감히 철폐하여 시장원리에 입각한 금융시장의 금융 중개기능이 자생적으로 배양될 수 있는 경쟁적 토대를 마련해야 한다. 그러기 위해서는 첫째, 금융기관 내부경영의 자율화를 실현하기 위해 정치의 민주화와 행정의 독립성 보장, 금리자율화의 실현, 탄력적 통화 공급 등을 통한 금융자금의 유효성 증대, 능력 있는 주주에게 인사권 반환, 금융기관 내부경영에 관한 정보의 공개 등이 필요하다.

둘째, 금리자유화를 위해서는 자본시장 육성을 통한 기업의 재무구조 개선, 탄력적 통화공급과 외국 금융시장에서의 차입 기회 확대, 단기 금융시장의 규모 확대, 경제적 약자의 적절한 보호대책이 수립되어야 한다.

OECD 가입이 금융산업에 미치는 영향

업종구분	개방의 영향
은행	•외국은행 진출로 인한 기업의 자금조달 원활 •경쟁에 따른 은행서비스의 전반적 개선 •국내 은행의 해외지점 설치 및 영업활동 가속 •소비자의 다양한 욕구에 맞는 신금융상품의 출현 •은행경영이 수익성을 중시하는 방향으로 전환 •경쟁력이 떨어지는 국내은행의 도산 우려 •국내은행의 수익 감소 •합병이나 제휴가능성 증대 •은행의 소유지배구조 논의 가능성 확대 •고비용·저효율 극복을 위한 인원절감 등
증권	•국내기업의 자금조달 원활 •증권시장의 국제화 촉진 •다양한 투자기법의 도입 •M&A 등 부수업무의 강화 •증권사의 업무영역 확대 •국제 업무 증가 •국내증권사의 수수료 수입비중 감소 •합작증권사 다수 출현 등
보험	•생명보험의 경우 단기적 영향은 미미할 것임 •손해보험을 중심으로 경쟁 심화 •전속 대리점, 브로커 제도 등의 도입시 시장 잠식 가속 •재보험시장의 개방 확대 등

셋째, 업무 영역의 자율화 실현을 위해서는 우선 금융기관들의 내부경영 자율화로 경쟁력을 키우면서, 일부 금융 업종의 이종 금융기관까지의 종속 허용 및 금리자율화 등으로 기존 시장에서의 경쟁 룰을 개선하는 등 경쟁을 생활화해야 한다.

넷째, 독립된 신용평가 기관의 육성이 이뤄져야 부동산 담보대출 관행이 사라지고 기업들의 재무구조 개선 노력이 정착될 수 있다. 이와 함께 중소기업에 대해서는 특수한 여건을 감안하여 제도적 보완장치를 통해 금융자율화가 중소기업에 불리하게 작용하지 않도록 해야 한다.

현재 한국의 은행들은 선진국 및 경쟁국 은행들에 비해 자산 및 자본 규모가 영세하고 경영합리화에 대한 노력이 부족하여 상대적으로 높은 예대금리차에도 불구하고 수익성이나 노동생산성이 낮은 수준에 있다.

은행의 생산성을 반영하는 1인당 총이익은 일본이나 싱가포르에 비하면 절반 수준이다. 1인당 총자산은 일본에 비하면 10분의 1도 되지 않고, 싱가포르에 비하면 절반 수준에도 미치지 못한다. 은행의 저생산성은 결국 대출금리 상승을 가져와 금융비용 상승의 원인이 되고 있다. 은행의 차입자 선별능력 부족과 지나치게 보수적인 대출 형태는 기업자금난, 특히 우량 중소기업의 자금난을 초래하고 있다.

인력난과 취업난의 악순환

한국 고용구조의 특징은 구직난과 인력난이 공존한다는 것이다. 가뜩이나 어려운 중소제조업은 인력난을 겪고 있는 반면, 대졸 고학력자들은 취업난을 겪고 있다. 최근에는 경제의 어려움으로 명예퇴직이나 조기퇴직의 바람이 불고 있어 사회 문제화되고 있다. 더구나 한국의 취업인구 산정은 그 범위가 포괄적이어서 아르바이트성 취업도 정식 취업군에 속하고 있어 실업률이 실제보다는 낮게 추정되고 있다. 현재 유휴 인력은 3백만 명을 훨씬 상회하고 있는 것으로 추정된다. 그럼에도 불구하고 기업현장에서는 인력이 부족하다고 하는 기현상이 나타나고 있다.

한국의 인력 활용도가 낮은 것은 15~24세 청소년층의 경제활동 참가율과 취업률이 낮고 주력 노동층인 25~54세 연령층 여성과 55세 이상의 고령 인구의 경제활동 참가율이 낮기 때문이다. 특히 유휴 인력의 70%가 여성이어서 여성 인력에 대한 체계적인 관리가 필요한 실정인데 과거에 비하여 여성의 경제활동 참가율이 크게 높아졌지만 선진국 수준에는 크게 못 미치고 있다.

유휴 인력의 대부분을 차지하고 있는 여성인력 활용 방안으로는 육아휴직 장려금과 여성 재고용 촉진금 지원 등을 통해 여성 고용에 따른 기업의 부담 완화와 직업훈련 기회 확대, 보육시설 확충 및 신축적인 근무 시간제 도입 등이 제시되고 있다. 고령 인력 활용 대책으로는 단순노무직 중심인 고령자 적합 직종의 다양화, 재고용 기회 확대, 고령자에 적합한 시간 근무제 및 변형 근무제의 활성화, 정보화 시대에 맞는 재교육 실시 등이 제시되고 있다.

최근 들어 국내 기업에서도 시간제 취업 및 임시고용이 증가하고 있으며 인력 파견과 촉탁, 계약고용 등 새로운 고용 형태가 일반화되고 있다. 이와 함께 조기 명예퇴직제와 능력주의 인사 관행이 확산되고 있다.

산업구조 변화에 따른 고용구조 및 고용 형태의 변화는 기본적으로 인력의 효율적인 활용을 위한 노동수요 측면에서의 변화로 이는 기술변화 요인에 의해 앞으로 더욱 가속화될 전망이다.

고용 조정의 방법으로는 크게 양적 조정과 질적 조정이 있는데, 양적 조정으로는 신규채용 축소와 희망퇴직자 모집, 정리해고 등 근로자수를 조정하는 방법과 잔업 규제, 일시 휴업 등 근로시간을 조정하는 방법이 있다.

또 질적 조정은 배치전환과 파견, 전직 등 노동력의 재배치를 통한 조정 방법이다.

이와 함께 사무직 근로자와 생산직 근로자의 임금격차 해소에 더욱 노력해야 한다. 그 동안 사무직과 근로직의 차이가 많이 줄어들은 변화는 참으로 바람직한 것이라 할 수 있다. 그러나 문제되는 점은 단순한 임금 인상과 함께 그 간격이 줄어들었다는 점이다. 즉 질적 개선이 수반되지 않고 임금 수준만 높아졌다는 것인데 이러한 점이 대외경쟁력을 저해하는 고임금의 문제를 낳게 한 것이다.

산업재해 - 산업선진국의 평가기준

우리나라는 산업재해 발생률이 일본, 미국, 독일 등 선진국에 비해 월등히 높게 나타나고 있다. 자료에 따르면 1만 명당 미국 0.52, 독일 0.25, 일본 0.30명에 불과한데 비해 한국은 1.14명으로 후진국형 산업재해가 자주 발생하고 있다.

우리나라 산업재해는 여전히 후진적이고, 규모가 영세할수록 재해 발생빈도가 높으며, 재해 다발 업종이 편중돼 있는 것이 특징이다.

재해자수가 가장 많은 업종은 전체 재해의 약 40%를 차지한 제조업으로 여전히 산재 다발 업종임을 드러냈으며, 약 20%는 건설업에서 발생해 두 업종이 전체의 60%를 차지하고 있다.

재해 유형별로 보면 감김이나 끼임 등 협착, 전도, 추락, 충돌, 낙하 등 5대 재래형 사고가 사고성 재해의 78.0%를 차지했고, 전체 재해 발생의 49.1%가 입사 6개월 미만의 미숙련 근로자에 집중되어 있다.

산업재해를 축소하려면 작업환경의 개선과 안전설비 확충 등을 통해 노동조건을 개선해야 한다. 또한 건강 안전점검을 강화해 재해 발생을 방지하여야 한다.

다행히 1995년도부터 산업재해율이 1% 미만으로 떨어짐으로써 산업안전 분야에서 선진국 문턱에 진입하게 되었다. 산업재해율 1%는 선진국과 후진국을 가름하는 기점이 되고 있는데, 1995년 한국은 산업재해율 0.99%로 처음으로 1% 미만에 진입했다. 그러나 아직 산업

재해 손실로 인해 연 5조 6천억 원의 손실을 입고 있다. 재해율을
0.1%만 낮추어도 연 3천억 원을 줄일 수가 있다.

WTO 체제 출범 - 탈규제, 경쟁, 새로운 이슈의 등장

냉전구도의 해소와 WTO체제의 출범으로 안보보다 경제를 중심으로 한 새로운 국제질서가 형성되고 있으며 세계는 산업사회로부터 지식사회, 정보화 사회로 본격 진입하고 있다. 또한 국가 이기주의를 바탕으로 한 경제 전쟁에 돌입하고 있으며, 기술패권주의가 확산되고, 정보통신과 수송수단의 혁명으로 국경을 초월한 세계화 사회가 도래하고 있다.

세계무역기구의 출범은 우리에게 새로운 산업 전략의 수립을 가용하고 있다. WTO 체제 출범 이후 세계시장이 하나의 단일 경제권으로 편입되면서 국내시장과 해외시장의 구분은 그 의미를 상실하고 있다.

이제는 지구촌 공간경제와 소비의 동시성 개념 속에서 경제활동이 구상되어야 할 시기에 접어들었다. 또한 전 세계가 개방경제체제로 변하면서 과거 수출 주도적 성장전략에서 기원한 '수입=악' 이라는 등식도 이제는 통하지 않게 되었다. WTO 체제하에서는 수출과 수입이 동시에 늘어날 수 있도록 확대 균형전략을 수립, 추진해야 한다.

특히 과거 고도성장 위주의 경제개발 과정에서 불가피하게 조정역할을 해 왔던 정부 규제는 이제 어렵게 되었으며 실제에 있어서도 경제 전체의 효율성을 약화시키는 부작용을 확대시키고 있다.

이제는 정부 규제를 과감히 철폐하고 시장 기능과 민간 자율에 자원 배분 기능을 맡겨야 한다. 인위적인 규제보다는 기업의 경쟁 촉진을 통하여 적자생존의 시장원리가 적용될 수밖에 없는 대외 여건에 직면하게 된 것이다. 과거와 같이 특정산업에 대한 정부의 보조정책이 불가능하기 때문에 정부의 산업정책은 기능적 간접지원으로 전환하여 정보 공공재의 확산을 위한 정보 인프라스트럭처의 조성에 초점을 두어야 한다. 수입 허가나 금지 등 각종 비관세 장벽은 WTO에 의해 앞으로는 철폐될 것이며 농산물에 대한 수입 제한이 사라지는 대신 국내외 가격차를 관세로 보전하도록 함으로써 대폭적인 시장개방이 이루어지게 된다.

특히 농업 분야에 대한 전면 개방의 확대로 우리의 산업구조상 제일 취약한 분야인 농업에 대한 새로운 구조 조정을 해야 할 시기에 있다. 자연조건상 불리한 위치에 있는 한국이 이제 외국산 농산물의 침투에 노출되어 버림으로써 새로운 경제체제에서 가장 어려움을 받게 되었다.

한국 농민의 호당 경지규모는 1헥타르를 약간 넘고 있는 데 반해 미국은 한국의 180배, 영국은 60배, 독일은 15배, 프랑스는 25배 정도의 규모를 보이고 있어 농산물의 대외경쟁력은 어렵다. 현재 전국적으로 식량을 생산할 수 있는 농토의 면적은 207만 헥타르도, 국민 1인당 농사 지을 수 있는 땅은 약 445㎡에 불과하고, 전체적인 식량자급도도 34% 수준에 머무르고 있어서 한국이 필요로 하는 식량의 3분의

2는 외국에서 수입해야 하는 실정이다.

이제는 농사를 주 업종으로 하는 것에서 탈피하여 다양한 농외 수입원을 통해 소득 향상에 주력해야 한다. 한국과 영농 규모가 비슷한 대만이나 일본의 경우에는 농외 소득 제고를 통하여 농민의 소득을 높이고 있는데 농외 소득의 비중은 일본이 80%, 대만이 70%이다.

WTO 체제의 출범과 산업정책 과제

기존정책	정책과제
생산자 중시	소비자 중시
보호 · 육성	자율 · 경쟁
대외 투자 규제	기업의 세계 경영
국내외 기업 차별	기업 무차별
환경 경시	환경 중시
중앙 · 집중	지방 · 균형
제조업 중시	전산업 중시

WTO 체제하에서는 환경문제가 바로 무역관계와 연계되므로 환경문제 또한 우리가 대처해야 할 중요 문제가 되고 있다. 선진국들이 200여 년에 걸쳐 이룩한 성장을 30여 년의 압축 성장으로 이룩한 한국은 이제는 수백 년의 기간이 필요한 환경피해 복구의 문제를 안고 있다.

한국은 급속한 공업화를 성취해 나가면서 선진국으로 발돋움 하고 있지만 그로 인해 환경 문제를 일으키기도 하였다.

환경오염의 대표적 사례는 1991년의 두산전자에 의한 낙동강 페놀 오염사건이다. 또한 쓰레기 처리 문제와 자동차 배기가스 대책도 소홀히 할 수 없는 시급한 문제가 되었다.

주요 국제환경협약상의 무역 규제 조치

	무역구제사항	무역규범과의 관계
몬트리올 의정서	• 당사국은 비당사국과 부속서에 정해진 규 제 물질 및 그 함유 제품 교역 금지(IV조) • 당사국은 비당사국에 규제 물질의 생산 기술 및 이용 기술 수출 억제(IV조)	GATT XX조의 적용을 받지 못할 경우 GATT 1조, III조 및 XI조에 위배될 소지가 있음.
바젤협약	• 당사국은 비당사국과 부속서에 정해진 유해 폐기물의 교역 금지(IV조) • 당사국간 부속서에 정해진 유해 폐기물의 교역시 수출국은 수입국에 통보하고 수입국 의 동의를 받아야 함(V조) • 당사국 중 OECD 회원국과 비회원국간 최 종처리를 목적으로 한 유해 폐기물 교역을 금지.〈1998년부터는 재활용, 재사용을 포 함하여 어떠한 목적을 위해서도 유해 폐기 물 교역을 금지〉(1995년 개정)	
CITES	• 부속서에 정한 동식물종에 대한 수출입 허 가제도를 통해 협약에 규정된 목적을 벗어 난 국제거래 규제(II ~V조) • 비당사국과의 거래는 협약 요건과 일치하는 경우만 인정(X조) • 무역 조치 위임 조항(X I V조 1항)	

　현재 한국 환경문제의 가장 큰 취약점은 좁은 국토와 과다한 인구 밀도에서 기인한다. 또한, 국내 대부분의 하천은 수질기준 2급 내지 3급으로 오염이 심각한 상태이다. 수질오염의 주범은 생활하수와 산업폐수, 농축산폐수로 생활하수는 오염의 46%, 산업폐수는 40%를 차지하고 있다. 폐기물 처리도 갈수록 어려워지고 있다. 선진국들과는 달리 폐기물의 대부분을 땅에 묻는 방법을 취하고 있어 매립장 확보에 어려움을 겪고 있다.

　또한 지방자치의 실시로 지역간 이기주의의 님비(NIMBY)현상이 나타나 혐오시설에 대한 지역 주민들의 반발로 매립장 확보는 날이 갈수록 어려워지고 있다.

　특히 한국은 생활쓰레기가 너무 많다. 일본이나 미국의 경우 한 사람의 생활쓰레기 배출량이 하루 평균 1킬로그램 정도인데 비해 한국은 2.3킬로그램에 달하고 있는 실정이어서 어려움이 가중되고 있다.

늘어나는 대선진국 적자와 개도국으로의 수출 증가

우리나라의 무역은 그동안 수출 다변화정책에도 불구하고 아직까지 특정지역 및 국가에 편중되고 있는 실정이다. 특히 아시아에 대한 비중은 2005년 수출은 51.7%, 수입은 48.2%를 차지하고 있다. 아시아 가운데서도 일본에 대한 무역의존도가 높을 뿐 아니라 큰 폭의 무역수지 적자현상을 보이고 있다. 미국에 대해서 수출은 1970년의 47.3%에서 2005년의 14.5%로 비중은 크게 낮아지고 있다.

우리나라의 수출이 미국과 EU 등 대 선진국 수출은 점점 감소하고, 중동·중남미·중국 등 개도국에 대한 수출비중이 높아지고 있다. 1990년대 이후 우리나라의 대 개도국 무역 비중이 높아지는 것은 국내 기업들의 해외투자 진출 결과이다. 즉 중국, 아세안, 중남미 등으로 공장을 이전함에 따라 동지역에 대한 기계류와 중간재의 수출이 증가하고, 반대로 동지역으로부터 완제품의 역수입이 증가하고 있기 때문이다.

2007년 전체 대 선진국 수출이 1266억 달러인 반면에 대 개발도상국 수출은 2448억 달러를 기록하였다.

전체적으로 중남미 및 동남아 등의 무역수지 흑자폭이 늘어났으나 주력 무역상대국과의 교역에서 점차적으로 반도체 및 승용차 등 수출저조에 의해 대 선진국 무역수지는 미국의 흑자규모 축소, 일본과 호주의 적자폭 확대, 개발도상국 및 중국과의 무역수지 역시 흑자가 줄어들었다.

선진국 시장에서는 지속적으로 적자가 늘고 상대적으로 후진국을 대상으로 한 흑자가 늘고 있어 품질경쟁을 통한 질적 성장에 문제가 있음을 보여주고 있다.

이에 따라 선진국 위주로 돼 있는 해외 통상조직과 정보제공 내용 등을 개도국 위주로 전면 재편해야 한다는 주장이 제기되고 있다. 그동안 한국 기업은 생산부터 유통까지 각 단계의 개별 활동이 특정국에 편중되어 있는 대외 경제 관계에 머무르고 있으며, 그 결과 통합되고 있는 세계시장의 활용이 미흡한 수준에 그치고 있다.

예를 들어, 개도국의 천연자원과 선진국의 중간재를 국내의 중급 조립기술로 가공처리, 최종 생산하여 미국 등 선진국 시장에 수출하는 단선적인 국제 공급체계에서 탈피하지 못하고 있다. 이와 같이 특정지역에 편중된 대외 경제관계로 말미암아 대일무역 역조, 불안정한 자원 공급체계, 높아지는 기술보호 요구, 선진국의 수입규제 등의 문제가 계속 야기되고 있다.

국제경쟁력은 결국 그 나라의 무역수지가 흑자냐 적자냐로 판가름 나는데 무역흑자국은 승자가 되어 채권국이 되고, 적자국은 패자가 되어 채무국, 즉 경제종속국으로 전락한다.

노벨상 수상자인 MIT대의 레스터 써로 교수는 OECD국가인 멕시코 경제의 붕괴 원인은 무역적자와 외채의 누적이라며, 어느 나라든 이를 해결 못하면 어느 시점에 가서 무너질 수밖에 없다고 했다.

일본처럼 기계 및 자본재, 중간재 원료를 자체 생산에 의존하는 일괄 생산체제를 갖추지 못하면 무역적자는 영원히 극복하기 어렵다. 또한 무역적자가 계속되면 외채를 끌어다 이자를 갚아야 하고 외채 상환은 불가능해지고 외채 규모만 눈덩이처럼 커진다. 무역적자와 외채 누증에 따른 미래에 닥쳐올지 모르는 경제 불황을 막기 위해 온 국민이 합심 노력하여야 한다.

대일역조 - 자본재 자립을 위한 기술력 개발이 문제

한국의 대일 무역수지 누적액이 1999년부터 2008년 상반까지 1,847억 7,200만 달러를 기록함으로써 최근 10년간 대일무역 적자는 2,000억 달러를 넘어서게 되었다.

이와 같은 엄청난 규모의 대일 무역적자의 발생 원인으로 전문가들은 무엇보다도 한국 경제의 높은 대일 자본 · 기술 의존도를 꼽는다. 한국 경제는 성장하면 할수록 일본 경제에 대한 의존도가 심화되면서 일본으로부터의 수입도 늘어나고 있다. 한 · 일 간의 이러한 경제 구조는 바뀌지 않고 있으며, 여기에 상품 파는 데만 열을 올릴 뿐 기술 이전이나 시장 개방 등 경제협력자로서의 책임을 일본은 계속 외면하고 있다.

대일 역조의 주범은 자본재 산업이다. 자본재 산업이란 소비재 산업에 대칭되는 말로 생산수단을 만드는 산업, 즉 기계공업을 의미한다. 좁은 개념으로는 일반 기계 부문을 자본재로 정의하고 있는데 일반 기계공업이나 전체의 대일 무역적자 규모는 엔고 현상이 재현되기 시작한 1995년부터 급증 추세를 보이고 있다.

1995년까지 기계 산업 부문에서만도 50억~60억 달러 가량의 대일 역조, 기계 산업 전체로는 약 90억 달러에 가까운 무역 역조가 발생한 것으로 집계되고 있다.

이와 같은 자본재 산업의 대일 의존 탈피가 더욱더 심각한 정책 현안으로 대두되면서 일본에 대한 기술 종속에서 벗어나는 문제가 큰 숙제로 남게 되었다.

이러한 문제를 해결하기 위한 앞으로의 기술정책 방향은 첫째, 공동 기술개발을 위한 제도적 운용이 필요하다. 한국 산업의 기술수준을 빨리 전체적으로 향상시키기 위해서는 업종별로 기술문제를 공동 대처해 나가도록 하는 제도적 운용이 필요하다. 즉 업종

중간재 및 자본재 대일 수입 의존도

구분	중간재	자본재
20%이상	영상음향 통신기기(22.5%) 전자기기 부품(22.4%)	직류 · 가죽(24.9%) 일반산업용기계(22.0%) 가정용 전기기기(21.8%) 석유 · 석탄(20.0%)
10~19%	컴퓨터 · 사무기계(18.1%) 정밀기기(15.7%) 특수산업용기계(11.1%)	기타 운송기계(10.1%) 자동차(19.9%) 특수산업용기계(18.1%) 산업용 전기기기(16.9%) 제1차 금속(16.8%)

별로 기술개발 과제들이 확인되고, 이들 기술의 개발을 위해 업계와 공공 부문이 함께 유기적으로 대처해 나가도록 해야 한다.

둘째, 기술도입선을 다변화시켜 나가야 한다. 오늘날 기술 국가주의가 강화됨에 따라 서방 선진국들은 핵심 기술의 이전을 회피하고 있기 때문에 구공산권 국가로부터의 기술 도입을 적극 검토해 볼 필요가 있다.

셋째, 한 · 일간 산업협력을 적극 추진해야 한다. 자본재 산업의 기술 고도화와 대일 무역 역조의 시정을 위해서는 기계 · 부품업체들의 국산화 촉진과 함께 한 · 일간 산업협력은 대단히 중요한 과제이다. 따라서 해외로의 생산기지 이전을 이용하여 일본 기업의 대한 투자를 적극 유치해 나가도록 하는 투자유인책이 개발돼야 한다.

넷째, 기술개발에 공공과 민간 부문이 역할을 분담해야 한다. 기계
산업의 발달과 관련된 공공재적인 성격을 갖는 기초과학 기술들이
많다. 이들 부문의 기술개발에는 기업의 힘만으로는 어려운 경우가
많아 공공 부문의 적극적인 참여가 필요하다.

기업하기가 좋아야 경쟁력이 산다

한국은 공장을 짓는데 서류만 300여 가지가 필요하고 공장 설립에 2년 이상의 기간이 필요하며, 공문서 하나 검토하는 데도 3~4개월이 걸리는 실정이다. 기술 도입에도 200여 장의 서류가 필요하고, 처리기간도 3년이나 걸려 등록도 하기 전에 유사품이 나오는 경우가 빈번하다.

'우리나라에서는 기업하기가 대단히 어렵다' 는 얘기는 어제 오늘의 말이 아니다. 기업가가 '3류 행정', '4류 정치' 라고 비판했다가 정부로부터 호된 보복을 당하는 상황에서 기업인들의 정부에 대한 건전한 비판과 문제점의 지적은 어렵다. 재벌 기업들이 국내 투자는 줄이면서 해외 투자는 최고 4배까지 확대하고, 재벌 총수들의 해외 상주체제가 느는 것을 '세계화' 현상이라고만은 볼 수 없다. 역으로 그만큼 국내에서의 자유로운 경제활동이 어렵다는 것을 반증하는 것이기 때문이다.

한국에 진출하려는 외국 기업의 눈에도 역시 우리나라는 투자하기가 어려운 국가로 인식되고 있다.

　OECD가 최근 내놓은 'FDI(직접투자)추세' 보고서를 보면 OECD 30개 회원국 가운데 2007년까지 3년 연속 외국인 직접투자 규모가 줄어든 나라는 한국밖에 없다. 브릭스 국가들과 아세안 국가 중에도 외국인 직접투자가 줄어든 나라는 단 한 곳도 없다. 인도는 26억 달러에서 157억 달러로 6배로 늘었고, 베트남은 21억 달러에서 179억 달러로 8배 이상 늘어난 것을 비롯해 대부분 2~3배씩 증가했다. 그러나 한국의 외국인 직접투자 유치 순위는 2004년 16위에서 2005년 23위, 2006년 28위, 2007년 29위로 계속 추락하면서 뒷걸음치고 있다.

　능력 있는 외국 기업이 우리나라에서의 경제활동을 피하기 때문에 선진기술을 배울 기회가 없어지고 첨단 세계정보에 대한 접근이 막혀 기술경쟁력을 잃어가고 있다.

　이와 같이 국내 기업이 해외로 빠져 나가고 외국 기업의 투자 확보마저 어려워진다면 기술력과 시장력의 공동화 현상이 발생하게 되며 장기적으로 국가경쟁력의 확보도 어렵다.

　세계적인 미래학자 존 네이스비트도 한국 정부가 기업에 대한 개입을 과감히 떨쳐 버리고 기업 스스로 현명한 판단을 할 수 있는 여건을 조성해야 한다고 지적하고 있다. 여기에 덧붙여 외국인 투자가 보다 활성화될 수 있도록 규제완화 작업을 수행해야 한다고 말하고 있다.

　정부 규제완화의 우선순위로서는 정부 개입방법의 개선을 개입 부문 조정보다 더 먼저 실시해야 한다. 국제경쟁이 심하거나 기술혁신 속도가 빠르거나 수요가 급변하는 분야, 규제의 준수 정도나 실효성이 낮은 부문부터 규제의 현실 적합성이 낮은 부문, 규제 절차가 복잡한 부문, 규제에 관련된 직접ㆍ간접 사회적 비용이 큰 부문, 규제가 오래 된 부문, 규제에 관련된 보완정책을 종합해서 시행할 수 있는 부문부터 하는 것이 합리적이다.

국가경쟁력의 장애 - 취약한 사회간접자본 시설

사회간접자본시설, 즉 인프라는 경제활동의 효율성을 직·간접적으로 올려주어 경쟁력 강화의 기본적인 토대가 된다. 사회간접자본(SOC)은 생산 활동을 간접적으로 지원하면서 산업경쟁력과 국민복지를 결정하는 가장 중요한 국가 기간 시설이다. 인프라 확충을 통한 물류비의 절감은 생산원가의 하락을 유도하여 수출제품의 경쟁력을 직접적으로 강화시키며 또한 인프라는 투자를 촉진시켜 경기순환 조절과 물가조절 기능을 함께 하고 있다.

현재 한국의 물류비용은 한 해에 40조 원에 이르고 있는데 이는 국민 총생산의 14%, 전체 제조업체 매출액의 16% 수준이다. 교통 혼잡으로 인해 치르는 비용만 해도 한 해 9조 원을 넘고 있는 실정이다.

수입화물 통관 소요 시간을 다른 국가와 비교해 보면 해운의 경우 홍콩이 하루, 미국이 이틀, 일본이 5일 걸린다면 한국은 무려 15일이나 걸리고 있어 물류비 부담이 중요한 경쟁력 약화 요인으로 나타나고 있다.

특히 한국은 도로 투자와 비교해 일반 철도와 항만, 지방 공항 등에 대한 투자가 부진한 것으로 나타나고 있어 이 부분에 대한 투자가 시급한 실정이다.

현재 세계 각국은 '민간자본을 끌어들여라' 라는 구호 속에 국경 없는 경제 전쟁을 치르면서 나라마다 사회간접자본 투자에 많은 관심을 보이고 있다.

정부는 한국을 동북아 지역의 교통·물류 중심기지로 만들기 위해 중추공항과 항만을 개발·운영하고 개선하기 위한 계획을 구상하고 있다. 수도권 신공항을 북미·유럽 등 장거리 노선항로와 일본·중국·동남아 등 중거리 노선항로를 연결하는 중추공항으로서 24시간

운영이 가능한 최첨단 공항으로 개발하고, 무역 · 정보통신 · 금융 · 물류 · 국제회의 · 레저 기능 등을 담당할 배후 지원도시의 개발 방안을 구상하고 있다. 또 부산 신항(가덕도항)과 광양항을 기반시설 및 하역창고로 하는 등 기능 시설과 정보시스템을 갖춘 제3세대 항만으로 건설할 계획이다.

21세기 국가경쟁력의 강화를 위하여

'국가경쟁력' 은 국정의 한 지표가 되고 있는데 경제적인 측면에서 혹자는 이것을 수출의 가격 경쟁력의 개념으로 사용하고 있고, 어떤 사람은 개방화의 개념으로 쓰고 있다. 또한 정치 · 경제 · 사회 · 문화에 있어서 국력의 총합이라는 개념으로 쓰기도 한다.

이와 같이 국가경쟁력은 그 개념을 사용하는 사람의 입장에 따라서 내용을 달리하고 있으나 국제화를 통한 국가경쟁력의 강화라는 입장은 모든 사람에게 공통적으로 나타나고 있다. 과거에 사용되던 국력 내지는 경제력 · 경쟁력이라는 용어가 현재의 국가경쟁력이라는 용어에 대응되는 것이라고 볼 수 있다.

그렇다면 왜 국가경쟁력이라는 개념이 자주 사용되고 있는가? 그것은 무역전쟁으로 대표되는 현대에 있어서 가장 중요한 문제는 바로 경제문제라는 점을 강조하기 때문이다. 따라서 한 나라의 경제력을 표현하는 국가경쟁력, 그리고 그것의 강화라는 문제는 그 나라의 경제를 어떻게 건실하게 할 것인가라는 문제로 직결된다. 결국 국가경쟁력의 강화 방안은 바로 경제의 내실화, 건전화 방안이라고 할 수 있다.

한국의 경우 1960년대와 1970년대는 수출 증가에 사활을 건 시기였다. 그러나 이제는 우리보다 임금 조건이 유리한 개발도상국 때문에 더 이상 낮은 임금에 의한 부가가치품 상품으로는 도저히 세계시장에서 경쟁할 수 없는 상태가 되었다.

이제 상품은 가격만이 아니라 더 우수한 질을 요구하고 있다. 싱가포르이나 홍콩은 독자적인 가공도 하고 있지만, 기본적으로 국제무역의 중심지, 국제금융의 중심지로서의 발전경로를 걷고 있다. 대만은 국내 산업도 많이 발달해 있지만 그 나라의 지정학적 특수성으로 말미암아 대외경제 의존도가 매우 높은 나라이며, 멕시코는 세계 최대 시장인 미국과 맺고 있는 정치·경제적 관계로 인해 미국 경제와 밀접히 관련된 경제발전 전략을 채택하고 있다.

따라서 이러한 나라들에 있어서 국가경쟁력 강화 방안은 곧 국제화로 직결될 수밖에 없다. 반면 미국·유럽연합의 선진국, 일본과 같이 국내 시장이 큰 나라들의 발전의 중심은 수출시장에 있는 것이 아니다. 단적으로 미국의 수출경쟁력이 미국의 국가경쟁력을 의미하고 있지는 않다.

이러한 나라들은 선진국이기도 하지만 무엇보다도 독자적인 국민경제를 갖고 있기 때문에 국내 경제의 견실화, 국내 시장의 개발이라는 측면이 이 나라들의 발전의 중심축을 형성하고 있다. 그 결과로 선진국이 되고 가속적인 발전을 하고 있는 것이다. 즉 이들 나라에 있어서는 국내 경제의 건실화가 국가경쟁력의 기초가 되고 있다.

한국 경제는 1980년대 이후 국제수지가 개선되어 1986년에는 최초로 46억 달러의 흑자를 기록하였고, 물가상승률도 둔화되어 경제안정이 이루어졌다. 그러나 1988년을 정점으로 그와 같은 안정과 성장 분위기는 줄어들고, 경제성장률은 하락하고, 물가상승률은 높아졌으며, 국제수지가 다시 적자로 반전되는 등 경제가 악화되기 시작하였다. 그것은 기본적으로 구조적인 것에 연유한다.

경제구조의 변혁을 가져온 둘째 원인은 1988년까지의 성장은 양질의 풍부한 노동력과 정부를 통한 비교적 손쉬운 외자도입, 정부의 효과적인 통제와 지시, 그리고 저축과 근검의 국민정신에 근거하였는데 이것이 1988년 이후 차츰 변화하기 시작했다.

셋째는 1988년 이후 국내의 민주화 요구의 분출과 임금인상, 과소비 풍조와 통상 마찰의 확대와 보호주의 무역의 심화, 그리고 지역주의의 확대로 한국의 경제는 악화 일로로 내닫기 시작했다.

넷째는 고성장 과정에서 빚어진 구조적 모순, 사회·경제적 불평등 이로 인한 생산성 저하, 3D현상의 만연 등이다. 그리고 경제구조와 운영의 변화를 가져온 마지막 요인은 선진국의 기술 이전의 회피와 해외시장에서의 경쟁력 약화와 상실 등이다.

세계화 시대에는 시장경제 원리에 충실함으로써 국내 기업환경이 좋게 되면 국외에서 많은 기술-자본-고급 두뇌가 정부의 권유 없이도 저절로 국내로 들어와 경제발전을 촉진시키는 것이다. 이와 같은 변화된 상황에 대처하기 위해 우리는 다음과 같은 사항들을 고려하여 경제정책의 변화를 시도해야 한다.

먼저 경제 부문에 대한 정부의 지나친 보호나 지원은 자유무역주의를 강조하는 국제적인 분위기에 더 이상 적합하지 않다는 점이다. 따라서 과거와 같이 수출 촉진을 위한 저리자금 공급, 수출용 원자재에 대한 면세, 고율의 관세나 수입 제한에 의한 국내 시자의 보호 등은 더 이상 국내 기업의 생존성은 물론 국제적인 경쟁력을 저하시켜 경제의 약화만을 가져올 뿐이다.

둘째, 경제 규모의 증대와 산업구조의 복잡화로 인하여 더 이상 정부 주도의 경제 운용은 어렵기 때문에 정부 주도에 의한 투자와 산업의 구조조정 등은 극도로 제한되어야 한다. 대신에 기업 자신들에 의한 구조조정과 투자의 우선순위가 정해져야 한다. 즉 기업의 자율성이 증대되고 국가의 통제력이 최대한 억제되는 경제 운영방식이 유지되어야 한다.

그러나 정부 정책의 변화만이 능사는 아닌데 국가경쟁력은 국민경제를 구성하는 가계 · 기업 · 정부 등 각 경제 주체들의 경쟁력에 의해 결정된다. 가계는 노동생산성 향상에 힘쓰고, 노동의 대가로 받은 소득을 합리적인 소비 · 저축 결정을 통하여 기업의 투자자금 공급 능력을 높여 주어야 한다. 기업은 끊임없는 기술개발과 인적자본의 축적을 통해 질 좋은 제품을 생산하는 것이 경쟁력을 확보하는 길이다.

2006년 발표한 세계 각종 지표

행복지수	인간개발지수	부패인식지수
1. 바누아투	1. 노르웨이	1. 핀란드
2. 콜롬비아	2. 아이슬란드	2. 아이슬란드
3. 코스타리카	3. 호주	3. 뉴질랜드
4. 도미니카	4. 아일랜드	4. 덴마크
5. 파나마	5. 스웨덴	5. 싱가포르
6. 쿠바	6. 캐나다	6. 스웨덴
7. 온두라스	7. 일본	7. 스위스
8. 과테말라	8. 미국	8. 노르웨이
9. 엘살바도르	9. 스위스	9. 호주
10. 세인트빈센트그레나딘	10. 네덜란드	뉴질랜드
31. 중국 95. 일본	**26. 한국**	17. 일본
102. 한국		**42. 한국**

자료: 영국신경재단   자료: UNDP   자료: 갤럽

국가경쟁력	연구개발(R&D)투자	기업하기 좋은 나라
1. 스위스	1. 미국	1. 싱가포르
2. 핀란드	2. 일본	2. 뉴질랜드
3. 스웨덴	3. 독일	3. 미국
4. 덴마크	4. 프랑스	4. 캐나다
5. 싱가포르	5. 영국	5. 홍콩
6. 미국	6. 스위스	6. 영국
7. 일본	**7. 한국**	7. 덴마크
8. 독일	8. 네덜란드	8. 호주
9. 네덜란드	9. 스웨덴	9. 노르웨이
10. 영국	10. 핀란드	10. 아일랜드
24. 한국		11. 일본
		23. 한국
자료: 세계경제포럼	자료: 영국 무역산업부	자료: 세계은행

　　정부는 이들의 자유로운 경제활동을 보장하고, 행정서비스의 향상, 조세행정의 쇄신 등을 통해 삶의 질, 즉 사회복지 향상에 힘써야 한다. 또한 국가경쟁력이란 국가의 모든 부문에 대한 총체적 경쟁력이기 때문에 경제부문과 직접 관련된 경쟁뿐 아니라 공공기관의 행정서비스, 언론, 교육 부문에서도 외국보다 나은 경쟁력 구조를 갖추어야 한다.

　　현재 한국의 국가경영 시스템의 문제점을 삼성경제연구소는 대외 교섭력의 취약, 과도한 정부규제, 정치의 낙후와 리더십 부족, 경직된 행정 등으로 정리하고 있다. 물론 그동안 정부가 주도해온 계획경제적인 시스템이 고도성장의 밑거름이 되었지만, 이제는 정부 자체가 다른 국가들의 정부와 질적 경쟁을 해야 하는 하나의 기업이 되어버린 것이다. 따라서 정부 정책에도 마케팅 경영 개념이 도입되어야 하는데 이는 경제정책의 초기단계에서부터 경제주체의 참여와 이해를 높여 가야 함을 의미한다. 즉 정책의 초기 입안단계에서부터 다양한 전문가 집단을 참여시켜 이들의 의견을 최대한 반영하여 수요자 위주의 정책체제로 나아가야 한다.

기업의 세계화 - 미흡한 대외투자

국경의 개념이 약화되고 세계를 무대로 각국의 대기업들이 치열한 각축을 벌이고 있는 세계화 시대에서는 국내와 기업 간의 구별이 의미가 없다. 그러나 한국의 경우 국내총생산 대비 해외생산 비율이 1%에 불과하여, 미국·일본 등 선진국에 비해 현저히 낮은 수준을 보이는 등 기업의 세계화가 미약하다.

기업의 세계화는 기업세계화의 3대 구성요소로 지적되는 세계적 경쟁력의 추구, 생산 활동의 해외로의 확장, 기능적 통합과 지역 전문화라는 관점에서 지원이 이루어져야 한다. 그러나 해외에서의 생산은 국내보다 복잡하고 어려운 것이 사실이다. 정치·경제·사회·문화적 환경 및 제도 등의 해외환경이 국내환경과 크게 다르기 때문이다. 따라서 기업의 해외 진출에 있어서 현지 적응력 강화를 도와주는 방향으로 정부의 역할이 정립되어야 한다.

예로 일본의 노무라증권은 미국이나 유럽에 진출한 현지법인에 현지채용 인원을 대거 고용하여 진출국의 여건에 맞게 행동하고 적응하려는 노력을 기울이고 있다. 이와 함께 국내 기업들이 마케팅, 생산, 기술면에서의 경영자원 열세를 극복하고 세계 유수기업과 경쟁하기 위해서는 국내 기업 간 또는 해외 선진기업과의 전략적 제휴를 활성화해야 한다.

앞으로 한 국가의 부는 이동성이 상대적으로 낮은 자원 및 생산요소인 경제제도, 관행, 과학기술, 사회간접자본 등에 의해 결정된다. 국민경제의 국제경쟁력도 이들 고정성이 강한 자원의 양과 질을 얼마나 확보할 수 있는가, 그리고 이동성이 높은 자원인 전문 인력, 자본, 기업 중 우수한 자원을 얼마나 많이 국내에 유치할 수 있느냐에 따라 결정된다. 따라서 기업의 입지조건이 좋다면 외국의 어느 곳이라고 기업은 진출을 마다하지 말아야 한다.

2007년 한국의 해외 직접투자 규모는 200억 불을 넘어섰다. 아직 해외투자 중 전체의 66.2%가 아시아에 편중돼 있는 등 문제가 없는 것은 아니지만, 최근 전자업체들이 해외투자에서 보듯 기술선진국 진출이 두드러지고 있는 것은 좋은 현상이다. 해외투자는 무역 마찰을 피하고 첨단기술 습득과 시장접근 기회를 제공하는 등 기업의 경쟁력 강화를 위한 주요 수단이 되므로 적극 권장할 사항이다.

고부가가치화, 기술집약화

그동안 한국의 산업은 부가가치가 낮은 섬유와 의류·신발 등을 공업화의 우선 대상으로 삼아 성공을 거두어 왔다. 저부가가치 산업이란 이미 이 분야의 기술이 세계적으로 평준화되어 있거나 기술자체가 고급이 아니라서 미숙련 혹은 반숙련 노동으로 가능한 산업을 의미한다. 그러나 지금의 임금 수준이나 상승 속도를 감안할 때, 앞으로 저부가가치 산업으로는 견뎌내기가 어려우며 이 부분은 이미 후발개도국에게 시장을 잠식당하고 있는 실정이다.

1980년대 말 이후부터 현재까지 한국 산업의 중심을 형성하고 있는 중급 정도의 부가가치를 나타내는 산업군은 기계·전기기기·철강·조선·정밀기기 등이 해당된다. 문제는 기계 등 자본재와 부품산업은 그 성질상 중소기업이 중심을 이루고 있으나 한국 중소기업기술 수준의 취약함 때문에 그동안 이 부문은 대부분 일본이나 미국으로부터의 수입에 의존해야만 했다.

예로 대부분의 자동차 엔진과 새시 부분의 설계도면을 로열티를 주고 수입해 와야 했고, 반도체 생산기계와 설비 또한 수입에 의존해야만 했다. 기계와 부품·소재 등을 수입에 의존해야 하는 상황에서 한국 조립산업의 부가가치는 낮을 수밖에 없다. 경쟁국과 비교해서도 산업발전 단계에 비해 제조업 비중 저하가 빠르게 진행되고 있다. 제조업 중에서도 핵심 부품 및 중간재의 국산화는 취약하여 중간재나 핵심 부품의 새로운 개발이 결여된 가운데 중급품 위주의 대량생산 체제의 의존함으로써 최종 제품에 관련된 산업구조도 고도화, 고부가가치화, 다품종 소량 생산체제로의 이전이 원활하지 못하다.

앞으로 고부가가치 중심의 다품종 소량 생산체제, 기술집약적 생산체제로 전환하기 위해서는 기술 축적과 전체 종업원들의 창의성 발휘가 필수불가결한데, 이를 위해서는 노사관계의 안정과 근로자의 자발적 참여가 전제되어야 한다.

세계화가 진행됨에 따라 국경의 의미가 없어지다 보니 기업과 기업 간의 경쟁은 더욱 치열해지고 있다. 이러한 경쟁에서 살아남는 방법은 기술개발밖에 없으며 따라서 선진기업들의 총매출 대비 연구개발비는 높아지게 마련이고, 각국 정부도 자국의 대외경쟁력을 높이기 위해 연구개발에 필요한 예산을 늘리고 있다. 그럼에도 불구하고 한국의 기업이나 정부는 연구개발 비율이 선진국 정부나 기업에 비해 절대적으로 부족한 실정이다. 한 국가에서 생산되는 상품의 경쟁력은 기술 수준의 향상을 통해 이루어지며 기술 수준의 향상은 연구개발을 통해 이루어진다.

한국의 연구개발 투자액은 선진국에 비해 절대수준에서 낮으며 정부 부문의 연구개발 비중도 매우 낮다. WTO 체제하에서는 기술선진국의 지적재산권 보호가 강화될 것이므로 전략적으로 핵심기술의 연구 개발을 서둘러야 한다. 이제 기술혁신은 생존 차원의 전략이 되고 있다.

제5장

선진국 문턱에 다가선 한국

OECD(경제협력개발기구)가입

프랑스 파리의 16구 앙드레 파스칼가 2번지에 전 세계 부의 70%, 교역의 65%를 차지하는 29개 회원국의 모임인 OECD(경제협력개발기구) 본부가 들어서 있다. 일명 '부자클럽' 으로 통하는 OECD는 이곳에서 회원국은 물론 세계경제 동향과 새로운 조류를 분석, 다른 국제기구 등을 통해 방향타를 잡는 역할을 하고 있다. 세계경제의 '두뇌집단' 답게 OECD가 다루는 업무는 세계적이며 첨단이다. 현재 공정경쟁 문제를 비롯, 환경·기술·투자·노동 분야의 무역 규범을 만들자는 논의를 한창 진행시키고 있다.

한국 정부가 OECD에 가입한 이유는 우선 세계 경제의 조류에 대책 없이 휩쓸리지 않고, 세계 경제를 리드하는 중심에 안테나를 세워 놓아 그 변화에 미리 대응하겠다는 것이다. OECD는 세계 경제에 있어 강자들의 모임으로, 그 회원이 되는 것 자체가 정치·경제적인 지위의 향상은 물론, 이들이 논의하는 지구촌의 장래에 대한 정보에도 직접 접할 수 있어서 우리가 이에 대응할 수 있는 좋은 여건을 제공받을 수 있다.

둘째, OECD 가입을 계기로 한국의 자본 금융시장을 포함하는 전반적인 국내 경제, 사회제도의 규제완화와 국제화를 촉진시킬 수 있다.

셋째, 선진국들의 경제 운용과 세계 경제동향과 전망에 관한 정보를 얻을 수 있다.

마지막으로 단일시장 아래 통합된 유럽 경제권과의 경제 관계를 강화할 수 있다.

OECD에 가입함으로써 한국 경제는 체질적인 변화를 겪게 되었다.

우선 사회복지 분야에서 정부 예산의 일정 비율을 선진국 수준에 맞추어 의료보험, 빈민구제, 공적연금 등에 할애, 사회 전체의 복지를 크게 향상시켜야 한다. 정부의 경제정책도 과거의 일방적인 성장 위주의 정책에서 탈피해 국민 각자의 삶의 질을 높이는 정책으로 탈바꿈해야 한다. 또한 국민의 건강, 안전과 함께 상품의 품질 수준도 달라져야 하는데 종전의 조악한 상품으로는 OECD 국가에서 더 이상 발을 붙일 수 없기 때문이다. 이와 함께 OECD 가입은 우리 경제정책의 대폭적인 개선을 요구하는데 특히 물가 단속이나 수입 억제정책 등과 같은 정부의 물리력이 통용되지 못한다. 여타의 회원국들로부터 보이지 않는 압력을 받기 때문이다.

한편, OECD 가입은 정치 · 외교 면에서도 우리에게 새로운 여건과 기회를 제공하는 커다란 의미를 내포하고 있다.

첫째, 한국 민주화 정착과 정치선진화에 대한 국제적인 공인을 의미하는데 경제와는 달리 정치적으로 미개발 국가로 인정받던 한국의 정치적 민주화 수준이 국제적 인정을 받는 의미를 지닌다. 사실 한국 정부가 여건의 미성숙에도 불구하고 OECD에 가입하고자 한 의욕도 이러한 점이 크게 작용하였다.

둘째, 한국도 선진국 지위에 따른 프리미엄적 이익의 효과를 누릴 수 있을 것이라는 점이다.

셋째, 이러한 새로운 발전을 배경으로 아시아에서 일본에 이은 두 번째의 OECD 회원국으로서의 새로운 지역 외교활동 영역을 확대해 나갈 수 있다.

넷째, 남북한간 그 동안의 경쟁 또는 대결구조에서 탈피하여 평화적인 민족통일의 과정을 명실공히 선도해 나갈 수 있는 능력을 우리 스스로가 확인하고, 또한 국제사회에 대해서도 이를 구체적으로 인식시킬 수 있는 계기를 마련하게 된 것이다.

마지막으로 이러한 정치, 외교안보, 경제면에서의 자신감은 우리나라가 주변 강대국들과의 관계에서 있어서 보다 적극적이고 능동적인 역할을 수행하는 밑거름이 될 수 있다.

OECD란?

OECD는 제2차 세계대전 이후 서유럽 경제의 부흥을 위해 창설된 유럽경제협력기구(OEEC)를 모체로 하고 있다. 서유럽의 공산화와 경제 회복을 위한 마샬플랜에 근거하여 스페인을 제외한 서유럽 16개국이 모여 유럽경제협력위원회를 창설하였다. 이후 트루먼 대통령이 서유럽에 대한 원조자금 제공에 대한 유럽협력법을 승인함에 따라 서유럽 16개국은 이들 원조자금을 국가간에 효율적으로 배분·활용하기 위한 협력체로서 유럽경제협력기구를 출범시키게 되었다. 이를 통해 군사적인 측면에서는 북대서양조약기구(NATO)로써, 경제면에서는 OEEC로써 서유럽의 안보체제가 완성되었다.

그러나 피원조 기구의 성격으로 출발한 OEEC는 EC 국가를 중심으로 한 유럽 경제의 통합과 급속한 경제 회복이 진행되면서 미국·일본·EC 등 명실공히 세계의 3대 경제권을 포괄하는 경제협력체로 발전하게 되었다. 서유럽 국가들의 경제발전으로 이런 국가들이 대등한 파트너로서 개도국에 대한 원조에 참여시켜야 할 필요성이 증대되었다. 서유럽 내에 EEC와 EFTA 등 지역 경제공동체들이 설립되면서 이들과의 협력관계는 물론 서유럽 이외 지역의 선진공업국들까지 포함하는 보다 개방적인 형태로의 OEEC 개편이 요구되었던 것이다. 이에 따라 EEC 및 EFTA 회원국과 미국·캐나다를 포함한 20개국이 창설회원국으로 서명한 경제협력개발기구가 1961년 9월에 정식 발족되었다.

OECD의 활동은 다양하다. 우선 OECD는 회원국의 경제 및 사회 전 분야에 대해 관련 정책을 검토·협의하고 문제해결을 위한 회원국 간 협력 방안을 주로 논의한다. 국제 규범을 제정하거나 강제하는 WTO와는 달리 경제 및 산업 전반에 대해 회원국들간 상호협의, 조정, 공감대 형성을 통해 결정 사항을 시행하는 국제협의기구라 할 수 있다.

국제 경제면에서 OECD의 가장 두드러진 역할은 OECD가 1979년의 도쿄라운드나 1994년에 타결된 우루과이라운드와 같은 범세계적 다자간 무역협상을 선도해 왔다는 것이다. OECD는 1960년대 반덤핑 개념, 비관세 장벽의 개념과 대책, 정부조달 분야의 자유화 문제 등에 대한 개념을 정립하여 이를 1970년대 도쿄라운드를 통해 범세계적인 규범으로 정착시켰다.

우루과이라운드에서 합의된 새로운 규범, 즉 서비스무역, 지적재산권 보호, 무역과 관련된 투자문제 등의 분야에 관해서도 OECD는 이미 1970년대에 그 개념을 정립하고 장시간에 걸친 사례 연구와 분석을 통해 국제 규범화를 위한 기본적인 틀을 마련하여 왔다.

또한 OECD는 G7 정상회담이나 GATT, IMF 등의 연차회의에 앞서서 각 회원국간 의견교환 및 협의를 진행하여 가능할 경우 공동입장을 채택, 제시하여 세계 경제의 흐름을 주도하고 있다. 구체적인 활동을 보면 거시경제정책 조정, 산업구조 조정, 자유무역 확대 촉진, 외국인 직접투자 촉진, 개발원조 확대 등이며, 이 밖에 환경관련 국제규범 형성 주도, 장단기 에너지 정책과 첨단 기술 개발 촉진, 경쟁정책 및 소비자보호 문제에 관한 연구, 농어업 분야 정책 개발 등의 활동도 수행하고 있다.

OECD 가입 국가의 의무

OECD에 가입하면 우선 회원국이 추구해야 할 3대 목표인 민주주의 원칙의 실현, 시장경제제도의 발전, 개도국에 대한 원조의 의무를 준수해야 한다. OECD의 기본 원칙은 일정한 설립 규약과 공동의 목표를 준수하는 범위 내에서 회원국의 자유로운 의사를 존중하면서 각국의 자율에 의한 상호협조를 유지하는 것이다. 따라서 OECD는 원칙적으로 시장의 개방이나 제도의 개선을 강요하지 않으며, 단지 회원국들 사이에 어느 정도 비슷한 수준의 자유화를 기대하며 중요한 권고를 한다.

여기서 각 회원국이 느낄 수 있는 압력이라는 것은 여타 회원국들의 눈총, 즉 '무언의 압력' 또는 '같은 동료로서의 압력' 뿐이다. 따라서 OECD는 서양의 '약속'과 '정직'의 문화에 바탕을 둔 상류사회적인 국가간의 모임이라 할 수 있다. 그럼에도 불구하고, OECD가 권고하는 시장개방과 관련된 주요 경제원칙들은 대부분 회원국이 따라야 할 규범으로서 역할을 한다.

여기서 우리가 피부로 느끼고 우리 경제에 당장 큰 영향을 미칠 수 있는 가장 중요한 조건은 자본이동 거래 및 경상무역 외 거래(이른바 서비스분야)의 자유화, 국제투자의 자유화, 그리고 OECD 환경 기준의 준수이다. 특히 현재 우리가 가장 취약한 부분은 국내 금융-외환시장의 개방이다. 실제로 1997년 IMF 위기로 설명되고 있는 외환위기가 발생할 수 있었던 배경에는, OECD 가입에 따라 이루어진 급속한 금융-외환시장의 개방이 핫머니의 공략에 대한 취약성을 크게 증가시켰기 때문이다.

한국과 관련하여 OECD에서 논의되어 온 주요 쟁점사항으로는 외국인에 대한 인수·합병 허용문제 등 직접투자 분야이다.

한국 기업들은 글로벌화 시대를 맞이하여 생산비용 우위 측면과 판매가 용이한 최적의 입지를 찾아 전 세계로 활발히 진출하고 있다. 또 각국의 정부 역시 외국인 직접투자의 유치를 통해 고용증대, 기술이전, 국제 수지개선 등 전반적인 산업경제발전을 기하고 국가경쟁력 제고를 모색하고자 다각적인 노력을 기울이고 있는 실정이다.

우리나라에 대한 외국인 직접투자는 1962년부터 허용되었으나, 외국인 직접투자는 국내 산업에 대한 외국기업 지배를 우려하여 외국인 직접투자보다는 차관에 의존하거나 수출 중심의 경제성장정책을 추구해 왔다. 그 결과 세계 12위의 무역규모를 달성하는 등의 괄목할 만한 성과를 거두었으나, 한편으로는 무역 일변도의 성장정책으로 인해 대외 의존성이 높아져 무역상대국의 경제 상황에 따라 우리의 경제성과가 좌우되는 등 여러 가지 부작용을 낳았다. 또한, 외국인 직접투자의 필요성이나 이를 받아들이는데 있어서는 부정적인 인식이 팽배하여 대만이나 홍콩, 싱가폴과 비교할 때 외국인직접투자의 금액이나 건수가 절대적으로 부족하였다.

　우리나라에 대한 외국인직접투자가 본격적으로 시작된 것은 1980년대 후반 이후부터이며, 특히 1997년말 외환위기를 계기로 외환위기를 극복하고 나아가 장기적인 성장잠재력을 확대해 나가기 위한 정책의 일환으로 외국인 직접투자를 적극적으로 유치하는 정책을 추진해 오고 있다.

북한의 경제 현황

북한 경제는 분단 직후부터 토지개혁, 농업 집단화, 산업의 국공유화 및 경제계획 등 사회주의 경제체제의 기반을 일단 성공리에 구축함으로써 남한보다 우월한 경제력을 유지하였다. 이를 바탕으로 남한에 대해 경제 교류를 적극적으로 제안하는 등 공세적 입장을 취하기도 하였다.

1인당 국민 총생산도 1964년에는 162달러로 남한의 105달러를 능가했었다. 그러나 1970년대 후반부터 성장세가 둔화되어 1990년대 이후 계속 마이너스 성장을 지속하고 있는데 특히 식량 부족으로 인한 주민의 생활고와 에너지 부족으로 공장 가동률이 30~40%에 불과한 심각한 상황에 직면하고 있다.

자력갱생을 원칙으로 삼는 북한 경제에서 대외교역의 비중은 미미하지만 사회주의권의 몰락으로 대외교역이 더욱 위축되었다. 이에 따라 1993년말 노동당은 제3차 7개년계획(1987~93)의 실패를 인정하고, 향후 2~3년 간을 '사회주의 건설의 완충기'로 설정하였다. 농업과 경공업, 무역 등 3개 부문의 '제일주의'를 표방, 해외자본유치에 총력을 기울이고자 20여 개의 외국인 투자관련 법령을 제정·개정하고, 각국을 순방하며 투자설명회를 개최하기도 하였다.

그러나 위기 국면에 직면하고 있는 북한 경제의 향방이 주목되고 있는 가운데 경제 건설 완충기('94~'96년) 정책도 별다른 성과를 거두지 못하고 경제난으로 인한 주민들의 사회적 일탈 현상이 확산되었다.

북한이 직면하고 있는 식량 및 소비재, 생산원자재, 기술력과 인적자원 등 경제 전반에 있어서의 부족현상은 현재 한계상황에 이르렀다. 90년대 농업생산 부진은 산업간 불균형을 가속화함으로써 경제위기를 초래하였다.

특히 1995년에는 수해로 말미암아 260만 톤의 곡물이 추가로 부족하고 매년 평균 부족분 150만 톤을 합하여 약 410만 톤의 곡물이 부족한 것으로 추정되어 경제 파탄의 고비가 되었다. 2000년대에 들어서도 수해와 경제침체에 따른 기근과 아사, 체제의 위기는 심각하게 진행되어 왔다. 북한이 오늘날 식량 기근에 허덕이고 있는 것은 결국 공산주의 집단 영농체제에서 기인한다.

북한의 주식인 벼·옥수수의 육종 수준이 세계적인 수준이면서 생산량이 그토록 낮은 것은 다름 아닌 개인영농 체제가 아닌 집단영농 체제 때문이다. 북한의 현 농지소유 제도를 보면 비록 국가소유이기는 하지만 한 농가당 66~99㎡ 정도는 개인이 마음대로 유용하게 사용할 수 있도록 토지법으로 명시하고 있다. 소위 텃밭으로 불리는 소규모의 농지에서 재배되는 작물은 거의가 소출이 많이 나는 옥수수나 강낭콩 등으로 집약 재배를 하고 있어 집단농장에 비해 그 생산량이 5배 이상이나 되는 것으로 알려지고 있다.

즉 모든 아이디어와 역량을 여기에다 집중하는데다 집단농장에 할당되어 있는 비료 · 농약 등을 마구 훔쳐 이 텃밭 경작에 총력을 기울이니 생산량이 월등히 높아지지 않을 수 없는 것이다.

북한의 개혁, 개방의 과제

북한은 1984년 외국의 자본과 기술을 유치하기 위한 합영법 제정을 시발로 1991년 12월 '나진 · 선봉 자유무역지대'를 선포하였다. 이후 '외환관리법 시행규정'(1994.6.27), '대외경제 계약법'(1995.2.22), '보험법'(1995.4.6), '합영법 시행규정'(1995.7.13) 등 28개 관련 법령을 제정 · 공포하였다. 그 결과 북한 내에 이루어진 외국 기업과 체결한 합영 기업의 수는 약 100여 개에 달하는 것으로 추정되었다. 그러나 대부분인 87개가 조총련 간에 이루어진 것으로, 조총련계 기업이 북한에 투자한 총 투자 규모는 약 180억 엔으로 추산되는데 이 중 영업활동을 시작한 것은 58개에 불과하였다.

이와 같이 투자 규모도 영세할 뿐만 아니라 업종도 극히 제한되어 있으며 합영기업의 주 부문이 북한에서 경제적 파급 효과가 큰 제조업을 포함한 생산부문이 아니라 서비스업에 주로 치중되었다. 그 결과 합영사업을 통해 북한이 얻은 경제적 실리는 별로 크지 않은 것으로 평가되고 있다.

북한의 정책변화 방향은,

① 임금인상 및 장려금 제도와 경제단위에 대한 인센티브 제도 개선

② 나진 · 선봉지역 인프라 건설을 위한 투자 재원의 집중

③ 수출 증대를 위한 무역분권화 등 수출 인센티브의 제공 등으로 요약할 수 있다.

북한 경제체제의 근간은 북한 사회주의 체제를 구현하기 위한 생산수단의 국가 소유, 인민의 복지향상을 목적으로 하는 보조가격체계, 경제관리에 있어서 당의 집체적 지도와 군중노선, 프롤레타리아 독재 구현을 위한 계급투쟁 노선, 중공업 우선 정책, 국방산업의 육성, 자급자족의 자립적 민족경제 노선 등이다. 더 나아가 유일지도체계와 혁명적 수령관의 이론적 명분을 제공해 준 주체사상과 주체사상의 핵심 개념을 이루는 인간의, 인간에 의한 착취를 제거하고 인민대중이 역사의 주체로서의 역할을 담당해야 한다는 신념에 근거하고 있다. 그러나 새로운 경제개혁은 결국 위의 원칙들에 대한 수정을 요구하고 있다.

경제구조상 북한은 풍부한 노동력을 보유한 반면, 자본과 기술이 부족하고, 무역을 위한 생산체제가 미비하여 마케팅력과 국제상관행, 제품의 시장성, 패션 등 소프트웨어에 대한 이해는 거의 없는 상태이다.

이러한 상태에서 북한으로서는 가공을 통한 외화 획득과 함께 기술과 경영기법의 습득 기회로 활용 가능하고, 생산공정에 대한 감독 권한을 유지함으로써 대외개방에 따른 체제 불안을 최소화하였다.

하지만 그러한 움직임은 1998년에 들어서면서 수그러들었다가 2002년 11월 '개성공업지구법'을 발표한 이후 2003년 6월부터 2005년 12월까지 노동과 세금, 출입, 기업창설, 투자 등에 관한 14개 하위 규정을 정비하였다. 이를 통해 북측은 이제까지의 해외투자 기업에 대한 태도를 대폭 완화하여, 개성지구의 노동력 임금을 국제적으로 경쟁력을 가질 수 있는 수준까지 낮추는가 하면, 각종 세금이나 투자와 관련된 규제들을 간소화시키는 등 남측 기업의 투자 유치에 전력을 기울였다.

남측의 경우 역시 2002년 12월 개성공단에 대한 통관과 통신, 검역 등에 대한 합의서를 북측과 체결한 이후, 2003년 8월에서 11월에 걸쳐 남북경제협력추진위원회를 통해 개성공단 조성과 관련된 대북협의를 적극적으로 진행하는 등 이 사업의 성공에 많은 노력을 쏟아왔다. 그 결과 2005년 12월 현재 개성공단 내의 시범단지 조성이 완료되고 1단계 본단지(330만 ㎡)중 1차로 16만 5천 ㎡에 대한 입주가 진행되고 있는 중이다.

남북 경제협력

남북한은 상호보완적인 경제구조를 가지고 있고, 지리적으로 가깝기 때문에 경제교류의 실익이 매우 큼에도 불구하고 그간 상대적으로 경제교류가 크게 이루어지지 못했다. 이것은 이념의 대립으로 인해 경제관계도 체제경쟁의 연장으로 인식한 데 원인이 있다. 실제로 1960년대와 1970년대는 물론이고 1980년대 중반까지만 하더라도 남북한은 체제경쟁의 차원에서 각자의 우월성에 바탕을 둔 선언적인 경제교류 제안만을 주고받았다.

경쟁적인 남북 경제관계에 변화가 일어난 것은 1984년 9월 서울·경기 일원의 폭우로 생긴 수재에 대한 북한의 구호물자 제공의사를 남한 정부가 받아들이면서부터이다. 이를 계기로 1984년 11월~1985년 11월 기간 중 다섯 차례에 걸친 경제회담이 이루어졌다. 이 회담에서 남북한은 교류 품목, 가격, 결재통화, 수송문제 등에 대해 기본적인 합의를 보았으나 북한이 남한의 팀스피리트 훈련을 구실로 모든 남북대화를 일방적으로 중단함으로써 경제교류가 성사되지는 못했다.

이후 정부는 1988년에 〈7.7특별선언〉을 발표해 지금까지의 남북대결시대를 청산하고 상호 신뢰·화해·협력을 바탕으로 공동번영을 추구해 나가겠다는 통일·외교정책의 일대 기조전환을 표명하였다. 여기서 남북한 교역 문호를 일방적으로 개방하는 동시에 남북한 교역을 민족 내부 교역으로 간주한다는 내용을 발표하였다.

남북 경제교류의 시험기인 1988년 10월부터 1990년까지의 기간에는 〈남북 물자교류에 관한 기본지침〉과 〈남북 교류협력에 관한 법률〉, 〈남북 협력기금법〉이 제정되어 남북 경제관계의 법적 근거와 지원제도가 갖춰졌다. 그러나 이 기간 동안 남북한간 총 교역 규모는 통관기준으로 2천만 달러를 밑도는 미미한 수준으로, 상호 교역의 가능성을 탐색하던 시기였다.

1990년대 중반 이후 소강상태에 있던 남북관계를 극복한 하나의 계기가 된 것이 1998년에 이루어진 현대그룹의 이른바 '소떼 방북'이었다. 이러한 현대그룹의 방북은 이후 남북한의 화해와 협력을 이끄는 중요한 역할을 하였다. 분단 이후 민간인이 이끄는 대규모 방북 행렬이 판문점을 통해 북한으로 이동한 것 자체가 처음 있는 일이었다.

그리고 1998년 6월 또다시 정주영 회장이 방북하여 조선아시아태평양평화위원회와 '금강산관광을 위한 계약서'를 새로이 체결하였다. 이 계약서는 1989년과는 달리 1998년 9월 우리 정부에 의해 정식으로 남북경제협력사업으로 승인을 받았다. 또한 같은 해 10월 정주영 회장의 2차 방북시에는 김정일 국방위원장과의 면담이 성사됨으로써 현대와 조선아시아태평양평화위원회 사이에 '금강산관광에 관한 합의서'라는 보다 구체화된 계약이 체결되었다.

계약 내용을 살펴보면 이제까지 우리 기업의 대북투자라는 측면에서 볼 때 세 가지 면에서 특징적이었다.

첫째, 현대는 단독투자자로 금강산 관광 및 개발 사업을 수행할 수 있는 권한을 확보하였다. 당시까지 우리 기업의 대북투자는 거의 모두가 북한의 해당기업과 합영회사 설립 형태로 이루어졌었다.

둘째, 현대는 내금강 지역을 포함한 10여 개의 금강산 사업지구 내의 토지 및 기존 시설물들에 대해 장기간의 독점이용권 및 사업권을 확보한 가운데 개발 사업을 추진할 수 있게 되었다.

셋째, 현대는 이상과 같은 권리확보의 대가로 금강산 관광선 출항 이후 6년 3개월 간 총 9억 4,200만 달러의 관광 개발 사업비를 북한에 지불할 것을 약정하였다. 이는 우리 기업이 북한에 일정한 대가를 지불하고 사업지역 내에 있는 모든 권한을 보유하고 임의로 개발을 추진할 수 있는 권리를 획득한 것이었다.

이러한 현대의 금강산 개발 사업으로 인해 기존의 남북관계에도 변화가 일어났다. 또한, 국제적으로도 남북이 새로운 화해의 시기에 접어들었다는 사실을 알릴 수 있는 좋은 계기로 작용하였고, 남북의 경제관계가 호전되면서 정치적 관계도 급속도로 발전하여 2000년 6월에는 남북정상회담이 성사되었다. 이를 계기로 북한의 금강산에 제한된 지역이기는 하지만 남한의 일반 주민들이 대규모로 방문할 수 있게 되었다. 1998년 11월 금강산 관광선이 첫 출발한 이후 1999년 12월 말까지 불과 1년여 사이에만 무려 158,628명의 관광객이 금강산을 다녀갔고, 2005년 6월에는 그 수가 1백만 명을 돌파하였다. 1945년 분단 이후 남북 일반 주민들의 접촉을 막아왔던 여러 제도와 관행들이 우리 기업의 대북진출과 더불어 점차 변화하기 시작했다.

남북 간의 협상관행에도 변화가 나타났다. 현대의 금강산 개발 사업으로 인해 그 동안 당국자 간의 정치적 또는 정책적 합의사항들이 우리 기업과 북한 파트너 사이에서 다시 한번 확인되어 현실적으로 구체화되거나, 또는 역으로 우리 기업과 북한 파트너 사이의 요구사항을 반영하여 남북 당국자들이 새로운 정치적 또는 정책적 합의 사항들을 도출하기도 하였다.

이러한 합의에 이어 2002년 12월에는 남북 당국자들이 주축이 되어 동해선 임시도로 연결공사를 완료하였고, 2003년 1월에는 제7차 남북군사실무접촉에서 동서해지구 임시도로 통행의 군사적 보장을 위한 합의서가 작성되었다. 이에 따라 같은 해 2월, 시범적으로 금강산 육로관광이 실시되었으며, 3월에는 남북경제협력추진위원회 제5차 회의에서 금강산 육로관광이 합의되어 그 해 9월부터 본격적으로 실시되었다. 분단 50여 년만에 비무장지대를 통해 남북 간의 육로통행이 재개되었던 배경 가운데 하나가 바로 우리 기업이 북한과 맺은 경제적 합의였던 셈이다.

이처럼 1998년 시작된 현대의 금강산개발사업이 가시적 성과를 거두고, 또한 2000년 남북정상회담을 통해 한반도의 평화 분위기가 조성되면서 제조업을 중심으로 하는 우리 기업의 대북진출 속도 역시 매우 빨라졌다.

실제로 1995년 의약품제조업으로 남북경제협력 사업자 승인을 받은 녹십자의 경우 2001년 처음으로 북한산 의약 반제품(유로키나제)을 반입한 이래 2004년까지 총 42만 달러의 제품을 반입하는 등 대북투자를 본격화하고 있다.

2002년 남포지역에 자동차 조립공장을 준공한 평화자동차의 경우에도 2004년 말까지 '휘파람', '뻐꾸기' 등 4개 모델의 자동차를 생산하여 410대를 판매하는 한편, 평양에 옥외 광고판을 설치하고, 자동차 전시장과 주유소를 설치하는 등 성과를 보이고 있다.

이 밖에도 KT&G의 담배 임가공, 태창의 금강산샘물개발사업, 안동

대마방직의 북한산 삼베제품생산사업 등 다양한 분야의 제조업 진출
이 이루어지고 있다.

전통적 제조업과 병행하여 IT와 소프트웨어 등 신사업 분야에서의
남북경협 또한 계속 확대되었다. 2000년 경제협력사업 승인을 받은
삼성전자의 경우 2004년 북한과 소프트웨어 공동개발 사업 5개 신규
과제에 대한 계약을 체결하였으며, 하나비즈닷컴 역시 중국 단동에
북한과 합작으로 '하나프로그램센터'를 설립하여 프로그램 공동개
발을 추진하고 있다.

2004년 협력사업자 승인을 받은 KT 또한 북한측과 음성인식 무선
자동교환시스템 보강을 위한 음성 데이터 공동 구축사업을 벌이는
등 다양한 IT기업들이 북한과의 공동협력을 모색하기 시작했다.

이처럼 우리 기업의 대북진출 속도가 빨라지고 그 형태 역시 다양
화됨에 따라 이를 보다 조직화하고 효율화시킬 필요성이 제기되었
다. 2000년 우리 정부와 공공기업 그리고 민간기업이 삼위일체가 되
어 추진하고 있는 개성공단 개발 사업이야말로 이러한 목적에 가장
잘 부합하는 남북경협 프로젝트였다. 2003년 6월 공단 착공식이 거행
된 개성공단 사업은 현대아산뿐만 아니라 공기업인 한국토지공사가
공동의 사업주체가 되었고, 우리 정부 역시 이를 후원하는 삼위일체
의 방식으로 수행되었다.

개성공단 사업은 '남측이 공단을 건설하고, 남측 기업이 입주하여,
북측 노동력을 활용함으로써 생산에 임한다'는 점에서 이제까지 전
혀 시도되지 않았던 새로운 형태의 경협사업이라고 할 수 있다. 특히
이 사업은 남북한 모두에게 남북경협의 의의와 미래를 가늠해볼 수
있는 중요 사업으로 인식되었다.

남측의 입장에서 볼 때, 지속 가능한 남북경협이란 남측의 자본과

기술, 북측의 토지·자원과 노동력을 결합하여 수익모델을 개발해 나가는 데 달려 있다고 판단한다면, 이를 가장 잘 살펴볼 수 있는 기회가 바로 개성공단이기 때문이었다. 북측의 입장에서 보면 남북의 경제협력을 통해 어려움에 빠진 경제를 가능한 빠른 시일 안에 회생시켜야 한다는 측면에서, 대규모의 남측 기업투자를 유치하는 개성공단의 성공여부가 그만큼 중요할 수밖에 없을 것이다.

1998년 이후 우리 기업들의 대북진출이 가속화되면서 남북교역의 규모 또한 큰 폭으로 증가하였다. 1995년 3억 달러에도 못 미치던 남북한의 총 교역 규모가 2005년에는 10억 달러를 넘어섰다. 북한의 발표에 따르면 2000년대 초반 북한의 공식 GDP 규모는 106억 달러 내외에 불과하였다. 이는 2000년 이후 남북교역 규모가 북한 GDP에서 차지하는 비중이 최대 7%에 육박할 정도로 커졌다는 사실을 의미하는 것이다.

더욱이 2000년 이후에는 우리 정부와 민간의 대북 인도주의적 지원 역시 큰 폭으로 늘어났다. 1998년, 3,200만 달러에 머물던 인도주의적 대북지원액이 2004년에는 2억 3,700만 달러까지 늘어난 것이다. 1990년대 이후 지속되는 경제난을 벗어나지 못하고 있는 북한사회가 점점 더 우리측과의 상업적 거래나 인도주의적 지원에 의존하지 않을 수 없게 되었다는 의미이다

남북 경제협력은 통일한국 발전의 밑거름

남북 경협은 민족 경제공동체를 형성하여 통일의 기반을 조성하고 한반도 전체의 경제적 역량을 극대화하는 기본 목표 하에 추진되어야 한다. 사실 '통일'이라는 민족사적 이상 이면에는 경제라는 현실

적 문제가 중심적인 내용이 될 수밖에 없다. 서로에게 불편을 주는 통일은 많은 문제를 발생시킬 것이 분명하다. 그러므로 통일 이전에 안정적인 경제구조를 형성시키는 것이 장래의 통일한국에 굳건한 초석을 놓는 기초공사가 된다.

앞으로 남북한 경제구조의 상호 보완성을 살리는 쪽으로 경협을 추진하면 한반도 전체의 차원에서 산업구조 조정이 이루어질 것이다. 부존자원 면에서 남한은 자본과 기술을 보유하고 자원과 노동력이 부족한 반면, 북한은 노동력과 자원이 풍부하지만 자본과 기술은 부족하다.

경제발전 단계에서 남한은 노동집약적 경공업이 성숙·사양단계에 도달하여, 생산설비의 해외 이전이 이루어지고 있는 반면에, 북한은 경공업 분야가 크게 낙후되어 있는 실정이어서 상호 보완성이 이루어질 수 있는 경제구조이다.

이와 같은 상호보완적인 구조 하에 남북한 간의 경제교류 및 협력이 확대되면 그간 남북한 간에 누적되어 온 불신의 벽을 무너뜨리고 신뢰를 회복할 수 있는 가장 유효한 수단이 될 것이다. 이러한 상호협력은 남북한 경제에 실익을 주는 방향으로 나아갈 수 있다.

부존자원의 분포나 생산구조적인 측면에서 보면 남북한 간의 경제협력은 양측의 미비점을 보완하여 남북한 모두에게 경제적 실익을 제공하는 계기를 만들 수 있다. 남한은 축적된 자본과 기술, 마케팅 체제를 갖추고 있고, 산업구조 조정관계에 있는 섬유·신발 등 경공업 분야의 유휴시설을 보유하고 있다. 이러한 위탁가공을 통하여 북한의 산업실태와 기술 수준을 파악, 향후 직접 투자시에 대비할 수 있다는 이점이 있다.

또한 남북한 간의 활발한 경제협력은 북한의 자체 붕괴를 방지하면서 남북한 간의 이질성을 극복하고 또한 경제적 격차를 줄여 궁극적으로 한반도 경제공동체를 형성하는 기틀을 마련하는 데 큰 도움이 될 것이다.

실질적 통일문제는 남북한 경제통합에서부터

이제 남북 통합은 당위의 차원에서가 아니라 현실적 측면에서 논의하고 구체적으로 준비해야 하는 단계에 와 있다. 현실적 측면이란 결국 경제적 비용의 효과적인 감수라 할 수 있겠다. 이를 흔히 통일 비용이라고 하는데, 통일 비용의 규모에 대해서는 추정기관에 따라 천차만별이다. 통일 시점이나 통일 방법, 통일 당시 남북한의 경제 규모 등 시나리오 변화에 따라 최소 400억 달러(약 31조 원)에서 최대 1조 5천억 달러(1천2백조 원)까지 엄청난 차이를 보이고 있다.

산업은행은 당장 통일이 실현돼 현재 남한의 8분의 1인 북한의 소득수준을 10년 안에 남한 수준으로 끌어올리려면 10년 동안 약 1천237조 원을 북한에 쏟아 부어야 한다고 추정한 바 있다.

중앙대 신창민 교수는 '북한의 1인당 GNP가 적어도 남한의 5분의 1수준은 넘어야 큰 부작용 없이 통일을 성취할 수 있을 것'이라고 했다. 독일의 경우 4명의 서독 납세자가 1명의 동독인을 먹여 살린다는 계산이면 충분했다는 것이다. 그러나 한반도의 경우는 인구규모로 보더라도 남한 주민 2명이 북한 주민 1명을 책임져야 되는 실정이다.

기획재정부, 통일부, 국가정보원, 한국개발연구원 등 정부부처와 정부 출연 연구기관들이 검토해 오고 있는 통일비용 조달방안은 크게 국내와 해외 조달의 2가지로 나눌 수 있다. 해외 조달에는 차관 도입이 있을 수 있고, 국내 조달에는 통일기금 조성, 예산전용, 세금 인상 및 국채 발행 등 크게 4가지가 있다. 여기서 통독 과정에서 보여주었던 서독의 동독에 대한 투자는 우리에게 유용한 실례가 될 것이다.

지난 1963년에 체결됐던 '동·서 베를린간의 통과사증 협정' 체결 후 서독은 몸값을 주고서 동독의 반체제 정치범 석방과 이산가족 재결합을 위한 비밀 거래를 동독과 시작하였다. 그 후 통독 때까지 석방된 동독의 정치범은 모두 25만 명에 달했고, 이들에 들어간 돈은 모두 35억 마르크(1조 7천5백억 원 가량)에 이르렀다. 서독 방문 동독 여행자에게는 1인당 1백 마르크(5만 원 상당)씩의 환영금을 무조건 지급했고, 서독 정부가 지급 보증하는 차관을 서독은행들로 하여금 동독에 숱하게 제공하도록 했다. 소련군 철수비용조로 1백50억 마르크(7조5천억 원)을 소련에 지급하기도 했다.

통독 이후 매년 독일연방정부 예산의 약 4분의 1이 곧바로 동독지역에 투입되었다. 그럼에도 불구하고 독일은 예상보다 훨씬 빨리 통일의 후유증에서 벗어나고 있다는 게 일반적인 진단인데 동독 지역은 1995년에 9.2%에 달하는 유럽 최고의 성장률을 기록하였다.

남북한 경제통합의 비용은 크게 경제적 비용과 사회적 비용으로 나누어서 생각해 볼 수 있다.

사회적 비용이란 전혀 다른 두 체제에서 살아온 사람들이 합쳐 살게 될 때, 이를테면 의식구조가 바뀌는 과정에서 치르게 되는 비용을 의미한다. 접근 방법과 가정에 따라서 비용은 다양하게 나타난다.

따라서 통일 비용은 일종의 투자로 보아야 하는데 현재 우리는 막대한 분단 비용을 치르고 있다. 필요 이상의 군대와 군사력을 유지하고 있으며, 경제활동에 필요한 젊은 인력이 병역으로 묶여 있는 것도 크나큰 인적 손실이 아닐 수 없다.

남북 경협의 과제

지금까지 남북한은 정치적 고려가 앞선 경제교류를 추진함으로써 아직도 상호 신뢰가 구축되지 못하고 정치적 상황 변화에 따라 경협이 활성화되기도 하고, 일시에 중단되는 과정을 반복해 왔다.   북한이 체제변화가 두려워 시장경제로의 개혁을 하지 않고 있는 한 경협을 서두를 필요가 없고, 북한경제가 붕괴되기를 기다려 흡수통일을 하는 것이 낫다는 주장도 있다. 그러나 남북 경협은 상호긴장을 완화하고 노동집약적 산업의 구조 조정으로 남한의 경제발전에 도움이 될 뿐만 아니라, 북한 경제의 향상은 장차 통일에 따른 과중한 비용을 절감하는 효과가 있다.

통일을 정점으로 하고 이후의 남북 공영의 틀을 위한 남북한 경제관계의 거시적인 과제는 세 가지로 정리할 수 있겠다.

첫째, 정치·군사·안보 관계를 포함한 전반적인 남북관계를 개선할 수 있는 기반으로서 신뢰 회복과 화해 증진의 기초를 마련하여야 한다.

둘째, 북한이 남북 경협을 통하여 경제력 회생 및 정치·경제체제 안정의 기반을 확보함으로써, 북한 경제체제의 개방·개혁을 적극적으로 추진할 수 있도록 하여야 한다.

셋째, 중·장기적 관점에서 남북 경제관련 발전계획은 경제공동체의 형성이 동북아 경제권의 형성과 관련하여 추진될 수 있는 방안을 포함하여야 한다.

정부는 남북 경제교류협력은 남북한의 경제적 실리를 확보하면서 장기적으로 통일에 대비하기 위해 경제공동체를 형성해 나가는 과정이며, 남북한 경제가 균형적이고 상호보완적으로 발전되도록 함으로써 남북 경제공동체 형성의 기반을 착실히 구축해 나간다는 원칙을 천명하고 있다. 그리고 이를 위한 세부 사항들은 이미 〈남북경제협력 활성화 조치〉를 통해 밝히고 있다.

먼저 남북 경제협력에 있어서 정경 분리의 원칙이다.

둘째, 남북 경제교류 및 협력의 효율성을 제고시키기 위해 연관 조직체계의 정비 및 정책조정력을 제고시킬 수 있는 장치 마련이 필요하다. 정부는 현재 통일부장관이 주재하는 남북교류협력추진협의회에서 경제협력 관련 업무를 총괄토록 하고 그 산하에 남북교류협력 실무협의회(위원장, 통일부 차관)와 남북경제협력조정위원회(위원장, 기획경제부 차관)을 두고 있다.

셋째, 각종 북한 관련정보 및 객관적인 북한 경제 분석자료가 기업들에게 보다 많이 제공될 필요가 있다.

넷째, 북한 연관 법체계의 정비도 필요하다.

다섯째, 남북 경제교류·협력에 있어서 정부와 민간기업 사이에 상호 협력체계의 정비가 요구된다.

여섯째, 기업간 과당경쟁의 방지를 위한 대책도 필요한데 기업간 과당경쟁은 북한 지역의 임금상승을 가져와 대북 투자의 이익을 반감시켜 기업들의 경제적 효율성을 약화시킬 가능성이 있다. 또한 북한과의 협상 과정에서 협상력의 약화도 우려된다.

일곱째, 남북간 경제교류 및 협력 사업을 국제적으로 내국간 거래로 인정받기 위한 노력이 요구된다. 현재 남북한은 국제적으로 2국 2체제로 간주되기 때문에 남북한 간의 직교역은 국가 간의 교역에 해당된다. 따라서 북한 상품의 반입을 내국간 거래로 간주하여 무관세 혜택을 주는 것은 WTO의 원칙(최혜국 대우의 원칙)에 배치됨으로써 내국간 거래에 제재조치를 받게 될 가능성이 있다.

여덟째, 한반도를 둘러싼 미국·일본·중국·러시아 등 국가들과 유럽 국가들의 북한 진출 선점에 대비하는 자세도 필요하다.

아홉째, 남북 간에 경제협력이 활성화되기 위해서는 투자보호를 위한 투자보장협정 등이 체결되어야 한다. 당국 간의 대화가 중단된 현재의 상황에서는 보다 유연한 접근을 할 필요가 있다.

예를 들어, 정부는 경협에 대한 가이드라인을 설정하여 간접적으로 통제하고, 그 범위 내에서 기업의 자유로운 활동을 보장하되, 기업간 과당경쟁과 같은 문제는 경제단체가 자율적으로 조정해 나가도록 하는 방법을 생각해 볼 수 있다.

그리고 북한 경제의 제약 요인을 감안하여 단계적인 대북 접근이 필요하다. 개혁·개방단계에서는 북한 농·수산업의 자생력 회복을 위한 농업용 공업제품 생산 분야 및 수산업 설비 확충 부문에 대한 투자를 유도해야 한다.

개혁·개방이 일정한 수준에 이르면 사회간접자본에 대하여 공동사업의 형식이나 콘소시엄 형태의 투자를 통해 재원을 확보하면서 시장경제의 메커니즘을 작동시키는 경제체제로 전환시켜 나가도록 유도해야 한다.

북한도 우리 기업들이 대북 투자를 망설이는 것이 우리 정부가 이를 막고 있는 것이 아니라 경협을 위한 그들의 제도적 장치가 마련되지 못하고 있는 것을 인식해야 한다.

북한이 경제교류·협력의 제도화보다는 민간기업과의 선별적인 협력을 통한 실리 추구에 열중하는 것은 바람직하지 못하다. 남북 기본합의서와 그 부속합의서에 정한대로 남북경제공동위원회를 열어 청산결제은행의 지정, 투자보장, 이중과세 방지, 분쟁해결 절차 등 경협에 필수적인 제도적 장치를 마련하기 위한 남북대화에 나서야 한다.

대기업과 중소기업의 대북 동반 진출도 대북 경협의 새로운 패턴이 될 수 있는데, 대기업과 중소기업과의 동반 진출은 중소기업에서는 대기업의 노하우를 전수받을 수 있어 대북사업에서 발생하는 리스크를 줄일 수 있는 장점이 있다.

북한은 사회주의 체제로서 사소유권이나 사기업을 인정하지 않기 때문에 국가주권 행사로서의 계약 체결에 종종 문제가 있어 왔고, 분쟁의 해결, 계약 불이행 등의 경우의 손해배상, 계약 강제이행수단 등도 명확치 않다. 우선 북한에서 계약 당사자가 될 수 있는 자가 누구인지를 알아야 한다. 북한에서는 기관, 기업소 및 단체만이 계약 당사자가 될 수 있다.

북한과 거래를 하고자 하는 기업들은 사전에 반드시 상대방 북한 기업이 북한 정부 승인을 받은 기업으로서 역시 승인된 내용의 사업을 하는 것인지 확인해야 한다. 북한에서의 계약체결은 반드시 서면으로 해야 하며 구두계약은 인정되지 않는다. 그러나 위임이나 위탁의 방법으로 계약을 체결하는 것은 가능하다.

북한에서는 각종 대외 경제 계약의 체결을 위하여 표준계약서를 만들어 사용하고 있는데 해당 표준계약서가 있는가를 우선 알아본 후, 해당 계약서가 있을 경우에는 이 계약서의 내용을 세부적으로 사전에 검토하여 필요한 경우에는 북한 기업과 협의 수정하여야 한다. 계약을 위반하거나 불이행하는 경우에는 계약을 해제 또는 해지할 수 있으며 손해배상도 청구할 수 있다.

또한 북한의 대외 경제 계약은 효력 발생 후 6개월이 지나도록 계약이 이행되지 않으면 관계기관은 동 계약에 대한 승인을 취소할 수 있다.

북한에서의 민사 시효는 계약상의 명문 규정이 없으면 기업 간에는 극히 짧은 3개월이므로 계약 체결시 계약상의 클레임 기타 청구 기간을 실무 처리에 맞게 합리적으로 규정해 둘 필요가 있다.

현실로 다가올 코리아 공영권

현재 세계 경제는 블록화가 진행되고 있다. EU, NAFTA, ASEAN 등에 이어 민족 중심의 중화경제권이 무서운 속도로 통합되고 있는 실정이다. 남북한도 이러한 변화에 대비하여 한민족 경제권의 필요성이 대두되고 있다. 동북아 지역에서 중국과 일본의 막강한 정치·경제적 파워를 견제하면서 한민족이 공존 번영하기위해서는 남북한의 경제적 협력이 절대적으로 필요하다. 이러한 점을 부끄럽게도 우리보다 외국의 신문이 먼저 제기하고 있다.

프랑스 신문 《쿠리에 앵테르나숄》은 '3개의 한국'에 관해 말하고 있다. 남북한의 두 개의 한국 외에 한반도 밖에 또 하나의 한국이 존재하며, 이 3개의 한국이 결국은 하나로 통일되어 21세기에는 거대한 코리아 공영권이 등장할 것이라는 내용이다.

한반도 밖의 또 하나의 한국은 미국에도 있을 수 있고, 중국이나 러시아, 중앙아시아에도 존재할 수 있다. 그곳에 사는 한국인들이 정치적으로 국적이 중국인이든 미국인이든 문화적으로는 여전히 한국 사람이고, 한국말로 라디오와 텔레비전 방송을 하고, 한국 신문을 발행하고, 그들이 부르는 노래 역시 한국 노래라는 것을 이 신문은 말하고 있다.

전 서독 총리인 헬무트 슈미트가 발행인으로 있는 세계적 권위지인 독일 신문 《디 차이트》지는 국내외를 통틀어 세계 언론 중 최초로 코리아 공영권의 등장을 예고하는 기사를 실었다.

  이 신문은 남북한의 높은 교육열과 그에 따른 양질의 노동력, 특히 중국과 러시아, 중앙아시아에 흩어져 살고 있는 코리아맨 파워를 열거하면서 멀지 않은 장래에 북쪽으로는 한반도에서 중국 동북부와 연해주로, 남쪽으로는 일본과 미국으로 연결되는 코리아 공영권이 형성될 것이라고 전망하고 있다. 남북통일이 한민족의 소통합이라면 코리아 공영권은 한민족 대통합이 되는 것이다.

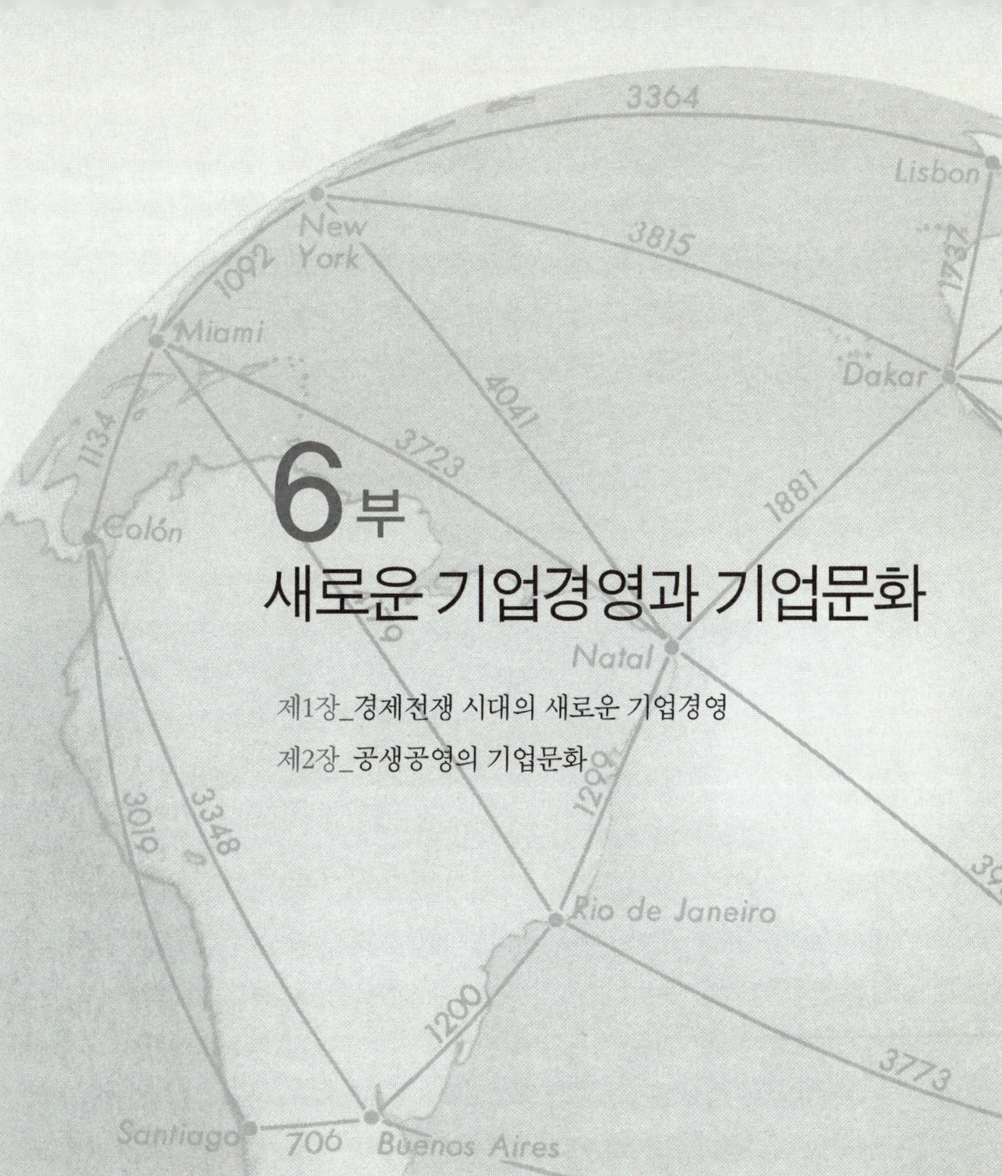

6부
새로운 기업경영과 기업문화

제1장_경제전쟁 시대의 새로운 기업경영

제2장_공생공영의 기업문화

제1장
경제전쟁 시대의 새로운 기업경영

기업 경쟁의 시대

기업을 둘러싼 최근의 경영 환경을 보면, WTO 체제의 본격적인 출범으로 세계 시장이 빠르게 단일화되면서 생산·투자·서비스 등이 범세계적으로 이루어져 국경의 개념이 희박해지는 무국경화가 급속하게 진행되고 있다. 이제 '국가'를 통한 기업의 활동은 점점 약화되면서 앞으로 세계는 국가간 경쟁이라기보다는 개별경제 주체의 경쟁을 통해 개별국가의 성장을 이끌어 내는 기업 경쟁시대가 된다고 미래학자 존 네이스비트는 진단하고 있다.

이를 가능케 하는 국경을 넘나드는 자유로운 이전요소로 세계적인 기업전략가 오마에 겐이치는 구체적으로 4I를 규정하고 있다. 즉 투자Investment, 정보Information, 산업Industry, 개인Individual이 바로 그러한 요소들인데, 이에 대한 철저한 자유의 보장이 앞으로 경제의 새로운 룰의 중심임을 말하고 있다.

따라서 기업의 경쟁 개념도 바뀌고 있다. 즉 기업간 협력이 경쟁의 한 요소로 나타나고 있는 기업간 전략적 제휴의 개념으로 각기 다른 기업이나 경쟁사들이 필요에 따라 서로 결합하는 이종업종 간의 전략적 제휴로 산업간 경계도 없어지고 있는데 전략적 제휴의 경향은 범세계적으로 치열해지는 경쟁에서 살아남으려는 기업들의 세계 일류화를 위한 노력을 반영하고 있다. 즉 자사의 부족한 점을 다른 기업을 통해 보완하려는 시도의 한 형태이다.

기업 간의 전략적 제휴는 이미 선진국 기업에서는 생존과 성장을 위한 기본 전략으로 채택되어 활용되고 있다. 통계에 의하면 미국의 상위 1천 개 기업은 총수입의 6%가 전략적 제휴에 의해서 얻어지는 것으로 나타나고 있다.

이제는 어느 한 기업의 능력으로 경쟁사 간의 경쟁심화, 기술의 급속한 변화, 물류시스템의 정보화, 시장 영역의 세계화 등을 감당 할 수 없게 되었다. 이에 따라 기술협약, 공동연구, 영업제휴, 합작투자 등 다양한 형태의 전략적 제휴가 새로운 경영전략으로 등장하고 있다. 그러나 전략적 제휴에는 많은 위험도 따른다.

전략적 제휴가 성공하기 위해서는 첫째, 파트너 간에 절대적인 신뢰관계가 구축되어야 한다. 둘째, 파트너 간에 성공의 의지를 공유해야 한다. 셋째, 제휴의 끝을 명확히 해야 한다. 다시 말해서 전략적 제휴의 특성은 오늘의 친구가 내일의 적이 되고 오늘의 경쟁자를 내일의 파트너로 만드는 것이다.

따라서 전략적 제휴는 단순히 자기 기업의 관점에서 이득만을 고려해 추진하기보다는 제휴의 어려움과 성공의 요소가 충분히 고려된 뒤에 비로소 이루어져야 한다.

새로운 기업경영을 요구하는 또 다른 분야는 인터넷 · CALS(생산 · 조달 · 운용 지원통합 정보시스템) 등 정보통신 분야의 비약적인 발전으로 시공을 극복하여 세계를 하나로 연결하는 정보혁명이 일어나고 있어 질적으로 다른 기업 경영의 세계에 접어들고 있다.

일본의 오사카에 있는 엔지니어는 현지에 가지 않고도 중국에 세워진 공장을 관리할 수 있다. 정보 네트워크화를 통한 원가절감의 원조인 미국의 리바이스사를 보면 1987년 이후 연속 수익증가라는 기록을 보유하게 된 것도 '퀵리스폰스(QR)시스템' 이라는 네트워크화 노력 덕분이었다.

리바이스는 이 시스템을 통해 모든 상품에 POS(판매시점 정보관리)용 바코드를 부착하고, 소매점 하청업체 등과는 전자망으로 연결, 전자데이터 교환을 통해 모든 수주와 발주를 할 수 있도록 했다. 물류에도 화물에 붙은 코드에 따라 내용이 분류되는 사전 출하 내용 통지 시스템(ASN)을 도입하여 소매점에서 매출 정보를 가지고 최적의 재고 수준을 유지하는 효율적인 재고관리도 가능해진 것이다.

정보화와 함께 개방화와 국제화가 진전됨에 따라 기업들은 생존 경쟁의 적대적 무역에 노출되어 있어서 신제품이 시장에 등장함과 동시에 생산기술을 발전시켜야 하는 시간 중심의 경쟁 체제에 돌입할 수밖에 없게 되었다.

유사한 생산기술이 경쟁하는 국제시장에서의 기업 활동은 폭넓은 생산구조의 확대를 요구하고 있다. 이 점에서 경영 혁신 중심의 국제 경쟁력 제고는 기업의 흥망을 좌우하고 있다.

한편 냉전이 붕괴되고 전 세계가 시장경제권으로 확대되어 우리 경제의 개방과 국제화도 급속도로 진전되면서 개도국이 새로운 주요 시장으로 부각되고 있다. 특히 최근 비약적인 경제발전을 통해 세계 시장의 중심으로 부상하고 있는 중국·말레이시아·인도네시아·싱가포르·멕시코·칠레 등 신흥거대시장(BEMs)이 우리의 주요한 협력 대상으로 떠오르고 있다. 개도국과의 교역은 최근 꾸준히 늘어나고 있으며 대외 무역에 있어서도 이미 절반을 넘어서고 있다. 해외투자의 경우도 개도국으로의 직접투자가 급증하고 있다.

또 다른 시장으로 급부상하고 있는 지역은 구사회주의 경제권이다. 구사회주의권 국가 및 중국 등의 시장경제 도입으로 세계의 모든 국가는 단일시장 경제체제에 편입되고 있는 실정이다.

구사회주의권 시장의 부상은 우리에게 도전과 기회를 동시에 제공해 주고 있다. 우리는 기술교류, 직접투자 확대 등을 통한 기업 진출을 활발히 전개하여 우리의 시장권을 넓히면서 기술력을 개발하여 후발개도국의 가격경쟁력에 대응해야 한다.

산업사회와 정보사회의 패러다임 비교

	사회의 패러다임	정보의 패러다임
기본특징	에너지/자원집약적, 소품종 대량 생산, 산업기술	정보/지식집약적, 다품종 소량생산, 정보통신기술
국가정책	시장보호, 정부개입, 도로 등 사회 간접자본	시장개방, 규제완화, 초고속망 등 정보인프라
정치구조	중앙집중제, 관료적 통제	지방분권화, 참여민주주의
산업구조	제조업, 물리적 상품	정보/서비스업, 디지털상품
기업조직	제한적 경쟁, 수직적 업무 통합	무한 경쟁, 네트워크 기반 협력체제
고용구조	육체노동자(블루칼라), 연공 서열제	전문기술직(골드칼라), 성과중심제
국제관계	냉전체제, 시장경제와 계획경제	다극화체제, 세계화와 블럭화

자료: 한국생산성본부, 《정보사회와 기업경영의 이해》, 2000.8.

지금은 경제력이 한 국가의 힘을 좌우하는 시대이다. 경제력은 기업에 의해 좌우되면서 국제화도 기업에 의해 좌우되기 때문에 국제화에 적응하기 위해서는 기업, 특히 범세계적으로 활동 기반을 넓히는 기업이 많이 나와야 한다.

글로벌 경쟁시대에는 경쟁력 있는 기업들을 자국 내에 많이 유치하거나 자국 국적의 국제기업을 많이 보유하는 것이 바로 국가경쟁력의 척도가 된다. 동시에 국제 경쟁의 통합과 무국경화에 대응하여 사업의 영역을 전 세계로 확대하는 동시에 이에 걸맞은 새로운 방식의 경영기법을 도입해야 한다.

자본 · 노동 · 기술 · 경영 등에 있어 기업 역량을 극대화할 수 있는 최적 생산 거점을 적극적으로 개발해야 한다. 국적 기업의 이미지보다는 자체 브랜드 개발의 중요성이 더욱 부각되고 있으며, 경쟁에서 살아남기 위해 타기업들과의 다양한 형태의 전략적 제휴를 통해 경쟁력 강화에 힘써야 한다.

국경 없는 시장 - 글로벌 마케팅

국가 간의 무역 장벽이 철폐되고 통신 및 수송 수단의 급속한 발달로 인하여 각국 소비자들의 기호가 유사하게 통일되어 가고 있다. 그 결과 시장의 글로벌화가 급속히 진행되고 있어 지금까지 국별 전략을 추구해 왔던 다국적 기업들도 점점 더 전 세계 시장을 대상으로 전략을 추구하는 글로벌 기업으로 변해가고 있다. 이제 '국경 없는 경영시대' 에 진입하게 된 것이다.

여기에 세계 경제의 블록화와 세계무역기구의 설립, 이에 따른 다양한 경제 이슈의 등장, 새로운 경제권의 확대로 글로벌 경영과 마케팅이 계속 진행되고 있다.

기업의 세계화 전략은 세계의 시장 · 자본 · 기술 · 자본을 결합하여 새로운 상품을 개발 · 생산 · 판매하는 글로벌 경영전략이다. 이것은 세계 어느 나라의 사람 · 기업 · 정부와도 '협력과 경쟁' 의 관계를 형성할 수 있는 민간이 앞장서는 경제외교 전략이다.

이제 세계는 시장의 글로벌화 → 경쟁의 글로벌화 → 기업과 그 활동의 글로벌화 → 경영과 마케팅 성과 창출의 글로벌화로 진행되고 있다. 이에 따라 세계는 전체적으로 자본주의권에 편입되었고, 각각의 국가와 개인은 상호 경쟁관계에 들어가게 되었다.

상품이나 서비스에 있어서 국적은 선택의 기준이 되지 않고 어느 상품이 가격과 품질에서 보다 나으냐는 것이 최고의 기준이 되고 있다.

이와 같은 글로벌시대 시장환경 변화로 소비자의 기호는 날로 다양해지고 개성화되어 가고 있으며, 따라서 개인에 대한 정보를 기반으로 개인별로 차별화된 마케팅 전략을 수립해야 한다. 또한 글로벌 시대에 필요한 기업의 자산은 기업의 핵심 역량에서 나오는데, 글로벌 경쟁시대에서는 과거와 같은 분산된 경영구조로는 핵심 역량으로 무장된 글로벌 기업에 대해 효과적으로 대응할 수 없다. 여러 시장에 힘을 분산해 자사 제품을 2류로 전락시키기보다는 특정분야를 집중적으로 공략해 해당 업종에서 1류 혹은 1위 기업으로 살아남는 것이 최선의 전략이 되고 있다.

이를 위해서는 첫째, 제품 전략의 경우에는 핵심제품 부분을 글로벌하게 통일하면서 현지 소비자의 기호에 맞게 약간의 변화를 주는 글로벌 제품전략을 추구해야 한다.

둘째, 광고 전략도 글로벌한 관점에서 수립되어야 하는데, 글로벌 광고 전략을 하려면 먼저 글로벌한 위치에 있어야 한다. 즉 글로벌포지셔닝 상의 이미지를 광고를 통해 전 세계인에게 공통된 메시지로 전달하는 것이 글로벌 광고 전략이다.

셋째, 브랜드 전략의 경우 글로벌 브랜드를 개발해야 한다. 세계 어느 곳이든 같은 상표로 인정을 받아야 한다는 것이다.

넷째, 가격전략의 글로벌화로 IBM이 좋은 예가 되고 있다.

이 회사의 경우, 가격을 나라마다 따로 정하는 것이 아니라 전 세계적으로 통일되게 가격 결정 원칙을 정한 매뉴얼을 만들어 놓고 있다. 그래서 나라마다 여기에 맞는 변수만 집어넣으면 최종 가격이 산정되도록 되어 있어 시장 상황과 여건에 따라 융통 적으로 가격 산출을 형성하고 있다.

글로벌 경영체제의 구축 - 생산의 현지화

현지화란 기업의 국제경영 전략상 선택하는 전략의 한 방향이다.

현지화란 특정 해외시장에서의 기업 활동을 해당 국가 시장에 가급적 맞추는 방향으로 전개해 나가는 것을 의미하는 것으로, 생산·인사·마케팅 활동 등을 현지 자회사 또는 지점 등에서 현지 사정을 고려하여 집행하는 경향을 말한다.

해외생산 유형은 일반적으로 낮은 생산비용 지향, 지역시장 지향, 글로벌 물류 지향 등 3가지 패턴으로 나타난다. 세계 속의 고객을 찾기 위해서는 제품을 적기에 제공할 수 있도록 해외 생산규모의 확대는 물론 판매 네트워크도 확충, 강화할 필요가 있다.

일본 히타치의 경우는 이를 위해 세계를 북미·유럽·아시아·중국 등 4개 지역시장으로 분류하고 각 지역에 그 지역의 핵심이 될 만한 판매 및 총괄회사를 설치하고 있다. 이를 통해 지역 본사와도 같은 핵심 거점을 자기 완결형 사업체제로 구축하고 이를 각 지역 간 네트워크로 연결, 국경 없는 수평 분업을 구현하고 있다.

현지화를 통하여 기술 확산도 꾀할 수 있는데 기술 확산의 경로는 대체로 세 가지 형태로 분류할 수 있다.

첫째, 현지법인이 고용한 현지고용인의 학습과정을 통해 현지 고용인에 체화된 형태로 기술이 확산될 수 있다.

둘째, 현지법인이 생산·유통·판매 과정에서 현지국의 경쟁기업 내지 전·후방 연관기업과의 상호작용을 통하여 기술이 확산될 수 있다.

셋째, 다국적 기업은 현지국의 시장 진출을 목적으로 하므로 현지국의 시장 수요에 적합한 상품개발을 위하여 현지국에서 분권화된 기술개발 활동을 벌임으로써 기술이 확산될 수 있다.

글로벌화 하는 사업 환경에 대응하기 위해서는 대기업에서 벤처에 이르기까지 세계 속의 많은 기업들과 여러 분야에서 제휴를 추진해야 한다. 특히 타사와의 리스크 셰어(위험 공유), 프로젝트 셰어(이익 공유)도 적극적으로 추진해야 한다. 즉 기업 간 공동개발 등 경영자원의 상호활용 및 상호보완이 필요하다. 또한 현지 연구진과 함께 연구 활동을 현지에서 추진하는 것이 효율적이다.

히타치는 유럽에서 영국의 케임브리지대학이나 아일랜드의 다브린대학에 연구소를 설립, 마이크로일렉트로닉이나 정보 분야의 기초연구 등 응용연구를 실시, 단일 전자메모리 기초실험에서 세계 처음으로 성공하는 개가를 올리기도 했다.

1988년 미국 코닥사의 반덤핑 제소提訴를 계기로 미국에 투자 진출한 일본 후지필름 미국 제조 법안의 성공은 현지 투자의 대표적 성공사례로 꼽히고 있다. 후지필름은 미국 동남부 사우스캐롤라이나 주의 그린우드라는 도시에 1988년 이후 총 5억 5천만 달러를 투자하고 있는데, 아키라 구마이 사장의 독특한 경영방식과 헌신적인 노력에 의해 지역 주민들의 마음을 사로잡음으로써 현지화에 성공한 대표적인 일본 기업의 하나로 평가받고 있다.

우선 후지는 철저한 현지화를 통해 지역 주민과의 일체감 조성에 최선을 다했다. 특히 이 지역은 섬유가 주력산업으로 미국 내에서도 해외 수입품에 대한 반감이 가장 강한 지역 중의 하나이다.

구마이 사장은 우선 공장 운영을 철저히 미국화 함으로써 지역 주민들이 일본 공장이라는 것을 거의 잊게 했다. 본사에서 파견되는 직원 수를 최소화하며, 가능한 현지산 부품 사용을 최대화하고 이민 가정을 지역사회에 동화시키는 데 주력했다. 따라서 현지 900명의 직원 중 일본인은 30명에 불과하며 주로 관리자와 엔지니어에 한정되어 있을 뿐이다.

부품은 70%를 미국 회사에서 공급받고 있으며, 앞으로 100% 미국산으로 대체하려고 하고 있다.

사장 자신이 지역행사에 참여하여 지역주민과 호흡을 같이하고 건물 신축시 미국 음식과 일본 음식을 제공하며 축제를 벌이는 등의 친밀화 노력으로 지역 주민에게 좋은 이미지를 가꾸어 가고 있다.

지역 내 타 공장과의 마찰을 피하기 위해 숙련공을 모집할 때는 2천 달러의 이주비를 지급하는 조건을 실천함으로써 현지 인력동원에서 야기될 수 있는 마찰을 피하고 있다.

후지가 경쟁사 코닥과의 경쟁에서 일회용 카메라 브랜드인 Quick Snap에 대한 제조플랜트에 관한 보완유지는 하나의 화제가 되었다. 6개월 간의 공장건설 사실을 이 공장 내의 모든 직원들이 알고 있었지만 공장건설에 대한 정보가 전혀 유출되지 않을 만큼 지역 주민들의 애사심이 대단하여 구마이 사장 자신도 놀랐다는 것이다. 이러한 과정을 통해 후지는 현지 지역 주민들의 절대적인 지지를 확보했던 것이다.

국내 기업 중 텐트전문 수출업체인 진웅의 경우는 중소기업이면서 일찍이 단계별 글로벌 경영전략을 통한 현지 생산화를 구축하여 세계 텐트 수출의 35%를 차지하는 견실한 중소기업으로 성장하였다.

진웅이 현지생산을 중심으로 하는 글로벌 경영 개념을 도입한 배경에는 인건비 상승에 따른 가격경쟁력 약화, 선진국의 보호무역 장벽을 극복하기 위한 특혜지역 생산·판매·기술력 우위를 바탕으로 후발개도국의 직접적인 시장 봉쇄를 위해서였다. 진웅은 '국내에서 생산하여 수출한다.'는 전략에서 '세계 어느 곳에서든지 생산하여 세계시장에 공급한다.'는 전략으로 바꾸어 생산의 현지화를 단계적으로 실시해 나갔다.

1987년에는 도미니카에 공장을 설립하여 미국의 쿼타시행에 대비한 특혜지역 생산기반을 확보하였고, 1989년부터 1993년까지는 중국 법인설립 등 대단위 해외 생산기법을 확보하여 생산의 수직계열화 체제를 구축하였다. 이어 1992년부터 1994년까지는 스리랑카 법인설립 등 제2의 대단위 생산기법을 구축하여 텐트 관련 품목의 다각화를 추진하였다.

이와 같이 저개발국을 중심으로 한 현지생산화로 풍부한 노동력의 확보, 쿼타의 유예, 저렴한 산업비용, 노동자의 성실성 확보 등의 이점을 확보하였다. 한편으로는 홍콩을 생산기지와 마케팅의 중간 창구로 활용하여 생산기술 지도, 원자재 공급, 생산기자재 공급, 엔지니어, 금융, 경영을 제공하였다. 이를 바탕으로 선진국에서는 현지 마케팅 법인을 통하여 시장조사 및 정보 수집, 고객과의 커뮤니케이션, 판매관련 서비스, 신경영 기법 도입 등을 통해 각 지역별 장점을 극대화시켜 나갔다.

국가와 개인의 경쟁력 강화 요소

스위스 경영개발원에 따르면 기업의 경영 목표는 다음의 네 가지 유형으로 구별되고, 그 특징에 따라 개별 국가의 경영 목표도 구분되고 있다.

첫째, 이윤추구형으로 미국과 영국 기업의 목표는 대개 이윤의 극대화를 목표로 한다.

둘째, 시장점유율로 시장점유율의 확대를 통한 기업 성장의 유형인데, 일본 기업들이 이 유형에 속하고 있다.

셋째, 성장우선형으로 한국 등 신생공업국 기업의 목표는 성장의 극대화로 나타나고 있다.

마지막으로 현상의 지속으로 이미 경쟁력이 최고 수준에 도달한 유럽 선진국 기업의 목표는 다른 나라 기업으로부터 추월당하지 않고 그 자리를 계속 지키는 것이다.

마찬가지로 기업의 경쟁 우위력은 경쟁의 자산, 경쟁공정, 국제화 등 세 가지에 따라 결정된다. '경쟁의 자산' 이란 사회간접자본, 금융, 과학과 기술, 사람의 넷으로 구성된다.

그러나 이들 경쟁자산이 아무리 많더라도 '경쟁공정' 이 없으면 무용지물이 된다. 생산요소를 사용하여 공장에서 물건을 만들듯이 경쟁 자산을 사용하여 경쟁력을 창출하는 과정이 경쟁 공정이다. 경쟁공정에서는 제품의 질, 신속성, 수요에 부응, 서비스 등 네 가지 차원이 중요하다.

이와 같은 기업의 경쟁력이 모여 한 국가의 국제경쟁력이 형성되는데, 국제경쟁력의 원천을 더닝은 입지 우위, 독점적 우위, 그리고 내부화 우위 등 세 가지로 나누고 있다. 기업의 경쟁적 위치로서의 국제경쟁력은 원가 우위와 차별화 우위를 의미한다. 여기서 차별화란 소비자들이 원가 이외의 여타 상품 요소, 예를 들어 상표, 품질, 서비스 등에서 특정 상품을 매우 높게 평가하고 구매할 때 높은 가격을 지불하게 되는 것을 의미한다.

경쟁 성과로의 국제경쟁력은 매출액 성장률, 시장점유율의 증가 또는 고객만족도의 증가 등으로 실용적인 국제경쟁력은 세계 일류 기업과 동등한 수준에 이르는 것으로 볼 수 있다.

예를 들어, 동종 산업의 일본 기업 혹은 미국 기업의 상품과 세계 어디서나 원가 혹은 차별화로 경쟁하여 시장점유율을 높여 갈 수 있는 능력을 배양하는 것이 곧 국제경쟁력을 향상시키는 것이다. 이를 위해서는 기업이 유리한 입지, 독점적인 자원과 기술, 그리고 내부화 능력을 확보하는 것이 중요하다.

물이 나쁜 프랑스는 세계 제일의 물 수출국이다. '에비앙' 하면 전 세계인이 안심하고 마시는 가장 우수한 생수이다.

싱가포르의 경쟁력은 나라가 말라카 해협에 자리 잡고 있어 동아시아에 중동이나 유럽으로, 또는 그 반대로 가는 배나 비행기를 위한 천혜의 항구나 공항 조건을 구비하고 있다는 사실에 크게 기인한다. 싱가포르는 개발도상국 중 국가경쟁력이 세계 제일이다. 항구와 공항의 국가경쟁력에 있어서도 그렇다. 항구는 태풍이 없기로 유명하며 각종 사회간접자본 시설이 세계에서 가장 잘 발달된 나라 중의 하나이다. 싱가포르의 상업과 금융 산업의 경쟁력이 높은 것은 이 때문이다.

농경지가 국토의 3%인 노르웨이는 바다로 진출하여 세계 4대 어장 중의 하나를 갖고 있으며, 수산업과 해운업에 국가경쟁력을 가지고 있다.

국가경쟁력에 있어서는 국민의 외국어 실력도 중요하다. 싱가포르는 영어 · 중국어 · 인도어 · 타갈로그어 등 세계 주요 언어를 모두 가르치는 복수언어 정책을 실시하고 있다. 스위스가 비밀은행으로 유명한 것은 스위스에서는 영어·프랑스어·독어·이탈리아어 등 유럽의 주요 언어가 모두 통용되기 때문이다.

스위스는 2차대전 때 인력 부족이 극심하여 그 당시 이미 노동생산성을 크게 높였다. 일본은 땅값과 창고비가 너무 비싸서 JIT제도와 공간절약형 기술을 개발했다. 이탈리아는 이미 오래 전에 미숙련 노임이 비싸게 되자 자동화를 적극 추진했다.

이와 같이 한 국가나 기업의 경쟁력 향상은 고정된 요소에 제한 받는 것이 아니다.

개인적으로도 명예퇴직과 감원·감봉의 대상의 되지 않기 위해서는 자신의 경쟁력을 기를 수밖에 없다. 일본의《다이아몬드》지는 '회사인간'에서 '팔리는 인재'가 되는 개인의 경쟁력을 갖추기 위한 8가지 조건을 제시하고 있다.

첫째, 리스키 테이킹 (위험에도 불구하고 도전하는 모험력)으로 '불 속에 들어 있는 뜨거운 밤톨'을 '횡재'로 간파할 수 있는 능력이 있어야 한다.

둘째, 제약 조건을 배제해 나가는 발상의 전환으로 '불가능하다'는 조건을 내세우기보다 '하고 싶은' 일을 위해 제약 조건을 하나하나 없애야 한다.

셋째, 전략적 캐리어 디자인으로 본인 스스로 일을 만들어 캐리어를 쌓아야 한다.

넷째, 듀얼 캐리어로 여러 분야의 전문가가 되고 2개 이상의 성공스토리를 가져야 한다.

다섯째, 공부하는 비즈니스맨이 되어야 한다. 업무수행 중 나타나는 문제점의 원인을 가설로 세우고, 이를 해결하는 과정에서 그 가설을 학습하는 것이다.

여섯째, 실적과 기회의 상호순환으로 새로운 업무에서 적어도 5년 동안에 반드시 실적을 올리고 그 실적을 인정받아 또 다른 기회를 잡는 좋은 순환을 지속한다.

일곱째, 변화를 5단계로 잘 활용하는 것이다. 변화를 읽고, 변화를 이용하고, 변화에 몸을 맡기고, 변화를 즐기며, 변화에 휩쓸리지 않는 것이다.

여덟째, 감이 빨라야 한다. 즉 본질을 빨리 간파하는 감성과 조직을 가져야 한다.

이와 같은 모든 조건들을 개개인들이 일일이 갖추기는 어려운 일이지만 개인과 기업, 국가가 상호협력하여 계발해야 할 중요한 내용들이다. 개인의 경쟁력은 곧 국가의 경쟁력과 직결되기 때문이다.

경쟁력 있는 사회의 10가지 황금률

① 안정적이고 예측 가능한 제도의 조성
② 유연하고 탄력적인 경제구조 형성
③ 모든 부문의 사회간접자본에 대한 적극적인 투자
④ 가계 저축과 국내 투자의 증대
⑤ 국제시장에서의 공격적인 경영 및 해외 고부가가치 산업의 국내 유치
⑥ 질과 신속성에 기초한 정부 행정 개선과 사회 개혁
⑦ 임금, 조세, 생산성 수준의 상호 조화
⑧ 소득 격차 해소 및 중산층 확대를 통한 구성원들의 괴리감 해소
⑨ 교육 부문, 특히 중등교육과 평생교육에 대한 대규모 투자 및 종업 원의 자질 향상
⑩ 세계화와 지방화간의 조화를 통한 부의 창출 능력 확대, 사회 응집 력 유지 및 바람직한 가치관의 보존

미래의 경영자 요건

　기업은 자본주의 시장경제체제의 중심 단위로 경제발전은 물론 국가의 흥망성쇠를 결정짓는 중요한 요소이다. 기업은 자본주의 체제의 중심이고, 시장경제의 주역이며, 부가가치 창출의 원천으로, 국가경제의 견인차다. 국가가 도로를 달리는 자동차라고 한다면 기업의 경영활동은 엔진이라고 할 수 있다. 엔진의 효율성이나 공해가스 배출 정도 등이 자동차 전체의 수준을 결정하듯이 기업 활동이 사회에 소금이 되느냐, 아니면 공해배출원이 되느냐에 따라 한 국가의 국력과 삶의 질이 결정된다.

　기업 활동의 목적은 장기적으로 살아남고 발전하는 것이며, 이를 위해서는 이익 창출을 통한 경제적 가치와 구성원의 복지향상, 사회적 책임의 수행을 통한 사회적 가치의 실현을 동시에 추구해야 한다.

　이러한 기업을 일으키고 지켜야 하는 경영주체로서 경영자에게는 세 가지 역할이 요구된다.

　첫째, 변화에 대처하는 예측자, 더 나아가 변화를 주도하는 '창조자' 의 역할이 요청되며, 이 역할은 전략과 접합되는 부분이다.

　둘째, 경영자는 조직의 목표와 구성원 개인 목표간의 갈등, 단기목표와 장기 목표 간의 갈등, 부분과 전체 간의 갈등을 조정하고 지도하는 '지도자' 로서의 역할을 맡는다. 따라서 올바른 리더십이란 자신보다는 조직의 이익을 우선할 수 있는 희생정신에서 나온다. 리더로서 솔선수범하는 자세로 행동하지 않으면 하부조직의 변화를 기대할 수 없다.

　이러한 변화를 추구하는 과정에서 리더는 항상 바쁘고 많은 시간과 노력을 들여 개인생활의 대부분을 회사를 위해 생각하고 문제의 해결에 소비하게 된다. 조지 길더의 말처럼 기업인들은 그들 자신을 주고 그들의 시간·부富·수면을 희생한다. 기업인들은 오랜 세월을 희생하고 모든 이윤을 재투자하며 전 재산을 저당 잡히는 것이다.

셋째, 최소의 투입으로 최대의 성과를 달성하려고 노력하는 것이 전통적인 경영자의 역할이다. 비유하면 기업을 경영하는 것은 마치 오케스트라를 연주하는 것과 같은데 흔히들 최고 경영자는 다섯 개의 안경을 갖고 있어야 한다는 말을 한다. 멀리 미래를 내다볼 수 있는 '망원경', 사물을 자세히 살필 수 있는 '현미경', 자신의 과거를 되돌아볼 수 있는 '백미러', 경쟁사의 움직임을 놓치지 않는 '사이드미러', 자신의 단점을 정확히 볼 수 있는 '돋보기' 등이 바로 그것이다.

이는 곧 기업인 스스로 과거의 잘못을 개선하고 오늘의 기업환경 변화에 적극적으로 대응하면서, 중장기적 안목에서 기업의 체질을 개선하겠다는 기업가 정신을 새롭게 가다듬어야 함을 의미하는 것이다. 이와 더불어 기업 활동은 전반적인 사회목적이나 사회가치와 조화를 이루어야 하고, 기업이 추구하는 궁극적인 가치는 사회 목적이나 사회 가치와 일치하는 방향으로 설정되어야 한다.

더구나 기계문명 시대가 가고 정보문명 시대가 도래하면서 기존의 경영방식과 인식에도 일대 혁명이 요구되고 있다. 기계문명 시대에는 규율과 통제가 경영의 모든 것이었다. 컨베이어 벨트에서 최근 유행하고 있는 리엔지니어링에 이르기까지 기계문명 시대에서 경영기법의 핵심은 기계적으로 계산할 수 없는 요소를 최대한 줄이는 데 있었다.

그러나 네트워킹 기술의 발달로 국경의 벽이 허물어지고 정보가 경쟁력의 원천력이 되면서 규율과 통제만으로는 적응할 수 없게 되었다.

기업문명 시대에 기업은 계층구조로 이루어져 있었다. 사원 위에 과장, 과장 위에 부장, 부장 위에 이사, 그리고 그 위에 사주, 또는 주

294

주들이 층을 이루는 식이었다. 계단을 올라갈 때마다 재량권이 많아지고 그만큼 책임도 늘어난다.

이러한 구조에서는 통제와 충성이 모든 것이었다. 주어진 목표를 정해진 시간 안에 달성하면 만사 OK였고, 그 틀을 벗어난 다른 생각이나 행동은 제거돼야 할 비효율적 요소로 낙인찍혔다.

그러나 정보문명 시대에는 충성심만으로는 해결할 수 없는 요소들이 너무 많아 새로운 세계에 대한 무한한 상상력과 끝없는 도전 없이는 살아남기 어렵게 되었다. 경험이 많은 사람이 권위를 얻는다는 것이 계층구조의 또 다른 특징이라면 급속한 변화의 시대에서 과거의 경험은 아무짝에도 쓸모없는 것이 되고 있을 뿐 아니라 위험하기까지 하다. 더욱이 과거에 큰 공적을 쌓은 사람일수록 자신의 경험에만 집착한 나머지 시대의 변화를 따라가지 못하는 경 우가 많다.

미래가 불확실하기 때문에 기회를 놓치기보다는 경험이라는 색안경 때문에 새로운 시대가 만들어 주는 기회를 못 보고 지나치게 된다는 것이다.

기계문명시대에는 기계가 주체였고, 인간은 객체였다. 이 때문에 대차대조표만 봐도 기업의 자산 가치를 알 수 있었다. 그러나 정보문명시대에는 기업의 진정한 가치가 대차대조표의 평가액보다 몇 배나 더 클 수 있다. 정보문명시대에 기업의 가치는 물질적 자산보다는 지식이나 노하우와 같은 보이지 않는 인간의 지적 자산으로부터 나오기 때문이다.

기계문명시대의 경영방식과 인식은 이제 변화를 요구받고 있다. 인류가 직면한 오늘날의 문제들은 바로 정보문명이라는 새로운 시대에 속한 것들이기 때문이다.

아이디어와 창조가 경쟁력의 원천

저비용과 대량생산을 무기로 세계 경제를 지배하던 거대기업의 시대는 지나가고 지적 능력, 탐구심, 모험심으로 똘똘 뭉친 벤처 기업들이 그 자리를 대신하고 있다.

'지식이 바로 기업의 힘' 이라는 피터 드러커의 지적처럼 지식과 창조적 능력을 갖춘 사람에 대한 투자가 날이 갈수록 늘어나고 있다. 미국 기업들을 정상의 자리로 되돌려 놓은 것도 지적 능력과 창조성이 조화된 힘에 있다.

'사회 발전은 경제 발전에 의존하며 경제 발전은 더 나아가 기업의 생성과 성장에 의해서 이룩된다' 고 하는 앨포드의 말은 국가경쟁력의 원천이 바로 기업의 경쟁력에 있음을 의미한다.

우선 기업의 경쟁력을 가능케 하는 요소는 '창조' 에서 나온다. 고정관념은 기업에 있어 '함정' 이다. 만년 2위 기업들이 빠지기 쉬운 고정관념의 함정들의 유형은 다음과 같다.

① 현재 개발 주기가 제품 수명을 결정한다. 즉 보다 빠른 개발 가능성을 부인하는 사고방식이다.

② 틈새시장은 현재 생산성 수준 때문에 발생하는 어쩔 수 없는 결과로 합리화시킨다.

③ 미래보다는 현재의 기술 능력이 제품의 다양성과 수를 결정하는 양상을 보여준다.

④ 기존 제품 수명 주기가 새로운 기술을 도입해야 하는가의 기준이 되므로 항상 뒤처질 수밖에 없다.

본격적인 글로벌 시대를 맞이한 한국의 기업은 그 동안 기계적인 모방과 답습의 수준에서 추진되어 온 서구의 경영혁신 기법에 대한 과감한 '파기' 가 필요하다. 이것은 곧 새로운 경영방법 및 혁신기법

을 조직 내부로 수용하는 과정에서 조직 자체가 쌓아 온 경험과 기술
· 철학을 바탕으로 재창조하는 '2차적 학습'의 과정으로, 이는 '학습
파기unlearning'의 과정이라 할 수 있다.

종래의 산업사회에서는 경험이 중요했지만 지금과 같은 방향 전환
기에는 과감히 도전할 수 있는 인재가 필요하다. '이것은 어렵다',
'전례가 없다'며 성공 체험을 중요하게 생각하면 발전이 없다. 특
히 하루가 다르게 변화하고 있는 기업환경에서 기업가에게는 혁신의
기회를 감지하는 능력과 위험을 무릅쓰고 새로운 것을 시도하고자
결단하는 능력, 용기를 가지고 창의적이고 도전하는 정신이 일차적
으로 요구된다.

다른 사람들이 미처 생각해 내지 못한 것에 착안해 사업화한 사례
를 살펴보자.

한 예로 TV광고나 잡지, 카탈로그 촬영용으로 사용할 수 있는 장소
를 확보해 놓고 이를 전문적으로 제공하는 사업이다. 미국의 로케이
션에이전트사는 이런 조건을 만족시킬 수 있는 분위기의 집을 다수
갖고 있다. 자기 집을 촬영용으로 제공하기를 원하는 사람들이 자기
집 사진 등을 이 회사로 보내면 이 중 적당한 집을 선정하는 식으로
하루 사용료는 8백~5천 달러로 다양하다.

'당신의 족보를 찾아드립니다'라는 비즈니스도 사람들의 향수를
자극하며 미국에서 급속도로 번지고 있는 아이디어 상품 중의 하나
이다.

히스토리컬리서치센터사는 조상이 살던 장소·역사·에피소드·
전통 등을 조사해 주는 게 주 업무이다. 이 업체는 이미 미국은 물론
유럽 등 17개국으로 진출하고 있다.

한국의 세아실업은 볼펜 끝에 불빛을 내는 발광다이오드를 부착,

어두운 곳에서도 필기가 가능한 고기술 아이디어 상품을 개발하여 폭발적인 인기를 누리고 있다. 간단하지만 획기적인 아이디어로 판매 1년만에 수출 1천만 달러를 바라보고 있는 세아실업 대표 김동환 씨의 개발 동기를 보면, 순간적인 관심과 창의력이 얼마나 큰 결과로 나타나는지를 보여주는 좋은 예가 되고 있다.

그는 교통경찰관이 야간에 교통위반 스티커를 작성할 때 목과 어깨 사이에 전등을 끼우고 필기하는 것을 보고 이 상품의 아이디어를 생각해 냈다는 것이다.

미래의 조직

조직은 그것을 움직이는 사람의 의욕과 활동에 의해 그 성과가 결정된다. 조직을 변경하고 사람을 배치하여도 실질적 권한과 책임을 부여하지 않으면 제대로 기능을 할 수 없다. 조직이 거대화되고 기능이 분화하여 중간 관리층이 커지면 당연히 2차 정보의 취급이 증대하는 반면, 최고 경영자는 상대적으로 자신이 직접 파악하는 1차 정보의 입력량은 줄어든다.

조직 전체가 중간 관리층이 많은 종형鐘型으로 비대해지면 의사소통이 원활하지 못하고 의사결정이 지연되어 환경변화에 신속하게 대응 할 수 없게 된다. 따라서 중간 관리층을 가능한 줄인 수평조직을 추구하고 정보전달 체계도 간편하게 개선해야 한다. 사람의 창의력은 조직의 크기에 반비례한다는 법칙에 따라 작은 조직들이 살아 있어야 조직 전체의 분위기가 활기를 띠고 내부경쟁에 의하여 효율과 성과가 올라간다.

기업이 고도 성장기에 축적된 부작용인 '대기업병'을 극복하여 강하고 날렵한 조직으로 다시 태어나기 위해서는 수평조직으로의 개혁(플랫화)과 함께 조직원에게 과감한 인센티브를 제공하는 제도의 개선을 시도하여야 한다.

연구에 의하면 미국 우수 기업들의 조직 문화에는 조직구성원을 존중하며, 그들의 능력이 최대한 발휘되는 분위기가 형성되어 있다는 공통점이 나왔다.

노무라종합연구소가 제시하는 조직문화 개혁정책의 기본은 사업부문의 권한과 책임 범위 명확화, 본사의 지원기능 강화 등 최고 경영자에게 집중되어 있던 경영 의사결정 권한을 하부로 이양하는 것이다.

조직 구성원이 가장 열심히 일할 수 있는 상황은 관리자에 의해서 엄격히 통제되면서 세부적으로 명확히 구분된 업무를 수행할 때가 아니다. 오히려 스스로 업무의 범위 및 내용을 결정해야 일하도록 폭넓은 책임을 부여하고 관리자는 뒤에서 후원 또는 지원하는 역할을 할 때이다.

따라서 미래형 조직의 모습은 지금까지의 피라미드형 위계조직으로부터 소규모의 다기능팀이 중심이 된 수평조직, 납작한 조직으로 변모하는 경향을 보이고 있다.

앞으로 조직은 단순해야 하고 관리층은 소수여야 한다. 최적 공장 규모를 100~500명 사이로 보고 본사의 규모에 대해서 100명의 법칙을 준수하는 미국 대기업들이 많다.

1985년 커니의 조사에 의하면 성공 기업들의 직위 계층은 실패기업보다 평균 3.9단계가 적었다고 한다. 태스크 포스Task Force의 성공 조건은 10명 이하, 바쁜 구성원, 6개월 이내 존속, 지원제 등이다.

구 분	특 징	한계점
엔지니어링	•핵심 개념 프로세스 재설계 •분석 단위 업무 프로세스 •주요 개념 고객의 가치 실현, 정보기술 활용 •핵심 개념 사업구조 재편성 •분석 단위 기업, 그룹 혹은 다각화된 기업 •주요 개념 주력 사업 부문에 집중, 사업 부문간 　시너지 창출, 사업 관리의 차별화 •핵심 개념 조직시스템 재설계 •분석 단위 전체 조직, 단위 부서(팀), 조직간 •주요 개념 고객 지향성, 개인 지향성, 공생 지향성, 　학습 지향성 •핵심 개념 인적자원의 재창출 •분석 단위 단위조직(전체 포함) •주요 개념 내부고객 지향, 자발적 내부 개선, 　인적 자원 전략화	•프로세스 　팀간의 통합 　문제

　기업의 리스트럭처링에서 가장 눈에 띄는 부분이 바로 조직개편으로 대표적인 것이 팀제의 도입이다. 실·부·과 라인으로 이어지는 기존의 수직적인 피라미드형 조직이 허물어지고 팀을 중심으로 한 수평 조직이 자리 잡고 있다. 이에 따라 부하가 직급상의 상관에게 업무를 지시하는 사례마저 나타나고 있다. 결재라인의 축소는 물론이다.

　이미 국내 기업에도 '슬림화'의 바람은 불고 있다. 즉 생산·영업·유통·관리 등 기업조직의 전 부문에 걸쳐 군살빼기가 한창인데 전통적인 부部·과課체제를 버리고 팀제를 도입하는 것도 이 같은 흐름의 한 측면이다.

　대우전자는 1996년 초 전 부서의 과·부제를 폐지하고 팀제로 일대 조직 수술을 단행하였다. 현대자동차도 1996년부터는 기존 179부, 650과를 4백여 팀으로 전면 개편, 운영키로 하였다. 포항제철 역시 1995년부터 기존의 팀제를 더욱 확대하여 9본부 31부를 29부로 슬림화하였다.

　국내기업들이 이처럼 조직 슬림화에 나서는 이유는 비대해진 몸집을 줄여 빠른 의사결정과 신속한 판단을 수행하기 위해서이다. 팀제를 통한 조직라인은 빠른 외부환경에 탄력적으로 대응할 수 있어 사원-대리-과장-부장-임원으로 이어지는 기존 조직의 의사결정단계는 팀원-팀장-본부장으로 축소된다.

　최근에는 아예 대팀제도를 도입하고 있는데 이는 여러 팀을 한데 묶어 본부 역할을 맡게 하는 것으로 팀장을 임원이 맡도록 함으로써 팀원-팀장으로만 운영하려는 움직임도 나타나고 있다.

　조직의 형태는 기업의 창의력을 개발하기 위해 고정적인 부·과 개념의 조직 대신 '태스크 포스트' 형의 유동적이고 신축적인 조직이다. 가장 대표적인 예가 각 부·과에서 엘리트 전문요원이 차출되어 조직되는 프로젝트팀이다. 새로운 아이디어, 새로운 모델을 만들어 내기 위해 조직을 아무 때나 필요에 따라 재편성할 수 있는 장점을 갖고 있다.

　다음으로는 데이터베이스 같은 '지식베이스' 조직이다.

　일본의 도요타도 기업 규모가 거대해짐에 따라 조직의 세분화와 중층화라는 소위 대기업병으로 인하여 의사결정이 지연되고 전략적 과제에 대한 대처가 늦어지는 현상이 발생하였다. 사무현장에서의 생산성은 극도로 저하되었다.

　이에 도요타는 먼저 조직 플랫화 작업에 착수하였다. 부-과-계라는 피라미드형의 조직 계층을 간소화하고 세분되어 있던 부의 하부조직을 대규모로 개편하였다. 또한 업무 수행상의 역할 의식을 명확하게 하기 위해 직위 체계를 관리자직과 스태프직으로 분리하였으며, 임원 레벨의 플랫화를 실시하여 임원의 역할을 명확히 하였다. 아울러 기업의 성과와 개인의 능력 향상을 위하여 업적·능력중심의 신 인사제도를 도입하였다.

고유 브랜드 기업만이 살아남는다

현대는 제품보다는 매스미디어의 영향으로 오히려 제품 이미지가 소비자가 더 큰 영향을 미치고 있다. 물론 제품의 질이 우선되겠지만 비슷한 수준이라면 고객에게 전달되는 이미지가 제품 선택의 기준이 되고 있다. 제품에 따른 적절한 광고와 홍보가 이루어져야만 판매가 신장되는 시대로 객관적인 제품의 질이 뛰어나더라도 소비자 이미지가 좋지 않으면 그 제품은 실패하고 만다. 따라서 '자기 상표'의 제품 이미지가 없으면 소비자에게 지속적인 구매 영향력을 미칠 수 없다.

브랜드 구축은 해당 상표의 상징성을 확립해 나가는 과정인데 따라서 상징성은 그 상표의 고유한 특성을 나타내며 소비자에 분명한 이미지로 각인될 수 있어야 한다. 소비자는 제품 구매시 단순히 물건을 구입하는 것이 아니라 제품이 표현하는 이미지를 구매하는 것이다.

따라서 상표를 중시하고 특정 상표의 제품을 사용함으로써 소비자는 자신의 존재 가치를 다른 사람에게 전달한다. 브랜드의 상징성이 없으면 우수한 품질과 저렴한 가격도 별로 효과가 없다.

브랜드 이미지는 각 기업 자체의 기술개발 및 철저한 시장 분석에 따른 상품개발과 적절한 광고전략이 따라야 하며 동시에 국가 이미지의 개선도 병행해야 한다. 국가 이미지가 높을수록 그만큼 그 나라 제품에 대한 이미지가 좋아지며 따라서 제품의 판매에도 영향을 미치게 된다.

한국 상품은 미국 소비자들이 한국 이미지에 대한 낮은 인식 때문에 오히려 홍보하면 할수록 덜 팔리게 된다는 역설적인 푸념도 나오고 있다. 특히 선진국에 대한 한국 이미지 제고가 시급한 실정이다.

브랜드 이미지가 강한 대표적인 예는 코카콜라를 들 수 있다. 코카콜라사는 최초의 콜라류 상품이라는 점과 나머지는 모방품에 불과하다는 사실을 꾸준히 강조해 왔다. 그 결과 코카콜라 상표는 동종 음료수의 대명사로 불리어 왔다. 라이벌인 펩시콜라는 몇 년 전 이러한 코카콜라의 아성에 도전하기 위해 대대적인 홍보 캠페인을 전개한 바 있다. 당시 구호는 '펩시가 코카콜라보다 더 맛이 좋다' 는 것이었으나 그러나 이 캠페인은 실패했다. 펩시가 기껏해야 코카의 모방품에 불과하다는 소비자들의 인식 때문이었다. 실패를 맛본 펩시는 다른 전략을 채택했다.

이렇게 해서 나온 것이 '펩시시대' , 즉 '펩시콜라는 젊은 세대의 음료수' 라는 구호였다. 펩시사는 인기 절정의 가수인 마이클 잭슨을 비롯한 젊은 세대의 우상을 홍보에 동원했다. 이같은 전략은 성공, 결국 펩시는 정상급 음료상품으로 확고한 입지를 구축할 수 있었다.

브랜드 이미지를 구축하기 위해서는 일관성을 유지할 필요가 있다. 라이터 생산업체로 유명한 지포사는 1932년 미 펜실베니아 주 브랜드포드에서 조지 블레이스델이 창업한 이래 현재까지 무려 3억 개가 넘는 라이터를 생산해 오는 동안 디자인과 제품명을 바꾸지 않고 '지포 라이터' 라는 브랜드를 계속 사용하고 있다.

국제 교역 규모가 2,000억 달러를 넘어서고 있으나 한국의 종합 무역상사는 독자적인 해외 판매기반과 고유브랜드 개발이 미흡하여 OEM 방식에 의존하거나 우리의 국가 및 상품 이미지 개선에 크게 기여하지 못하고 있는 실정이다.

특히 일부 가전제품의 경우 우리 고유 브랜드로 수출하는 것과 OEM으로 수출하는 것을 비교하면 소매 판매 가격이 20%까지 차이가 나는 경우도 있다. 가뜩이나 이윤이 박한 가전분야에서 브랜드 하나가 가져오는 엄청난 위력을 실감케 해 주고 있다.

실제로 한국 업체들은 거래선이나 판매망 확보가 손쉽고 이에 따라 수출물량 확대가 용이한 외국 상표 수출에 많이 의존하고 있다. 이럴 경우 수출이 바이어의 손에 의해 통제되어 불규칙한 수주, 수출단가 통제 등 자율적 경영과 장기적 거래를 스스로 제약하는 어려움에 봉착하게 된다.

독자적인 시장개척 능력이 취약한 중소기업에는 공동브랜드가 효과적인 전략이 될 수 있다. 특히 OEM 수출의 경우 바이어들이 툭하면 부당한 가격 인하를 요구하는가 하면 구매조건을 일방적으로 바꾸는 등 횡포를 부리고 있어 공동브랜드 개발의 자극제가 되고 있다.

공동브랜드의 효시는 핸드백 제조업체인 '가파치(CAPACCI)'인데, 1992년부터 공동브랜드로 사용된 이 상표는 현재 14개 업체가 시계ㆍ양산ㆍ모피 등 30여 개 품목에 활용하면서 가장 성공적인 사례로 꼽히고 있다.

정보와 인재가 최고의 생산요소

토플러는 그의 저서 《권력이동》에서 1950~2025년경까지의 75년 간을 공장 굴뚝 문명이 종전과는 완전히 다른 새 문명으로 대체되는 기간으로 보고 있다. 새로운 권력 핵심으로서 지식의 중요성과 초기호 경제, 초고속 경제와 함께 탈경제적 가치체계의 대두를 말하고 있다. 자본ㆍ토지ㆍ노동은 더 이상 결정적인 생산요소가 되지 못하며 이제 자본가와 노동자라는 구분 대신에 지식근로자와 서비스근로자로 구분하고 있다.

지금과 같이 글로벌화 추세가 기업 성패의 관건이 되고 있는 상황에서는 경쟁국, 경쟁기업뿐 아니라 해당 국가의 정책변화 및 시장환경 변화 관련 정보도 필수불가결한 요소가 된다. 경제력의 국가간 격차는 과거에는 자유무역과 투자자유화의 진전에 따라 결정되었으나 이제는 눈에 보이는 경제 규모의 격차보다는 정보를 수집하고 활용하는 정보력의 격차에 의해 결정된다. 날로 격화되는 경쟁 속에서 정확한 정보를 유효적절하게 활용하는 것은 기업 성패의 관건이 되고 있다.

한국 신발업체의 경우, OEM 수출에 의존해 온 결과 자체 경쟁력을 확보해 나가기 위한 해외 마케팅 및 시장조사의 불비로 환경변화에 대응을 해 나가지 못해 어려움을 겪고 있다. 반면에 세계텐트시장의 30%, 미국 시장의 60%를 점하고 있는 진웅의 경우 단일제품임에도 불구하고 세계 시장에서 두각을 나타내게 된 것은 바이어 및 해당지역 소비자들의 요구를 신속·정확히 파악하고, 이에 능동적으로 대응해 나갔기 때문이다.

우선 정보화시대 마케팅과 관련하여 필연적으로 대두되는 개념은 바로 데이터베이스 마케팅이다. 앞으로 각종 데이터의 교환은 물론 정보가 네트워크를 타고 배달되며 무한한 부가가치를 창출하고 모든 상품의 주문과 결재가 네트워크를 기본으로 이루어지는 시대가 곧 다가올 것이다.

데이터베이스 마케팅이란 고객 정보, 경쟁사 정보, 산업 정보 등 시장의 각종 1차 데이터를 직접 수집·분석하고 그것을 기초로 마케팅 전략을 수립하는 하나의 전략기법이다. 기저귀로 유명한 하기스사는 치밀한 고객정보 시스템을 구축하고 있는 것으로 유명하다. 즉 고객들에 대한 체계적인 정보관리 및 시장정보 수집력을 바탕으로 한 데이터베이스 마케팅 전략을 수립해 큰 효과를 거두고 있다.

기존의 산업사회로부터 지식사회로의 전환에 따라 창의력·지식·기술·정보의 중요성이 증대한다. 이전까지는 자본이 생산요소를 결합하여 부가가치를 창출하며, 대부분의 인간은 자본이 부가가치를 만드는 데 필요한 수단으로 인식되었다. 그러나 다가오는 지식사회는 가치 창출이 인간의 지식과 창의력에 비롯되고 자본은 그 가치를 구체화하는 수단이 되는 시대이다.

따라서 고품질 인적 자원의 중요성이 증대하여 지식 획득이 중요한 권력의 원천이 되며, 저임노동의 비중이 감소하고 지식 가치가 급상승하여 고품질 인력자원의 활용이 훨씬 유리해진다.

실리콘밸리에 지역 기반을 두고 있는 웰스 파르고 은행은 1995년 9월 〈탈산업주의 시대의 변화와 도전〉이라는 보고서를 통해 '대량생산의 시대는 가고 대량사고思考의 시대가 오고 있다' 라고 말했다. 다가오는 정보화 시대의 경쟁력은 컨베이어 벨트가 아닌 사람의 두뇌에서 창출되며 가장 재능 있고 창조적인 사람들을 모으고 조직화하는 기업가가 시장을 지배한다는 것이다. 소프트 경영자원인 창의력을 갖춘 기술 · 정보 · 인력 및 국제적인 감각을 지닌 경영자와 마케팅 전문가의 양성이 시급하다.

이에 따라 최근에는 다양한 방법으로 인재를 채용하지만 그 동안 한국 기업들은 사람을 채용할 때 적성보다 성적을 중요시하여 해마다 연말이면 일률적으로 필기시험을 통한 사원채용을 하였다. 인적 요소인 서비스가 기업경영에서 차지하는 비중이 커진다는 점을 감안한다면 앞으로는 성적보다는 '적성' 이나 '자질' 이 채용의 기준이 되어야 한다.

일본 최대의 맥주회사인 기린 맥주회사는 전통적 신입사원 채용방식이었던 일류대학 출신자 중심에서 경력사원과 여사원의 학력 대신 능력과 성과 본위의 채용 방식으로 바꾸어 적재적소에 필요한 인재를 공급하고 있다.

보수 부문에 있어서도 연공서열보다 개인별 업무 성적이 기본이 되는 연봉제가 확산되고 있는데, 연봉제란 연공서열에 관계없이 매년 개인별 업무 성적 등을 따져 능력에 따라 급여를 정하는 시스템이다. 때문에 과장급에서도 1억 원이 넘는 사람이 나올 수 있고 임원 중에서 그 절반에도 안 되는 급여를 받는 경우가 생길 수 있는 것이다.

핵심 역량의 전문화 - 질이 우선

한국 기업들은 과거 저가격을 무기로 수출시장을 개척해 왔다. 한국 기업들의 기본 전략을 압축적으로 표현하면 '비관련 다각화와 물량 위주의 성장 전략'이었던 것이다. 이와 같이 질보다 양을 우선한 대형화 철학을 강력하게 실천하여 '유능한 경영자 = 과감한 투자자'라는 인식이 지배적이었다.

한국 기업들은 1970년대 말부터 한국·대만 등을 표준규격품의 공급기지로 선택한 다국적 기업들의 글로벌 전략에 부응한 중품질저가 전략을 통해 국제시장에서의 입지 구축에 성공하였다. 즉 선진국 기업들이 고품질, 고도기술 위주의 제품으로 전환함에 따른 틈새를 중품질과 저원가를 효과적으로 결합하여 공략한 것이다.

특히 1980년대 중반 대외 여건의 호조로 수출이 급속하게 늘어나면서 '지금 팔리기만 하면 된다'는 물량 위주의 타성에 젖어 품질에 문제가 있는 제품들까지도 무작정 세계시장에 수출하였다. 이에 따라 우리 제품에 따라다니는 '쉽게 고장이 나는 저질'이라는 이미지는 이제 확고한 것이 되어 버렸다.

그러나 가격경쟁력이 크게 약화된 지금은 품질에서 승부하지 않으면 안 된다. '대량생산 중시 경영'은 가격 또는 물량만으로는 차별화를 기할 수 있어야 하므로 끝없는 가격인하 경쟁이 불가피하다. 대량 판매가 선결되지 않는 한 적은 이윤에 만족해야 하며 생산성 향상이 아닌 투자에는 매우 인색하게 되어 시장 침투력은 오히려 뒷걸음치고 만다.

따라서 글로벌한 경쟁 환경에서 이겨 나가기 위해서는 핵심 역량을 지닌 전문화된 기업들이 필요하다.

글로벌 시대에 우리가 경쟁해야 할 선진국의 글로벌 기업들은 자기 분야에 핵심 역량을 가지고 있는 기업들이다. 제한된 자본·기술을 승산 있는 분야에 집중 투자해야 하는데 백화점식 접근은 일류 기업과 맞서 싸워야 하는 세계화 시대에는 통하지 않는다. 제품의 품종을 선정할 때도 세계화 시대에 맞게 다양한 국민, 다양한 고객을 만족시킬 수 있는 명품을 만들도록 구상해야 한다. 고객의 취향은 고급화되고 다양화되고 있기 때문에 그들이 외면하지 않는 제품을 연구 개발해야 하는 것이다.

골프공 전문업체인 일야실업은 '연습볼은 안 만든다. 게임볼만 만든다' 라는 품질 최고의 고집으로 자기 브랜드를 개발하여 최고의 가격을 인정받는 기업이 되었다. 이 회사는 가격이 싼 연습볼은 아예 생산하지 않는다. 이세권 일야실업 사장은 유난히 품질을 중요하게 생각하는 기업인으로 꾸준한 기술개발과 품질개선 노력으로 자체 브랜드인 '초이스' 를 성공시켰다. 독일의 유명 골퍼가 초이스볼로 395야드를 치는 데 성공함으로서 기네스북에도 올라 있다. 그야말로 기술과 품질의 정점을 인정받은 것이다.

고객만족

《경영혁명》의 저자인 톰 피터스는 현재와 같은 격변기에 기업이 살아남는 길은 오직 고객을 '왕'으로 모시는 평범한 진리로 돌아가는 길뿐이라고 말하고 있다. IBM은 '고객은 황제'라고 하며 일본인은 '신'이라고까지 규정한다.

일본은 지금 기업의 가치관이 '고객제일주의', '사원의 행복실현', '사회에의 공헌'이라는 세 가지 좌표로 설정되고 있으며, 경영의 요소도 '고객과 종업원과 사회'라는 요소로 바뀌어가고 있다. 여기서 눈에 띄는 것은 고객이 가치와 생산요소의 중심으로 자리 잡고 있다는 것이다.

현재의 무한경쟁 시대에는 고객이 무엇을 원하는가를 생각하는, 즉 고객의 눈으로 바라보는 현대적 마케팅 사고를 키우는 것이 중요하다. 고객만족 경영이란 기업의 성공여부가 고객에게 달려 있다고 보고, 고객 만족의 극대화를 목표로 기업 활동을 전개하는 마케팅 지향적 경영방식을 말한다. 고객은 제품이 아닌 만족을 구매한다는 말도 고객 중심의 새로운 경영방식을 표현하는 말이다.

과거 경쟁이 없는 독과점 시대에는 판매자의 눈으로 기업경영을 해도 큰 문제가 없었다. 왜냐하면, 소비자에게 선택할 수 있는 대안이 많지 않았기 때문이다. 그러나 지금은 글로벌 경쟁시대이며, 앞으로 시장이 전면적으로 개방되면 소비자에게 지금보다 더 많은 선택 대안들이 주어진다. 따라서 판매자의 눈으로 보는 기존의 관행으로는 글로벌 시대에 살아남기가 어렵다.

기업은 제품이나 서비스를 판다기보다 이미지나 브랜드를 팔고 있다고 보아야 한다. 서비스에 대한 고객의 판단은 일선에 있는 판매원과 만나는 처음의 5초에 결정된다고 하는데 이 섬광처럼 지나가는 짧은 순간을 가리켜 '진실의 순간'이라고 부른다.

고객 이탈의 가장 중요한 사유는 바로 이 판매원과의 접점에서 일어나는 불량한 서비스와 무관심한 태도다. 진정한 의미의 고객은 단골고객이라는 점을 깊이 인식해야 하는데 새로운 고객의 창출 비용은 기존 고객 유지비용의 5~6배에 달한다고 한다. 한번 이루어진 고객을 평생고객화하면 그 고객이 새로운 고객을 만들어 주게 마련이기 때문에 상대적으로 적은 노력을 들이고서도 그 성과는 매우 크게 나타난다.

1967년 및 2003년도 9개국의 서비스 부문 일자리 구성비의 증가 현황

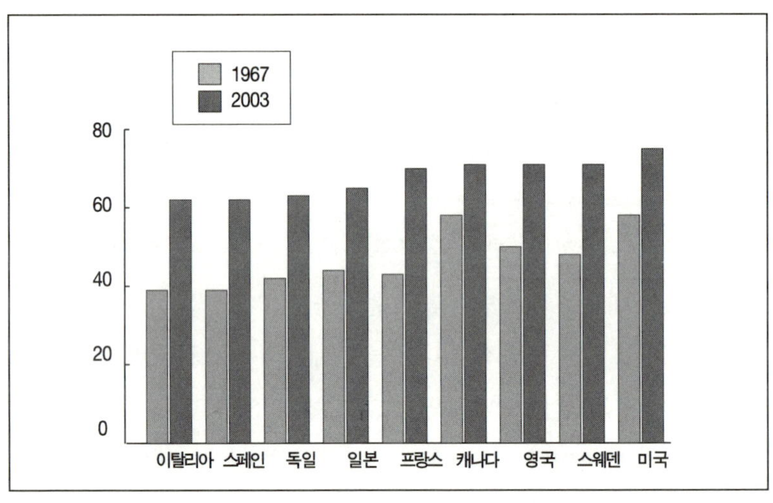

출처: Organization for Economic Cooperation and Development, Quarterly Labor Force Statistics, Various issues; and OECD in Figures, Various years, http://sourceoecd.org.

또한 조사에 의하면 불만을 토로하는 고객은 4%에 불과하나 침묵하는 다수의 90%는 적어도 9명에게 불만을 전하고 그 중 13%는 20명 이상에게 불만을 털어놓는다고 한다. 결국 고객 유지는 고객만족의

결과이며, 고객이 느끼는 최종적인 제품의 품질이나 서비스의 질 또
는 가격은 구성원의 만족과 그를 지원하는 내부 시스템에 의하여 결
정된다.

최근에는 '고객 감동' 이라는 새로운 마케팅까지 개발되어 감동이
하나의 판매수단으로까지 개발되고 있다. 즉 고객에 대해 가족과 같
은 마음을 쏟아 평생고객을 만듦과 동시에 고객의 확대재생산을 유
발하는 것이다. 고객 감동 마케팅에는 크게 기술혁신과 고객관리형
이 있다. 기술혁신을 통한 고객 만족에는 고객들이 생각지 못했던 욕
구를 기술혁신을 통해서 충족시켜 주는 제품 또는 서비스를 개발해
내는 것이다.

경쟁력을 저해하는 권위주의 기업문화

한 경제 전문지에서는 한국 발전의 잘못된 점 중 하나로 권위주의를 꼽고 있다. 이웃한 일본에서는 정치인·기업가 및 정부 공무원이 모두 수평적 관계에 있는 데 반하여 한국에서는 모두 수직적 관계에 있다고 말한다. 기업가들이 앞장을 서고 정치인들이 이들을 도와주는 것이 순리인데 후진국일수록 정치인들의 권한이 막강하여 기업가들을 그야말로 마음대로 주무르곤 한다. 비자금 파문은 바로 한국의 정치가 후진국 수준임을 그대로 보여주는 것이다.

어떤 일본인은 다음과 같은 말을 하고 있다. 한국인은 기업은 일본식으로 하고, 정치는 미국식 민주주의를 하려고 하며, 정치인들의 정당이나 정부조직의 운영은 유교적인 가부장식으로 하려고 한다는 것이다.

한국 기업들의 조직 특성을 보면 관료주의적 피라미드 구조에 연공서열식 조직운영, 소유주의 의향이 절대적인 영향을 미치며, 직위의 양산에 따른 조직의 폐쇄성과 보수성이 두드러지게 나타나고 있다.

특히 대기업의 이러한 현상은 기업 노화의 전주곡이 된다. 이러한 기업문화에서 나타나는 현상이 바로 놈브(NOMB), 나토(NATO), 니흐(NIH)의 용어로 나타나고 있다. NATO No Action Talking Only는 말만 무성하고 실천하지 않는 비평가적 태도를 뜻한다. NOMB Not Invented Here는 자신의 일임에도 책임지지 않는 방관자적인 태도를 뜻한다. NIH는 여기서 발명되지 않았다는 뜻으로, 타부서의 신제안이나 신기술, 신상품 등을 배척하는 부서 이기주의를 지칭한다. 여기에 무사안일하게 하루하루를 보내는 화이트칼라 좀비Zombi족을 더하면 바로 대기업의 병을 모두 나타낸다.

물론 과거에는 대기업의 권위주의적 문화 요소가 성장의 요인으로 작용하였다. 한국과 같은 후발 업체가 선진국의 선발 기업과 경쟁한다는 것은 쉬운 일이 아니다. 처음에는 기술·지명도·경영능력 등 모든 면에서 불리하다. 그러한 어려움을 이겨내기 위해서는 남다른 전략과 노력을 하지 않으면 안 된다. 무엇보다도 장기적인 안목에서 과감한 투자를 하여야만 규모의 경제를 통한 원가 우위를 확보할 수 있다. 그것이 가능했던 것은 다각화된 기업구조와 정부의 보장 때문이었다. 그리고 소유 경영체제의 상의하달식의 일사불란한 조직문화 때문이었다.

그러나 이러한 권위주의·관료주의적 조직의 병폐로는 아이디어의 수용이 원활치 않고, 개인에게 동기부여를 못하며, 형식 우선으로 내용이 무시되고, 계약과 책임을 가볍게 여기는 분위기를 형성한다. 그렇게 때문에 생산 현장이나 고객과의 접점에서 발생하는 문제가 최고 경영자에게 잘 전달되지 않고 역으로 최고 경영자의 지시가 왜곡되어 현장에 전달되는 경우가 많다. 이러한 문제를 해결하기 위해서는 조직을 작게 쪼개고, 조직 구성의 중심을 다기능팀으로 전환해야 하며, 조직의 기능에 따라 다양한 조직형태를 도입하여 환경변화에 유연하게 대응해야 한다. 조직 계층수의 대폭적인 축소와 현장으로의 권한 이양을 통한 권위주의적 분위기의 탈피가 무엇보다도 필요하다.

1992년도 말콤 볼드리지 품질 대상을 받은 리츠칼튼 호텔은 객실 청소부에게도 상당한 재량권을 주고 있다. 즉 손님에게 필요하다고 생각되는 서비스나 손님의 불편이나 문제를 해결하는 데 필요하다고 판단되면 2천 달러까지 재량껏 지출할 수 있는 권한을 부여하고 있다. 미국의 우량 기업들의 평균 조직 계층수가 5단계에 지나지 않으며, 휴렛팻커드사의 잉크젯 공장에는 9천 명의 종업원에 관리자가 4명에 불과하다는 사실은 우리에게 시사하는 바가 크다.

판매 현장에서도 권위주의적인 태도는 소비자의 발길을 끊게 만드는 중요한 요인이 된다. 소비자의 심리는 명령형보다는 의뢰형에 좀 더 호감이 가는 것이다. 예로 '-하세요' 투의 말보다는 '-하면 안되겠습니까? 의 말투에 소비자는 기분이 좋아지는 것이다.

주인의식

지금 세계는 공동체주의로 흐르고 있다. EU, NAFTA, 아시아 · 태평양 공동체 등이 그 예이다. 이를 경제의 작은 범위부터 공동체를 살펴보면 다음과 같다.

첫째, 가정과 기업 차원의 공동체주의이다. 가정은 가족생활의 공동체, 기업집단은 기업의 공동체, 세계는 국가의 공동체가 되어야 한다. 그러므로 개인주의는 결국 상위의 공동체의 개별 주체인 동시에 평등한 참가자이다.

둘째, EEA와 NAFTA에서 보는 바와 같이 지역 차원의 공동체주의
이다. 이는 참가지역 국가들이 개별 주체로 참여하면서 공동의 이익
을 추구하는 공동체이다.

셋째, 세계 차원의 공동체주의 또는 세계주의이다. 이는 국가와 민
족·인종 등을 초월하여 존재하는 '하나의 세계'이며 말 그대로 인류
공동체이다.

이와 같은 공동체를 구성하는 각 개별 구성요소가 올바른 주인의식
을 갖고 있을 때 개인·기업·국가·세계는 번영할 수 있다. 공동체
에서 피동적인 객체가 따로 존재한다면 그 공동체는 발전의 탄력성
을 잃고 쇠퇴할 수밖에 없으며 이는 기업경영에도 그대로 나타난다.

세계적인 컨설팅 회사 맥킨지의 서울사무소 대표인 디렉터 비모스
키는 '한국 경영자는 진취적인 기업가형으로 분류될 수 있으나 때로
는 너무나 조급히 결과를 얻으려고 해 관리되지 않는 성장을 추구하
는 경향이 있다.' 면서, 중요한 것은 기업 소유자든 고용 사장이든 제
대로 된 '오너의 시각'이 필요하다는 점을 지적하고 있다. 특히 전문
경영인의 경우 '주인의식'을 갖도록 여러 가지 제도적 장치를 보장하
는 것이 소유와 경영의 딜레마적 문제를 풀어 나가는 핵심이라고 말
하고 있다.

예컨대 미국의 대다수 전문경영인에 대해서는 단순한 급여뿐 아니
라 기업 지분을 공유토록 하는 한편, 경영성과에 따라 주식 등을 추
가 배당해 주는 '스톡와션 프로그램'이 제공되는 등 말뿐이 아니라
실질적인 방식으로 주인의식을 고취시키는 제도가 정착되어 있다는
것이다.

이와 함께 현장 관리자나 근로자의 주인의식을 고취시키기 위해서
품질관리를 제품의 생산공정에 국한시키는 개념을 벗어나서 고객을

포함한 기업의 인적요소를 효과적으로 관리하여 경영품질 전체를 극대화하는 TQM Total Quality Management의 정신을 기업 내에 체계화시켜야 한다. 불량을 즉시 고치면 1, 출고 후는 10, 고객의 클레임에는 100의 비용이 든다고 한다.

애플컴퓨터의 연구에 의하면 작업자가 불량반도체를 현장에서 고칠 때는 3센트, 최종 검사단계에서는 20달러, 고객이 발견하여 고칠 때는 150달러가 소요된다는 것이다.

1994년 매출액 1백9억 달러로 세계 제일의 PC 공급업체가 된 미국의 컴팩사는 '셀' 생산방식을 통해 생산효율을 25%나 증가시켰다. 셀 생산방식이란 세 명의 팀원이 한 조를 이루어 상품 생산을 처음부터 끝까지 독립적으로 이행하는 방식이다.

셀 방식의 장점은 철저한 직업의식으로 무장한 전문기술자가 제품의 초기 조립 과정부터 검사까지 완벽한 제품을 생산하도록 끝까지 책임진다는 점이다.

화합과 협력의 노사관계 - 공생공영의 정신

1987년 이후 극심한 노사분규를 경험하였던 우리 산업사회에서 최근 들어 노사 동반자 관계를 형성하려는 노사 양측의 실천적 노력이 나타나고 있다. 특히 UR타결 이후의 무한경쟁시대에 직면하여 우리의 노사관계가 '갈등과 대결'에서 '화합과 협력'의 관계로 변화되어야 한다는 의식이 점차 고조되고 있다.

해마다 노사분규 건수는 줄어드는 추세를 보이고 있다. 그러나 아직 노사간 '불신의 벽'과 분규는 여전히 우리 사회의 불안 요인으로 작용하여 투자의 욕구 저하, 세계시장에서의 신뢰도 저하, 근로의욕 및 노동 기강의 해이를 초래하고 있다.

또한 정치적 판단에 의한 행정조치와 당파적 이해관계로 만들어진 비현실적인 법·제도의 문제점이 심각해지고 있으며, 기업 내 임금 체계 및 복지혜택마저 근로자에 대한 동기부여의 측면이 결여되어 있다.

구체적으로 노사관계에 있어서 사용주의 문제점은 임금의 현실화 외면, 복지정책의 결여, 미래에 대한 비전 제시의 부족, 근로자를 주종관계로 보는 잘못된 인식, 구성 요원의 능력을 제대로 살리지 못하는 등의 경향이 있다. 근로자도 회사의 현실 상황에 대한 인식이 부족하고, 주인의식이 희박하며 직장이 삶의 터전으로 가치관실현의 무대라는 비전이 결여되어 있다. 여기에다 선진국들의 기술보호주의와 후발저임개도국의 추격으로 국내외에서 더욱 힘든 상황에 놓여 있다.

지금까지 한국의 노사관계는 노사분규 예방 차원의 소극적이며 수동적 대응태도와 행동의 양상을 보여주고 있다. 그러나 앞으로는 노사관계를 생산성 증대, 노동자 개인생활의 질 향상 등 기업의 경쟁력과 발전을 위한 창출 자원의 원동력으로 보고 여기에 대한 투자와 적극적 전략을 추진하여야 한다.

고용주들은 아직까지 노사문제를 정부에 의존하여 해결하려고 한다. 그러나 앞으로 피용자 비율이 60% 수준에서 선진국 수준인 80% 이상으로 상승하게 되면 피용자 계층의 협상 잠재력은 매우 커질 것이다. 따라서 생산성과 근로보상, 복지정책의 기본 방향이 설정되어야 한다.

근로자에게도 열심히 일을 하면 생활의 안정이 가능해지고 교육과 본인의 노력 및 능력을 통해 항상 계층 상승이 가능하다는 확신을 심어주어야 하며, 이를 뒷받침할 수 있는 제도개편이 이루어져야 한다.

따라서 앞으로 노사관계는 관리 중심에서 동기유발 중심으로 전환되어야 한다. 각국 사용자 단체들의 세계적인 연합체인 국제사용자기구(IOE)의 장 자크 앵스랭 회장은 '인간적 기업문화가 경쟁력을 높인다.' 면서 앞으로 기업의 경쟁우위는 효과적인 인적자원을 통한 관리정책의 실행을 통해서만 확보된다고 말했다. 그는 효과적인 인적자원 관리정책의 핵심을 다섯 가지로 정리하고 있다.

첫째, 사업전략을 입안할 때는 단기간의 이익을 제공할 뿐인 저비용과 저임금을 위주로 해서는 안 되며 탄력성 · 품질 · 고객 · 서비스 등 실제로 경쟁우위를 창출할 수 있는 요소를 고려해야 한다.

둘째, 기업의 임금정책은 기업 전체의 성과뿐만 아니라 개인의 성과와 노동의 질을 보상하는 능력 위주의 정책이어야 한다.

셋째, 조직문화는 인간존중에 바탕을 두어야 한다.

넷째, 경영전략의 입안과 조직의 경영에 있어서 종업원 및 인적 자원의 문제를 감안하는 제도가 수립돼야 한다.

다섯째, 고용안정을 제공하는 정책이 시행돼야 한다.

특히 한국의 노사관계에서 정부의 역할은 아주 중요하다. 노사관계에서 정부의 가장 중요한 역할은 노사 양측에 공정한 중재자로 역할하는 것이다. 그 동안 노동계에서 공정성의 결여는 재야 노조들의 탄생을 가져왔고, 노사관계를 위해 합리적 대화보다는 대결국면으로 치닫게 되는 주요 원인이 되었다.

최근의 노동법 사태도 정부 스스로 대화와 설득을 포기했기 때문에 발생한 것이다. 정부가 공정성을 유지하기 위해서는 공정한 관련 법규의 완비가 선행되어야 하며, 그 법규들의 성실한 시행이 뒤따라야 한다. 사실 한국의 노동관련법은 공무원의 단결권 금지, 복수노조 금지, 노조의 정치활동 금지, 제3자 개입 금지 등을 제외하면 오히려 선

진국 수준에 가깝다. 문제는 기존의 법규가 공정하게 적용되지 않는
데 있다.

그러나 무엇보다도 근로자들의 근로의욕을 무너뜨리는 사회적 분
위기가 더 큰 문제로 지적될 수 있는데 사회 전반에 만연되어 있는 공
정성 미비와 이로 인해 발생하는 각종 부조리에 대해 임금 노동자들
은 허탈감과 박탈감, 피해의식을 느끼고 있다. 노사간 이해관계의 절
충을 꾀하기보다는 서로를 불신하는 적대감이 상존하고 있다. 이러
한 분위기는 노사간 대화가 근본적으로 생산적일 수 없게 하며 여기
서 오는 노동자들의 불만의 강도가 높은 것이다.

건강한 기업은 기업을 인간의 조직으로 보면서 자발적인 협동관계
를 유지한다. 결국 '기업은 사람에 달렸다' 는 일본 경영의 핵심을 깊
이 음미해야 한다. 사람을 사랑하는 공생공영의 협동정신이 바탕이
되어야 노사는 기업을 통해 함께 발전할 수 있는 것이다.

지방화 시대 기업경영

최근 급변하는 정치 · 행정 환경변화 가운데 가장 중요한 것은 지방
자치의 본격적인 개막이다. 이에 따라 기업에도 지방경영이 독립된
부문으로 그 관심이 증대하고 있다.

재계도 지방화시대에 당면해 새로운 기업전략 마련에 관심을 기울
이고 있다. 일단 재계는 지방화시대의 조기 정착을 재계 몫으로 받아
들이고 있다. '지역밀착' 과 '신협력체제 구축' 이야말로 지방화시대
에 기업이 해야 할 역할이 될 것이다. 이와 관련 기업들은 이미 경영
의 지방화, 공장의 지방분산 등으로 지역밀착 경영체제를 구축하기
위한 노력에 착수하고 있다.

기업에서는 실제로 과감한 현지 이양작업이 진행되고 있다. LG화학은 결재 단계를 기안-결재-지원 등 3단계로 대폭 축소했다. 50억 원 이상의 대규모 투자가 아닌 공장문제는 대부분 공장 주재 임원의 독자적인 결정으로 현장에서 확정할 수 있게 됐다.

인력의 현지화를 통한 인맥 구축도 기업 경영의 주용 과제가 되고 있다. '기업 활동은 현지인의 손에' 라는 새로운 캐치프레이즈를 내건 기업들이 늘고 있어 본격적인 지방화시대 개막과 함께 현지출신의 대학 출신을 선호하는 경향마저 나타나고 있다. 현지 인력채용에 대한 관심이 높아지고 있는 것은 현지인력 충원을 통한 인맥구축이 지방화시대 기업경영의 주요 과제가 되고 있기 때문이다. 지방 사업장별로 현지 대학 출신자의 채용을 적극 검토하고 있는 삼성그룹은 현지 전문 인력과의 밀접한 유대관계를 위해 사업장 주변 대학들과의 공동 프로젝트 등 산학혁명도 적극 강화해 나갈 방침이라고 한다.

쌍용그룹도 지난 1992년부터 창원의 쌍용중공업에서 지역연고자를 우선적으로 채용하는 연고자 우선채용 방침을 도입한 이후 꾸준히 현지인력 채용을 늘려 나가고 있다.

현대그룹은 1995년 하반기부터 선발인원 가운데 일정비율을 지방대학 출신자로 충원한다고 신입사원 선발요강에다 못을 박아 놓았다.

투자도 기업 중심의 전략에서 탈피, 지역발전 전략을 고려하면서 전국을 생산 거점화하는 방향으로 재설정되고 있다. 삼성은 이미 수원은 테크노벨리, 부천은 물류센터, 기흥은 반도체월드, 천안은 미래형 무인화단지, 대구는 상용차단지, 부산은 승용차단지, 대산은 석유화학단지, 여천은 신소재단지로 각각 육성한다는 계획을 세워놓고 있다.

대기업들이 최근 충청 · 전라지역에 투자하는 이유는 간단하다. 지방자치제 실시 때문이다. 그동안 기업들은 공장이 밀집되어 있는 지역을 찾았다. 그곳들은 인프라 구축이 잘 되었을 뿐 아니라 공장끼리 모여 있어야 힘을 합쳐 목소리를 높일 수 있고, 정보수집, 물류체계, 부품수급 등 여러 면에서 이로운 점이 많았기 때문이다. 이에 따라 당연히 수도권과 영남권이 주요투자 대상이었다.

그러나 지방자치제는 새로운 상황을 강요하고 있다. 기업들이 지방정부를 무시할 수 없는 상황으로 특정지역에만 투자하고 있는 기업은 나머지 지방으로부터 배타시될 수 있는 소지도 높아졌다. 또한 영남권에서는 공장이 포화상태여서 기업들이 대단위 공장을 새로 조성하기에는 무리가 뒤따르자 새로운 땅을 조성하려는 의욕도 겹치고 있다.

지자제 마케팅 전략

지방자치제를 맞이하여 각 지역정부에 맞는 민영화가 새로운 지방 마케팅의 한 부분으로 떠오르고 있다. 민간 주도 지방중심 국가 경쟁력 강화사업의 추진은 중앙 권한의 지방 이양과 더불어 지방정부가 스스로 지방의 생존전략을 짜고 재원을 동원하고 기업을 유치하고 키우는 기업형 사업 주체가 됨을 의미한다. 따라서 지방 행정 관료는 기업가처럼 지방경영전문가로서 차별화된 기업경영 환경을 개선하여 세계의 여러 지방과 협력하고 경쟁하는 지방형 공공서비스의 생산자가 되어야 한다.

따라서 비효율적인 공기업의 민영화와 기업과 지방정부와의 상호 이익적인 협조경영이 지방 마케팅의 중심이 되고 있다. 민영화 분야의 세계적인 학자인 사바스 교수는 민영화는 시민의 욕구를 만족시키는데 사회의 민간기구에 보다 더 의존하고 정부에 대한 의존도를 줄이는 것이라고 정의하고 있다.

민영화는 세 가지 방법으로 실시할 수 있는데, 첫째는 다이베스먼트Divestment, 둘째는 델리게이션Delegation, 셋째 디스플레이스먼트 Displacement이다.

다이베스트먼트는 정부가 더 이상 중요한 책무를 지지 않아도 될 서비스의 공급을 중단하는 것이다. 델리게이션은 정부가 서비스에 대한 책임은 계속 유지하면서 그러한 책임을 이행하는 일은 민간기구에 의존하는 것으로 델리게이션에는 두 가지 형태가 있다. 우선은 프랜차이징이다. 프랜차이징은 정부가 민간업자에게 독점권을 주어 서비스를 공급하도록 하는 것이다. 또 다른 형태의 델리게이션인 민간위탁과 다른 점은 서비스를 대행하는 민간업자가 정부로부터 서비스의 대가를 받지 않는다는 점이다.

마지막으로 현재 중국에서 진행되고 있는 디스플레이스먼트가 있다. 중국 정부는 국영기업을 매각하지 않고 대신 민간인으로 하여금 국영기업과 경쟁적인 사업을 하게 함으로써 궁극적으로는 이들이 성장, 국영기업에서 일하는 근로자를 흡수케 하는 것이다. 결국 민영화의 근본 목적은 대중서비스의 효율성과 능률을 높이는 것이다. 다른 전략으로는 지방정부와 대기업의 효율적인 협력관계의 구축이다.

일본에서 지자체 운용의 대표적인 성공 사례로는 이즈모시가 꼽히는데 이와쿠니 시장을 중심으로 한 이즈모시가 이 같은 평가를 받게 된 것은 다름 아닌 기업들의 도움 때문이다. 이와쿠니 시장은 대도시에 비해 상대적으로 뒤지는 분야에 대해서는 과감하게 대기업 지원을 요청, 이를 활용하였다.

기존의 공기업의 성격 변화와 함께 지방경제가 자체적으로 경영전략을 짜기 위해서는 몇 가지 전략을 구상해야 할 것이다.

첫째, 지역경영의 전략으로 좁은 수도권에 집중되어 있는 산업시설이 수도권으로부터 지방으로, 밖으로 나가는 전략이 구상되어야 한다.

둘째, 선별 전략, 재정비 전략으로 지역자원 및 분야를 설정하여 집중 투자해야 한다는 것이다.

셋째, 토착화 전략이다.

넷째, 더불어 사는 전략의 필요성이다.

기업은 생산성 향상을 통하여 이윤을 창출하는 과정에 고객과 같이 살고 지역주민 및 지역문화를 염두에 두고 중앙정부와도 같이 사는 '공동체 사회' 의 일원으로서 발전해야 한다. 지자제가 조기에 정착되기 위해서는 지자체와 기업간의 협력이 필수적이다.

특히 지방의 경쟁력이 서울에 비해 크게 뒤떨어지는 우리 현실에서는 지방이 처지거나 부족한 부문을 기업에서 메워줘야 한다. 이를 위해 기업들은 마케팅 전략의 수정이 불가피하다. 판매, 기업이미지, 기업문화, 지역주민과의 유대 등 마케팅 전략 전반에 걸쳐 개혁과 발상의 전환이 필요하다.

특정지역에 고착돼 있는 기업 이미지도 극복해야 한다. 이미 기득권을 확보하고 있는 지역은 물론이고 연고권이 없는 지역에 대해서도 지역발전에 기여하는 기업이라는 이미지를 심는 노력이 필요하다. 서울 일변도로 진행되어 온 각종 고객사은 행사 등도 전국으로 확대해 지역 소비자에게 혜택이 골고루 돌아갈 수 있도록 해야 한다. 소비자가 누리는 혜택 자체가 지역별로 차별을 받는 일은 없어져야 하며 단순히 상품을 판매하고 매출을 올리는 차원에서 벗어나 지역의 개발 가능성을 발굴해 미리 투자하고 개발 과실은 지역과 공동으로 누리는 전략이 필요하다.

이와 함께 중요한 지자제 시대의 기업경영 가운데 하나는 지방자치단체가 추진하는 세계화와 홍보, 기획 등에 대해 기업의 노하우를 전수해야 할 것이다.

기업윤리를 통한 경영 이념의 설정 - 탈 정경유착

한국 경제는 이제 기업윤리의 확립을 통해 신뢰받는 기업 인상을 보여주어야 할 시점에 와 있다.

정경유착으로 인한 폐해로 하버드대 교수 슐아이퍼는 다음 세 가지를 들고 있다.

첫째, 정치인들이 정치적 기반 확립을 위해 기업의 소유권을 통제하고 싶어 한다는 것이다.

둘째, 정치인들은 개인적인 재산 축적, 즉 뇌물을 받기 위해 올바른 정책을 무시하는 경향이 있다.

셋째, 정치인들의 무지로 부적합한 경제모델이 정책에 사용될 수 있다는 것이다.

이와 같이 경제 논리가 정치적 이권에 휘말리게 되면 장기적으로 경제적 구조는 취약해질 수밖에 없다. 정치적 부패가 나라를 망친 예로 필리핀을 들 수 있는데 필리핀은 1970년만 해도 국민소득이 한국과 같은 800달러였으나 마르코스 집권 20년 동안 부정부패가 극에 달해 20여 년 동안 국민소득에 변화가 없었다.

이제 기업들은 힘 있는 몇몇 권력자를 상대로 하는 로비에서 벗어나 사회적으로 인정받을 수 있는 영역을 넓혀 가야 한다. 이러한 측면에서 기업이 공익사업에 참여하는 것은 기업의 이미지 구축과 기업

이윤의 사회 환원 차원에서 좋은 방향이 될 것이다. 이제는 기업도 사람처럼 더불어 사는 존재로서 사회적 역할과 책임을 다해야 그 기업이 생명과 발전이 유지되는 것이다.

종교와 경제를 결합시킨 세계적 신학사상가인 마이클 노박 박사는 기업을 운용하는 사람에게 부여되는 일곱 가지 도덕적 책임을 다음과 같이 말하고 있다.

첫째, 기업문화에서 공동체감과 인간존엄성을 구축해야 한다.

둘째, 자유로운 사회의 선봉자가 되어야 한다.

셋째, 법에 대한 존경을 보여야 한다.

넷째, 다수의 대중이 믿고 따르도록 해야 한다.

다섯째, 부러움에 의해 지배되지 않도록 해야 한다.

여섯째, 기업 내 인간적 유대가 확대되도록 의사소통을 해야 한다.

일곱째, 기업의 터전인 주변 사회를 더 좋게 만들어야 한다.

이를 요약하면 결국 기업은 독특한 유형의 도덕적 기관이며, 기업에서 일하는 사람들은 도덕적 책무를 갖는다는 것이다.

일본은 1991년에 경단련을 통해 〈기업의 사회적 역할을 위한 7원칙〉을 담은 기업행동헌장을 제정한 바 있다. 미국도 1995년 연방 상무부가 〈기업 활동강령 표준〉이란 것을 제정했으며 IBM, 모토로라, 애플컴퓨터, 펩시콜라 등 주요 대기업들도 영업 행동준칙, 행동강령, 윤리강령 등을 제정해 철저히 준수해 오고 있다.

한국은 포항제철이 1993년도에 국내 기업 중 처음으로 윤리강령을 제정한 바 있다. '고객, 지역사회, 주주와 함께 성장·발전하고, 국민의 사랑을 받는 회사를 만들기 위해 전임 직원의 총의로 기업 윤리강령을 제정하고 이를 기업 활동의 모든 부문에서 지키고 따라야 할 규범으로 삼는다' 는 전제 아래 경영의 기본정신, 법과 윤리의 준

수, 이해관계자에 대한 책임, 임직원의 사고와 행동기준 등을 제시한 바 있다.

끝으로 한국사회는 희망이 있다. 희망의 끈을 놓지 않고 치솟아 올라야 한다. 스위스 IMD는 2050년이 되면 한국이 세계에서 가장 행복하게 사는 나라가 될 것이라고 예언했으며, 미국의 골드만 삭스는 2007년도 보고서를 통해 2050년이 되면 미국 국민의 소득은 9만 1600달러가 되고 한국민도 9만 300만 달러로서 세계에서 두번째로 높은 소득국가가 된다고 보고하고 있다. 프랑스 자크 아탈리는 그의 저서 《미래물결》에서 '21C 태평양시대를 이끌어갈 중심국이 한국이다.'라고 주장하고 있다.

글로벌 경제가 이동하는 대변혁기에 한국은 우리사회 내부의 부정적인 요소를 극소화하고 긍정적인 요소를 극대화하여 세계의 새로운 희망으로 자리매김해야 하겠다.

참고자료

〈단행본〉

- 가나모리 히사오 저, 정재철 역(1995), 《흥망 세계경제》, 매일경제신문사.
- 경제산업연구회 편(1995), 《개방시대 한국경제》, 청양.
- 공병호(1993), 《한국기업흥망사》, 명진출판.
- 권화섭(1994), 《거꾸로 선 한국경제》, 고려원.
- 김기영외 공저(2006), 《세계화 · 정보화 시대의 경제와 생활》, 도서출판 두남.
- 김상철(1995), 《1995년 한국경제 어떻습니까?》, 창해.
- 김세원(2004), 《EU경제학》, 전영사.
- 김영호 외 저(1995), 《한국의 2001년 설계》, 한국경제신문사.
- 김일섭(1995), 《세계로 가는 우리 경영》, 김영사.
- 대한무역진흥공사(1995), 《북한의 산업》.
- 라비바트라 저, 윤유숙 역(1995), 《세계 대공황》, 쑥맥.
- 레스터 써로 저, 이근창 역(1992), 《세계경제전쟁》, 고려원.
- Rondo Cameron · Larry Neal 저, 이헌대 역(2003), 《간결한 세계 경제사》, E PUBLIC.
- 마이클 헤머 & 제임스 챔피 저, 안중호 · 박찬구 공역(1993), 《리엔지니어링 기업혁명》, 김영사.
- 매일경제신문사 중소기업부 편(1993), 《세계의 작은 거인들》.
- M.S.돕스 히긴스 저, 노혜령 역(1993), 《세계 경제의 뉴 리더》, 교원문고.

- 박두복 외 공저(1993),《중국의 정치와 경제》, 집문당.

- 박승준(1993),《중국이 재미있다》, 비전.

- 삼성경제연구소(1994),《21세기를 향한 한국의 국가경쟁력》.

- 상공회의소(1995),《남북교역실무》.

- 송병락(1994),《세계로, 초일류 선진국으로》, 중앙일보사.

- 송병락(1994),《국제화 시대의 세계 경제》, 동아출판사.

- 수테판 H. 라인스미스 저, 삼성국제경영연구소 역(1995),《글로벌 기업을 향하여》, 21세기북스.

- 앨빈 토플러 저, 이연택 감역(1992),《미래쇼크》, 한국경제신문사.

- 앨빈 토플러 저, 이연택 감역(1993),《권력이동》, 한국경제신문사.

- 양동휴(2006),《20세기 경제사》, 일조각.

- 양평섭(1994),《아세안자유무역지대의 형성과 우리의 대응방안》, 대외경제 정책연구원,12.

- 어윤대 외 저(1996),《국제경영》, 학현사.

- 영국 The Economist 저, 현대경제연구원 편역(2004),《THE WORLD IN 2004 세계대전망》, 한국경제신문.

- 와타나베 도시오 편저, 노광욱 역(1993),《아시아 지역경제 이렇게 잡아라》, 동아출판사.

- 이문봉(1994), 동남아《화교기업》, 도서출판 길벗.

- 이용환(1995),《한국기업의 세계화전략》, 서울프레스.

- 이학종(1993),《한국의 기업문화》, 박영사.

- 이한구(1994),《세계를 보고 뛰어라》, 동아일보사.

- 이한구(1994),《21세기 한국국부론》, 매일경제신문사.

- 이형구(1992),《21세기 경제정책의 대전환》, 고려원.

● 21세기 위원회(1992),《2020년의 한국과 세계》, 동아일보사.

● 21세기 위원회(1994),《21세기의 한국과 한국인》, 나남출판.

● 일본 경단력 편, 신한 종합연구소 역(1992),《일본 경제의 오늘과 내일》, 고려원.

● 일본 경단련 전략 보고서, 정기엽 역(1993),《일본 기업의 경쟁력》, 김영사.

● 일본경제신문사, 신한종합연구소 역(1994),《일본경제 100가지 상식》, 고려원

● 일본 인더스트리얼 위원회 저, 이종윤 감수(1994),《메이드 인 제펜》, 한국 능률협회.

● 전인구 · 공병우(1995),《한국기업의 지배구조》, 한국경제연구원.

● 제프리 E. 가튼 저, 이경일 역(1993),《경제전쟁》, 한국경제신문사.

● 조동성(1994),《국가경쟁력》, 매일경제신문사.

● 조선일보 특별취재반(1994),《미래로 뗀다》, 조선일보사.

● 조지 입 저, 국제경영연구회 역(1995),《국제화 시대의 세계경영전략》, 김영사.

● 존 나이스비트 저, 홍수원 역(1996),《메가트랜드 아시아》, 한국경제신문사.

● 최영진 외 저(1995),《뉴 라운드》, 지식산업사.

● KIEP 세계지역연구센터(2007),《2007 세계경제 지역별 10대 이슈》, 대외 경제정책연구원

● 폴 케네디 저, 변도은 · 이일수 역(1993),《21세기 준비》, 한국경제신문사.

● 피터 드러커 저, 이재규 역(1993),《자본주의 이후의 사회》, 한국경제신문사

● R.바네트.J.캐버나 저, 황홍선 역(1994),《글로벌 드림스 1 · 2》, 고려원.

● 한국마케팅연구원(1995),《뉴마케팅으로 세계 일류 기업을 만든다》.

● 현대경제사회연구원(1995),《신경영 사조》, 12.

● 현대경제연구원(2005),《한국경제의 새로운 미래 BRICs》, 한국경제신문.

● 황의각(1992),《북한경제론》, 나남.

〈논문 · 학술지〉

● 국가경쟁력강화민간위원회,《국가경쟁력 강화를 위한 기업세계화 전략》, 1995. 4.

● 국가경쟁력강화민간위원회,《국가경쟁력 강화를 위한 기본 구상》, 1995. 7.

● 국가경쟁력강화민간위원회,《국가경쟁력 강화를 위한 해외마케팅 전략, 1995. 11.

● 국가경쟁력강화민간위원회,《국가경쟁력 강화를 위한 한국경제의 선택》,《경쟁국의 중소기업 현황 및 지원시책》, 대한무역진흥공사, 92 - 40.

● 국회도서관 입법조사분석실,《세계무역기구의 설립》, 1994. 12.

● 김승채,《중화경제권의 부상과 한국의 대응》', 중국연구, 대륙연구소》, 1994. 겨울호.

●《남북경제협력의 현황과 전망 세미나》, 전경련, 1995. 11.

● 문정구,《선천적 직업의식과 근검절약 통해 지속성장 추구하는 대 륙의 사자》, 월간무역, 1994. 8월호.

● 민족통일연구원,《북한의 경제개혁과 남북경협》, 1995.12.

● 배용호,《세계무역기구(WTO)의 출범: 새로운 국제무역질서의 형성》,《국제문제분석》, 국회도서관, 1994.5.

● 배용호,《남북경제교류 및 협력의 현황과 과제》', 국회도서관 입법조사

분석실,1994.12.

● 상공회의소,《WTO출항 1주년의 평가와 향후 과제》, 1996. 1.

● 원선희,《중국 동북3성의 경제개발전략과 투자환경》, 월간 제일경제 연구, 1995. 1.

● 《21세기를 향한 물류경쟁력 강화전략》, 국가경쟁력강화민간위원회, 1995. 11.

● 이인석,《중화경제권의 등장과 한국의 대응》, 중국통상정보, 1995.1.

● 이창재,《동북아 경제협력체 구상에 대한 평가》, 통일경제, 현대경제 사회연구원, 1995. 6월호.

● 정종문,《미국의 통상정책과 공정무역》, 국회도서관 입법조사분석실, 1994. 8월호.

● 정종문,《최근의 국가경쟁력 강화 논의에 대한 검토》, 국회도서관 입법조사분석실, 1994. 10.

● 정종문,《OECD가입에 따른 쟁점분석》, 국회도서관 입법조사분석실, 1995.5

● 조우개(2006),《한국기업의 대 BRICs 투자 현황에 관한 연구》, 대구대 석사 논문.

● 주명건(1994),《계급이나 격식은 철저히 배격, 모험심과 창의력에 의한 부는 존경》, 월간무역 8월호.

● 최원삼(2005),《테크노폴리스 구축과 지역혁신 거버넌스의 연구》', 대구대학원 박사논문.

● POSRI경제저널,《포스코경영연구소》, 1995. 가을호.

〈저널〉

- 《경제전망》, LG경제연구원, 1996. 3.
- 《기업경영》, 1995.10, 11월호.
- 《기업경제》, 현대경제사회연구원, 1995.9, 1996. 2.
- 《The Economist》, February, 1996.
- 《midas》, 2007.12, 2008.2, 3, 4, 5월호
- 《매니지먼트》 5월호
- 《매니지먼트》, '세계화시대, 한국기업이 나아갈 길' , 1995.9월호
- 《삼성경제》, 삼성경제연구소, 1996.2.
- 《실물경제》, 산업연구원, 1995. 5.24.
- 《월간 기업경제》, 현대경제사회연구회, 1995.5~12.
- 《월간 제일경제》, '사뮤엘슨이 보는 세계경제의 주요 과제' , 1995. 8월호.
- 《Emerging Markets》, 한국경제신문사.
- 《이코노미스트》, 중앙일보사, 1995. 5.3, 7.19, 7.21, 8.9, 8.16, 1996.1.2, 2.20.
- 자유지성강연회,《UR. WTO와 한국의 입장》.
- 《주간매경》, 1995.10.25, 1996.1.24.
- 《중국통상정보》, 대한무역투자진흥공사, 1995. 10, 1995. 12, 1996. 1.
- 《중소기업진흥》, 중소기업진흥공단, 1995.1.
- 《지역경제》, 대외경제정책연구원 지역정보센터, 1995. 8, 1995. 12.
- 《초고속 정보통신》, 한국정보문화센터, 1995. 창간호.
- 《KDB 산업경제》, '세계화 시대의 산업정책 방향' , 1995. 33호
- 《KOTRA해외시장》, 1995. 12. 23, 1996.1.3.
- 《통일한국》, 현대경제사회연구원, 1995.6, 12.

- 《Forbes》, November 6. 1995.
- 《FORTUNE》, November 14. 1994.

〈수시자료〉

매일경제신문/서울경제신문/한국경제신문/조선일보/동아일보/중앙일보/세계일보/국민일보/전국경제인연합회/중소기업진흥공단/삼성경제연구소

글로벌 경제 대이동

지은이 _ 황인태
펴낸이 _ 임형오
펴낸곳 _ 미래비즈

인쇄 _ 2008년 9월 5일
발행 _ 2008년 9월 10일

신고 번호 _ 제 302-2008-000002호
등록 일자 _ 2008년 1월 10일
주소 _ 서울시 용산구 효창동 5-421
전화 _ 715-4507 / 713-6647
팩스 _ 713-4805

전자우편 _ mirae715@hanmail.net

ⓒ2008, 미래비즈
ISBN 978-89-961025-3-9   03320